HATIER CONCOURS

CRPE

EPS
Connaissance du système éducatif

ÉPREUVE ORALE D'ADMISSION

DIRECTEURS DE COLLECTION

Micheline Cellier

Roland Charnay

Michel Mante

AUTEURS

Laurence Chafaa

Professeure des écoles, maitre formateur en Seine-Saint-Denis

Élodie Foussard

Conseillère pédagogique de circonscription en Seine-Saint-Denis

Estelle Zuliani

Conseillère pédagogique de circonscription à Paris

Romain Zuliani

Conseiller pédagogique départemental en Éducation Physique et Sportive en Seine-Saint-Denis

Ce texte est conforme à la nouvelle orthographe www.orthographe-recommandee.info

Hatier

SOMMAIRE

ISBN : 978-2-218-98346-7

CONNAISSANCE DU SYSTÈME ÉDUCATIF

MAQUETTE : Sophie Duclos
ÉDITION : Séverine Maestri
MISE EN PAGE : Laurent Romano
INFOGRAPHIES : Vincent Landrin

Ce livre est dédié à la mémoire de Marie-Christine Zuliani.

Préparer la deuxième épreuve orale

1 Les épreuves d'admission du CRPE

Les épreuves d'admissibilité et d'admission du concours de recrutement de professeur des écoles (CRPE) ont pour objectif d'évaluer le degré de maitrise du candidat dans plusieurs disciplines. La polyvalence est une des composantes majeures que le jury évalue ainsi que la capacité du candidat à enseigner et à élaborer des situations d'apprentissage.

Ces épreuves sont régies par le très récent arrêté du 19 avril 2013 dont les modalités pour les épreuves orales d'admission sont les suivantes :

Arrêté du 19 avril 2013 fixant les modalités d'organisation du concours externe, du concours externe spécial, du second concours interne, du second concours interne spécial et du troisième concours de recrutement de professeur des écoles.

www.legifrance.gouv.fr/affichTexte.do?cidTexte=JORFTEXT000027361520&categorieLien=id

Première épreuve orale d'admission

Mise en situation professionnelle dans un domaine au choix

Rédaction d'un dossier, présentation suivie d'un entretien Évaluer chez le candidat les compétences scientifiques, didactiques et pédagogiques dans un des domaines suivants : sciences et technologie, histoire, géographie, histoire des arts, arts visuels, éducation musicale, enseignement moral et civique.	**Durée de l'épreuve :** **1 heure** (**20 min** pour la présentation, **40 min** pour un entretien avec le jury à partir de questions complémentaires).	**Noté sur 60 points** : – **20 points** pour la présentation du dossier, – **40 points** pour l'entretien avec le jury.

Deuxième épreuve orale d'admission

Entretien à partir d'un dossier

L'EPS Évaluer chez le candidat les compétences pour l'enseignement de l'éducation physique et sportive ainsi que sa connaissance de la place de cet enseignement dans l'éducation à la santé à l'école primaire.	**Durée totale de l'épreuve : 1 heure 15 min** EPS : 10 minutes d'exposé, 20 minutes d'entretien avec le jury CSE : 15 minutes d'exposé, 30 minutes d'entretien avec le jury (préparation : 3 heures).	**Notée sur 100 points :** – **40 points** pour l'EPS, – **60 points** pour la connaissance du système éducatif : 20 points pour l'exposé et 40 points pour l'entretien.
La connaissance du système éducatif Évaluer chez le candidat : – les connaissances sur le système éducatif français ; – la capacité à se situer comme futur agent du service public (éthique, sens des responsabilités, engagement professionnel) ; – la capacité à se situer comme futur professeur des écoles dans la communauté éducative.		

2 La deuxième épreuve orale d'admission

2.1 Nature de l'épreuve

Cette deuxième épreuve d'admission, dont la préparation fait l'objet de cet ouvrage, se déroule en deux parties.

L'EPS

Le jury soumet au candidat un sujet lié à la pratique d'une activité physique, sportive et artistique (APSA) à l'école élémentaire ou maternelle. La problématique du sujet peut concerner :

- la progression au sein d'un cycle d'activités portant sur l'APSA ;
- une situation d'apprentissage permettant de développer des compétences motrices en lien avec cette APSA.

L'épreuve s'organise alors de la manière suivante :

- **un exposé de dix minutes** durant lequel le candidat apporte des réponses à la problématique donnée ;
- **un entretien de vingt minutes** avec le jury durant lequel des questions complémentaires, relatives aux pratiques personnelles du candidat ou aux activités sportives qu'il peut animer ou encadrer, peuvent être posées.

LA CONNAISSANCE DU SYSTÈME ÉDUCATIF

Cette deuxième partie consiste tout d'abord en **un exposé de quinze minutes** à partir d'un dossier de cinq pages maximum fourni par le jury. Ce dossier porte sur une situation professionnelle inscrite dans le fonctionnement de l'école primaire et sert de support pour apprécier les compétences professionnelles du candidat, sa connaissance du système éducatif ainsi que son éthique professionnelle.

Cet exposé est suivi d'**un entretien de trente minutes** pendant lequel le jury continue à évaluer le candidat sur les mêmes compétences.

2.2 Se préparer tout au long de l'année

Approfondir ses connaissances didactiques

Il est important pour le candidat de prouver lors des entretiens qu'il s'est **approprié des savoirs en didactique**. Le jury sait que les compétences professionnelles sont en cours d'acquisition, mais le candidat doit montrer qu'il possède les connaissances de base et une réelle volonté de les approfondir.

Ainsi, pour la première partie de l'épreuve, en EPS, il est nécessaire de **connaitre les spécificités de chaque activité physique et sportive (APS)** et d'être capable de les mettre en relation avec l'objectif ou le champ d'apprentissage dans les programmes. La connaissance des textes et la capacité de faire le lien permanent entre ceux-ci et des propositions de mise en œuvre de situation d'enseignement seront remarquées et appréciées par le jury.

Connaitre l'actualité de l'éducation

Suivre l'actualité politique et pédagogique autour des questions liées à l'enseignement est important. De nombreux dossiers sont ouverts (refondation de l'école, réforme des rythmes scolaires, réussite éducative, formation des enseignants, égalité filles-garçons à l'école...) et vont faire l'objet de débats et de décisions. Le candidat doit montrer la qualité de son information et la fiabilité de ses sources (sites du ministère de l'Éducation nationale – MEN – médias reconnus pour leur fiabilité).

Établir un planning de révision

Il faut donc s'organiser sérieusement et inscrire sa préparation dans un cadre réaliste. Il s'agit non seulement de planifier des temps de mémorisation d'informations institutionnelles mais également des moments d'approfondissement sur certaines problématiques (la différenciation pédagogique, par exemple). Il faut avoir réfléchi aussi aux problèmes posés par la mise en œuvre des situations pédagogiques dans tous les niveaux de classe. Enfin, il est nécessaire de **prévoir des entrainements oraux** dans les conditions réelles de l'épreuve (respect du temps imparti). En effet, aucun dépassement de la durée autorisée pour l'exposé n'est accepté ; inversement, si un candidat n'utilise pas la totalité du temps dont il dispose, la durée restante ne peut être reportée sur l'entretien.

➤ **Ressources à consulter**

www.education.gouv.fr/

www.eduscol.education.fr/

www.ladocumentationfrancaise.fr (onglet : rapports publics)

www.lemonde.fr/education/

2.3 Se préparer le jour de l'épreuve

S'approprier le sujet proposé

Le candidat doit **faire une lecture approfondie des documents du dossier** et éviter de plaquer des concepts et une problématisation artificielle, s'efforcer d'analyser les sources proposées. En effet, il s'agit de montrer sa capacité à s'affranchir d'un discours formaté et stéréotypé pour produire des réponses adaptées à la problématique du dossier. Il faut faire preuve d'esprit critique, questionner les documents, proposer des pistes pédagogiques réfléchies prenant réellement en compte la réalité des élèves et ne pas se contenter de réciter une liste d'activités préétablies.

Construire son exposé

Le jury apprécie un **propos clair et rigoureux**. Un discours synthétique et organisé retiendra plus facilement l'attention qu'un foisonnement d'idées, exposées sans logique ni structure. Ainsi, l'exposé doit comporter une brève introduction annonçant le plan ou les points importants qui seront abordés, un développement aux parties bien distinctes et, éventuellement, une courte conclusion.

EXEMPLE

Introduction possible pour répondre à la question :
« Pourquoi et comment mettre en place des activités d'opposition au cycle 2 ? »

Je développerai ma réflexion autour de trois points concernant la mise en place d'activités d'opposition au cycle 2 : dans un premier temps, j'aborderai les spécificités de cette activité et les objectifs liés aux jeux d'opposition, puis je vous proposerai une séquence d'apprentissage permettant de faire travailler les compétences motrices liées à cette APS, enfin j'analyserai la question de l'encadrement de ces activités et plus spécifiquement l'attention portée à la sécurité lors de leur mise en place.

Cette présentation témoigne de la capacité du candidat à organiser sa pensée et à exposer son propos pour plus de compréhension. C'est en effet une des qualités professionnelles exigées des enseignants.

Utiliser un langage clair et rigoureux

Le candidat **doit posséder et maitriser le vocabulaire institutionnel de base** (séquence, séance, concept, notion, objectif, activité...), mais attention aux termes dont la signification est mal connue ou au jargon inapproprié. Le jury saura faire la différence à travers la capacité du candidat à donner des exemples précis ou des applications concrètes dans la classe (les concepts de différenciation ou de pédagogie institutionnelle).

Le candidat utilise **une expression de qualité** en bannissant le langage familier. Il veillera à produire des phrases syntaxiquement correctes afin de montrer sa capacité à utiliser une langue orale normée.

Enfin, **il est déconseillé de lire ou réciter son exposé**.

Être à l'écoute des questions

Les qualités d'écoute et la capacité de réflexion seront également appréciées. Le jury préfère un candidat posé aux réponses construites et claires plutôt qu'un candidat pressé aux réponses erronées ou incomplètes.

Par ailleurs, la structuration de l'exposé aide à respecter le temps de parole donné (dix minutes pour l'EPS et quinze minutes pour la connaissance du système éducatif).

A SAVOIR

Mettre toutes les chances de votre côté...

Éviter :

– d'arriver en retard (anticipez les imprévus) ;

– de questionner le jury sans être en mesure préalablement de répondre aux questions posées – à ne pas confondre avec une demande légitime de précision pour la bonne compréhension des questions ;

– de se présenter avec une tenue vestimentaire inadaptée au contexte ;

– de recourir à un langage peu soutenu et en aucun cas adapté aux attendus de l'épreuve et à la fonction sollicitée.

EPS

La première partie de cet ouvrage s'organise selon deux axes.

- **Un premier volet** aborde les connaissances didactiques et pédagogiques en EPS incontournables pour étayer la réflexion du candidat durant l'exposé et l'entretien. Le jury est sensible au degré de maitrise des connaissances didactiques, pédagogiques mais aussi institutionnelles des candidats. Des notes renvoyant aux textes officiels (programmes, ressources officielles, textes de loi relatifs aux différents principes et valeurs de l'enseignement de l'EPS...) jalonnent ce chapitre, vous donnant la possibilité d'enrichir votre corpus de références.

- **Un second volet** propose d'aborder les quatre champs d'apprentissage du parcours de formation permettant aux élèves de construire des compétences **aux cycles 2 et 3** en s'appuyant sur des activités physiques sportives et artistiques (APSA) variées.
  - Champ d'apprentissage 1 : produire une performance optimale, mesurable à une échéance donnée.
  - Champ d'apprentissage 2 : adapter ses déplacements à des environnements variés.
  - Champ d'apprentissage 3 : s'exprimer devant les autres par une prestation artistique et/ou acrobatique.
  - Champ d'apprentissage 4 : conduire et maitriser un affrontement collectif ou interindividuel.

En maternelle, les apprentissages s'organisent au sein du domaine « Agir, s'exprimer, comprendre à travers l'activité physique ». Les activités proposées contribuent au développement moteur, sensoriel, affectif, intellectuel et relationnel des enfants au travers de quatre objectifs préparant l'enfant aux champs d'apprentissage des cycles 2 et 3 qui constitueront son parcours :

- Objectif 1 : agir dans l'espace, dans la durée et sur les objets.
- Objectif 2 : adapter ses équilibres et ses déplacements à des environnements ou des contraintes variés.
- Objectif 3 : communiquer avec les autres au travers d'actions à visée expressive ou artistique.
- Objectif 4 : collaborer, coopérer, s'opposer.

Pour chaque compétence un type d'activité physique et sportive est traité spécifiquement à travers trois progressions, une pour chaque cycle. Le champ d'apprentissage « conduire et maitriser un affrontement collectif ou interindividuel » est par exemple traité de la manière suivante :

Cycle1 : jeux traditionnels sans ballon ;
Cycle2 : jeux collectifs avec ballon ;
Cycle3 : jeu collectif vers un sport collectif – le handball.

Les autres activités physiques et sportives appartenant à chaque champ d'apprentissage sont abordées à travers des questions susceptibles d'être posées par le jury. Les réponses que nous proposons permettront au candidat à la fois d'élargir ses connaissances sur les différentes activités physiques sportives et artistiques et de l'aider à répondre aux demandes du jury, quelles que soient les activités abordées.

1 L'EPS : finalités et instructions officielles

La pratique d'activités physiques joue **un rôle essentiel dans le développement de l'enfant**. Si les approches didactiques ont évolué au fil du temps, les textes officiels réservent depuis plus d'un siècle une place importante à l'enseignement de l'EPS, discipline à part entière **visant la réussite de tous les élèves**.
Cette volonté le différencie de la pratique du sport géré par une fédération au sein de laquelle la performance par l'intermédiaire de compétitions est un élément moteur.

1 Les finalités de l'EPS

1.1 Un enseignement obligatoire

- **L'EPS est un enseignement obligatoire**, au même titre que le français ou les mathématiques, dont la particularité est d'accompagner la plupart des autres apprentissages en développant des compétences dans d'autres disciplines.
- La pratique régulière d'activités physiques et sportives (APS) permet aux élèves d'être plus disponibles et concentrés tout au long de la journée. Un enseignant qui prévoit des séquences d'EPS régulières et construites verra ses élèves évoluer de manière positive dans les apprentissages. Ils sauront mieux gérer leur énergie, parfois leur stress devant les problèmes posés, et ce dans toutes les disciplines. La plupart des pédagogues s'accordent d'ailleurs à dire qu'il n'y a **pas d'enseignement efficace sans équilibre entre l'activité physique et l'activité intellectuelle.**

Ainsi l'EPS vise l'accès de tous les élèves à une culture physique, sportive ou artistique afin d'affiner sa connaissance de soi, des autres et du monde.

1.2 Un complément pour d'autres situations d'apprentissage

Par ailleurs, si la mise en jeu de son corps permet de répondre à des besoins essentiels chez l'enfant quel que soit son âge, elle donne également **la possibilité de mieux comprendre certaines situations d'apprentissages encore trop abstraites** liées à d'autres disciplines et d'accéder à une meilleure maitrise de ces situations. En outre, elle contribue à son développement global et favorise l'accès à certaines situations d'apprentissage en affinant ses perceptions sensorielles et en augmentant sa disponibilité.

EXEMPLE

Mise en relation d'activités de motricité fine et de situations d'EPS en maternelle

Le geste graphique est parfois difficile à faire acquérir à certains élèves. Afin d'améliorer le geste (sens, amplitude, précision), il est intéressant de proposer des séances de motricité en lien avec les activités de graphisme et d'écriture au cours desquelles les élèves devront résoudre des problèmes communs aux deux activités (prise en main d'un objet, pression exercée sur cet objet en fonction de son poids, sa taille et de l'intention du geste, posture du corps, vitesse, fluidité, etc.).

Ces situations, intégrées à des moments d'EPS, ont pour ambition de mobiliser l'intelligence kinesthésique des élèves (mémoire des sensations liées aux mouvements du corps) et d'élargir l'éventail des possibilités d'apprentissage. Par exemple, la manipulation d'engins de tailles et de poids différents (foulard, ruban, ballon, etc.) permet de travailler l'action volontaire et intentionnelle de l'enfant sur l'objet qui n'est plus inducteur du mouvement. Ainsi, la trajectoire créée par le mouvement du corps transmis à un foulard peut être mise en relation avec la trace laissée par un outil scripteur sur des supports variés permettant de prendre conscience du geste et de l'énergie nécessaire à la maitrise de celui-ci.

1.3 Les directives des instructions officielles

Les Instructions Officielles du 26 novembre 2015 réaffirment clairement les finalités essentielles de l'EPS tout au long du parcours scolaire de l'élève.

Le développement des activités motrices

Les conduites motrices supposent des capacités spécifiques qui diffèrent selon l'âge et le développement des enfants. Cette finalité essentielle de l'EPS implique que l'enseignant ait **une bonne connaissance des activités physiques et sportives** qu'il propose pour permettre à chaque élève de progresser sachant que les capacités physiques diffèrent d'un enfant à l'autre, y compris au sein de la même classe d'âge.

L'éducation à la santé et à la sécurité

L'EPS a pour objectif d'**éduquer les élèves au plaisir de la pratique d'une activité physique régulière et d'une confrontation à l'effort** (permettant ainsi de prévenir les risques d'obésité, de maladies cardiovasculaires ou d'autres maladies considérées aujourd'hui comme des problèmes de santé publique). C'est une discipline à travers laquelle les élèves acquièrent une meilleure connaissance de leur corps leur permettant de grandir et de se développer de la manière la plus harmonieuse possible.

À travers l'EPS, les élèves apprennent aussi à **être plus responsables dans leurs attitudes face à la prise de risque** (pour eux-mêmes mais aussi pour les autres) et acquièrent des gestes et des réflexes à tenir en situation d'urgence (connaissance des gestes de premier secours, des règles élémentaires de sécurité routière...).

L'éducation à la responsabilité et à l'autonomie

La persévérance, l'entraide, la coopération, la mixité sont autant de valeurs morales et sociales que l'EPS permet de développer. Ainsi l'EPS participe à **l'éducation des élèves à la citoyenneté** à travers le respect (des règles, de soi-même, des autres) en se reposant sur des attitudes autonomes et responsables, dans le souci du vivre ensemble.

2 Horaires et organisation de l'enseignement en EPS

2.1 Les programmes

Dans le cadre de la refondation de l'école, la scolarité des élèves de l'école maternelle à la fin du collège est organisée en **quatre cycles pédagogiques** :

– Cycle 1 : cycle des apprentissages premiers – école maternelle (petite, moyenne et grande sections) –
– Cycle 2 : cycle des apprentissages fondamentaux (CP-CE1-CE2)
– Cycle 3 : cycle de consolidation (CM1-CM2-6e)
– Cycle 4 : cycle des approfondissements (5e-4e-3e).

Le volume horaire

L'enseignement de l'EPS, d'après les Instructions Officielles du 26 novembre 2015, est réparti en **108 heures annuelles**. Il est important de proposer des plages horaires d'activité physique et sportive très régulières afin de prendre également en compte le rythme biologique de l'élève. Le volume annuel définirait donc environ 3 heures d'EPS par semaine aux cycles 2 et 3. Il est bien sûr possible d'augmenter le volume horaire hebdomadaire en fonction des projets de la classe (une classe de découverte d'une semaine par exemple, avec des activités de pleine nature, comptabilisera un nombre d'heures plus important que d'habitude).

En revanche, il est important de garder une fréquence raisonnable et une régularité de pratique afin de favoriser les progrès.

En maternelle, si les horaires ne sont pas imposés par les textes, il est préconisé de faire pratiquer une activité motrice tous les jours, par séance de 30 à 45 min au moins et en respectant le rythme de l'enfant. Ainsi le début d'après-midi est plutôt à éviter avec les plus petits (plus disponibles le matin).

Les compétences développées

La maternelle. De la petite à la grande section, la pratique d'activités physiques et artistiques est définie par le domaine d'apprentissage « Agir, s'exprimer et comprendre à travers l'activité physique » décliné en quatre objectifs : agir dans l'espace, dans la durée et sur les objets ; adapter ses équilibres et ses déplacements à des environnements et des contraintes variés ; communiquer avec les autres au travers d'actions à visée expressive ou artistique ; collaborer, coopérer, s'opposer.

Le programme accorde une place toute particulière au corps et à la mise en œuvre d'activités transversales permettant de mettre en évidence des liens entre les situations vécues en EPS et les situations de classe. Les textes s'appuient sur quatre modalités d'apprentissage : apprendre en jouant ; apprendre en réfléchissant et en résolvant des problèmes ; apprendre en s'exerçant ; apprendre en se remémorant et en mémorisant. Chaque étape d'un cycle de travail se réfèrera à ces quatre modalités en mettant en place des situations variées au sein desquelles chacun pourra trouver une ou plusieurs modalités qui lui convienne.

➤ **Programme d'enseignement de l'école élémentaire et du collège,** BO Spécial n° 11 du 26 novembre 2015 - Ministère de l'Éducation nationale, de l'Enseignement supérieur et de la Recherche.

www.education.gouv.fr/cid95812/au-bo-special-du-26-novembre-2015-programmes-d-enseignement-de-l-ecole-elementaire-et-du-college.html

Arrêté du 9 novembre 2015 – horaires d'enseignement des écoles maternelles et élémentaires.

www.legifrance.gouv.fr/affichTexte.do?cidTexte=JORFTEXT000031518724&dateTexte=&categorieLien=id

➤ **Programme d'enseignement de l'école maternelle,** BO Spécial n° 2 du 26 mars 2015 - MEN.

http://cache.media.education.gouv.fr/file/MEN_SPE_2/84/6/2015_BO_SPE_2_404846.pdf

Les cycles 2 et 3. L'enseignement de l'EPS du CP jusqu'en 6e doit permettre à tous les élèves de construire **cinq compétences** travaillées en continuité durant les différents cycles : développer sa motricité et apprendre à s'exprimer en utilisant son corps ; s'approprier, par la pratique physique et sportive, des méthodes et des outils ; partager des règles, assumer des rôles et des responsabilités ; apprendre à entretenir sa santé par une activité physique régulière ; s'approprier une culture physique, sportive et artistique.

Pour développer ces compétences, le parcours de formation des élèves est constitué de **quatre champs d'apprentissage** complémentaires. Ils sont détaillés dans le lien ci-contre.

1 – **Produire une performance optimale, mesurable, à une échéance donné** : activités athlétiques ; natation (pour le cycle 3).

2 – **Adapter ses déplacements à des environnements variés** : les APS appartenant à cette compétence sont variées et à choisir en fonction des ressources locales : activités nautiques et aquatique (voile, kayak...) ; natation (cette APS appartient également au champ d'apprentissage « Produire une performance optimale mesurable à une échéance donnée » au cycle 3) ; équitation ; escalade, grimpe ; activité de roule et de glisse (trottinette, roller, vélo, ski...) ; activité d'orientation. Certaines de ces APS peuvent être travaillées dans le cadre de séjours transplantés.

3 – **S'exprimer devant les autres par une prestation artistique et/ou acrobatique** : danse de création ; danse collective ; arts du cirque ; activité gymnique.

4 – **Conduire et maitriser un affrontement collectif ou individuel** : jeux de lutte ; jeux de raquettes ; jeux traditionnels ; jeux collectifs avec ou sans ballon ; jeux pré-sportifs collectifs ; jeux sportifs collectifs (handball, basket-ball, football, rugby, volley-ball...).

➤ **Ressources d'accompagnement des nouveaux programmes de l'école et du collège.**
http://eduscol.education.fr/cid99757/ressources-d-accompagnement-des-nouveaux-programmes-de-l-ecole-et-du-college.html

2.2 Les ressources officielles

Les programmes de l'école maternelle et de l'école élémentaire indiquent le niveau de maitrise attendu à la fin du cycle, les compétences et les connaissances à acquérir. Ils identifient les repères de progressivité nécessaires pour organiser la formation des élèves durant les trois années de chaque cycle.

Les équipes doivent réfléchir à concevoir des situations en EPS favorisant la cohérence et la continuité des apprentissages à travers des parcours adaptés aux élèves, balayant tous les champs grâce à un large éventail d'activités physiques et sportives.

Des ressources sont accessibles sur le site Eduscol afin d'aider les enseignants dans la mise en œuvre des textes (voir le lien ci-contre). Ils n'ont pas de valeur prescriptive mais constituent des aides à l'élaboration de programmations et progressions pédagogiques, à l'identification des objectifs d'apprentissage ou encore à la mise en œuvre de stratégies d'étayage ou aux choix de modalités d'entrainement et d'évaluation.

➤ **Ressources pour la maternelle**
http://eduscol.education.fr/pid33040/programme-ressources-et-evaluation.html

EXEMPLE

Un type d'organisation pouvant être mis en place à l'école élémentaire

Cet exemple reste une proposition fictive qui n'est soumise à aucune contrainte d'ordre matériel ou organisationnel. Il conviendra pour l'enseignant de prendre en compte les ressources locales, les besoins repérés et les obligations liées à la disponibilité des locaux et à l'organisation de l'enseignement au sein de l'école.

	Période 1 sept-oct	Période 2 nov-déc	Période 3 janv-fév	Période 4 mars-avril	Période 5 mai-juin
CP	Jeux collectifs	Activités athlétiques	Escalade	Natation	Natation
	Activités gymniques	Activité de roule : vélo	Jeux de lutte	Athlétisme	Danse
CE1	Jeux collectifs	Natation	Natation	Jeux collectifs avec ballon	Roller
	Activités athlétiques	Vélo	Activités gymniques	Course d'orientation	Danse
CE2	Vélo	Roller	Natation	Natation	Activités gymniques
	Arts du cirque	Jeux de lutte	Basket-ball	Athlétisme	Course d'orientation

	Période 1 sept-oct	Période 2 nov-déc	Période 3 janv-fév	Période 4 mars-avril	Période 5 mai-juin
CM1	Natation	Natation	Roller	Course d'orientation	Vélo
	Athlétisme	Football	Jeux de lutte	Activités gymniques	Arts du cirque
CM2	Vélo	Tennis	Natation	Natation	Rugby
	Handball	Athlétisme	Activités gymniques	Danse	Vélo

Jaune Produire une performance optimale mesurable une échéance donnée.

Rose Adapter ses déplacements à des environnements variés.

Orange S'exprimer devant les autres par une prestation artistique et/ou acrobatique.

Vert Conduire et maitriser un affrontement collectif ou interindividuel.

La progressivité au sein de chaque champ d'apprentissage et de chaque APSA se construit à l'aide des attendus de fin de cycle et des repères de progressivité identifiés par les programmes, les équipes au sein de chaque cycle, mais aussi des ressources proposées par le ministère de l'Éducation nationale (voir site proposé page 14).

➤ Un cycle de natation compte généralement entre 12 et 15 séances réparties sur un trimestre, ce qui explique que cette activité soit proposée durant deux périodes consécutives.

2.3 Le socle commun de connaissances, de compétences et de culture

En vigueur depuis septembre 2016, le socle commun de connaissances, de compétences et de culture définit les grands enjeux de formation durant la scolarité obligatoire. Il permet aux élèves d'acquérir une culture commune fondée sur les connaissances et compétences indispensables afin de s'épanouir, de développer leur sociabilité, de réussir la suite de leur parcours de formation, mais aussi de s'insérer dans la société.

C'est un outil commun auquel les enseignants doivent se référer. Les enseignements énoncés dans les programmes des cycles 2, 3 et 4 (scolarité obligatoire) contribuent à la consolidation des apprentissages des élèves dans la perspective du socle commun.

Celui-ci s'articule en **cinq domaines de formation** :

- Domaine 1 : les langages pour penser et communiquer.
- Domaine 2 : les méthodes et outils pour apprendre.
- Domaine 3 : la formation de la personne et du citoyen.
- Domaine 4 : les systèmes naturels et les systèmes techniques.
- Domaine 5 : les représentations du monde et de l'activité humaine.

L'EPS aide à l'acquisition de connaissances et de compétences dans tous les domaines du socle.

EXEMPLE

Tout au long du parcours de l'élève, les situations développées en EPS contribuent à sa formation en tant que citoyen autonome, lucide, éduqué, en favorisant le « vivre ensemble ». Par exemple, la compétence qui consiste à « partager des règles, assumer des rôles et des responsabilités » peut-être mise en lien avec le domaine 3 du socle « La formation de la personne et du citoyen ».

Un type commun pouvant être mis en lien avec l'EPS

Une situation mathématique induite par une activité de course longue (dans la cour, autour d'un lac, d'un stade) est un moyen de travailler la notion de périmètre (comparaison, mesure, formule…) en relation avec le vécu des élèves en EPS. Ainsi, cet enseignement concourt à la maitrise de l'objectif « Comprendre, s'exprimer en utilisant le langage mathématiques » du domaine 1 du socle commun de connaissances, compétences et de culture (les langages pour penser et communiquer).

➤ **Socle commun de connaissances, de compétences et de culture** : décret n° 2015-372 du 31-3-2015, JO du 2-4-2015.
www.education.gouv.fr.pid25535/bulletin_officiel.html&cid_bo=8783

mis en application de l'article L. 122-1-1 du code de l'éducation dans sa rédaction issue de l'article 13 de la loi n° 2013-595 du 8 juillet 2013 d'orientation et de programmation pour la refondation de l'école de la République.
www.legifrance.gou fr/affichTexte.do?ci Texte=JORFTEXT(0027677984&cate rieLien=id

2 L'enseignement en EPS

1 Comment organiser son enseignement ?

1.1 La programmation en EPS

Tout enseignement se doit d'être programmé. La planification des activités physiques sur l'année permet de **répartir efficacement les apprentissages et de réfléchir à l'organisation des APS (Activité Physique et Sportive)** en fonction de plusieurs éléments.

L'équilibre entre les activités

Afin que le parcours de formation de l'élève soit équilibré, progressif et adapté, il est conseillé par les textes officiels de s'appuyer sur des activités physiques, sportives et artistiques diversifiées. Chaque cycle des programmes doit permettre aux élèves d'aborder les quatre champs d'apprentissage. Ainsi, l'enseignant peut envisager de répartir sa programmation sur cinq périodes (entrecoupées par les congés). Chaque période accueillerait alors 2 ou 3 activités physiques ayant trait à des champs d'apprentissage différents (voir des exemples de programmation p. 15).

Pour équilibrer les activités de manière cohérente, l'enseignant doit avoir au préalable mené une réflexion sur les composantes de l'activité, son essence, les ressources que devra mobiliser l'élève et les problèmes fondamentaux qui lui sont liés.

Le niveau d'habileté des élèves

Selon l'âge des élèves, leurs capacités et leurs besoins, les activités ne sont pas programmées de la même manière.

Les contraintes des activités

Elles peuvent déterminer **le meilleur moment d'enseignement**. Il est par exemple plus judicieux de prévoir des activités de pleine nature au printemps et des activités réalisables dans des lieux couverts (gymnase, préau) en hiver. Le temps, au sens météorologique, est une variable particulièrement importante en EPS. Si elle n'est pas complètement maitrisable, il est indispensable de la prendre en compte lors de l'élaboration de la programmation annuelle afin d'essayer de faire pratiquer des activités aux élèves dans les conditions les plus favorables.

Les plannings d'occupation des salles

L'enseignant doit avoir une **bonne connaissance des espaces dont il dispose** avant de programmer les apprentissages. Ainsi, si un gymnase est disponible durant un seul trimestre, des discussions au sein de l'équipe peuvent permettre de se répartir efficacement les créneaux en fonction des APS choisies.

1.2 L'unité d'apprentissage

Une unité d'apprentissage, appelée aussi « séquence d'apprentissage », est **un ensemble de séances organisées autour d'une APS**.

Le nombre de séances varie selon l'APS développée et l'âge des élèves, mais il est généralement compris entre 8 et 12. L'enseignant organise sa séquence autour des compétences liées à l'APS et prescrites par les programmes qu'il souhaite faire travailler en suivant des objectifs définis à l'avance.

Une unité d'apprentissage peut se décomposer ainsi en plusieurs phases.

Une phase de découverte et de familiarisation

Plus les élèves sont petits et plus cette **phase d'exploration libre** est longue. Elle est indispensable en maternelle et peut parfois occuper plusieurs séances en début d'unité avec des élèves de petite section.

Une phase d'évaluation diagnostique

L'évaluation en EPS comme dans les autres disciplines peut prendre des formes diverses et avoir des objectifs variés. Si le but essentiel est de faire un bilan des progrès des élèves, l'évaluation peut également être **un moyen de diagnostiquer les difficultés** afin d'y remédier, de les classer et de les hiérarchiser pour y répondre et réguler les apprentissages.

L'évaluation diagnostique est conduite en début d'unité d'apprentissage. Elle permet d'apprécier les performances de chacun qui serviront d'**étalon pour mesurer les progrès réalisés**. Cet aspect est particulièrement important dans le parcours individuel de chaque élève pour comprendre que l'essentiel est d'abord de se dépasser soi-même et de progresser à sa mesure. Ces évaluations diagnostiques permettent également à l'enseignant de définir des axes de travail en fonction des faiblesses repérées sur l'ensemble du groupe ou chez certains élèves en particulier.

➤ **Il faut distingu plusieurs types d'évaluation :** l'évaluation diagnostique, l'évaluation formative et l'évaluation sommative.

Une phase d'apprentissage

Cette phase compte le plus grand nombre de séances et permet à l'élève de **mettre au point des stratégies pour progresser** en s'appropriant un certain nombre de situations. Ce moment s'appuie sur une activité initiale appellée **situation de référence** et qui permet de donner du sens aux apprentissages qui vont suivre.

La phase d'apprentissage peut comprendre un temps de mise en route et d'appropriation, des moments de recherche (collectifs et/ou individuels), de mise en commun en lien avec les situations proposées. Cela fait réfléchir les élèves sur les stratégies pour trouver des solutions au problème posé (quelle solution motrice proposer pour lancer plus loin : prise d'élan, adaptation du geste, position du regard...).

Une phase d'évaluation formative

Menée pendant l'unité d'apprentissage, elle permet d'identifier les difficultés et de mesurer les progrès pour l'enseignant comme pour l'élève afin d'apporter une forme de régulation.

Dans le cadre d'activités athlétiques, ou en danse par exemple, les élèves de cycle 3 (parfois même de cycle 2) sont assez grands pour s'interévaluer tout au long du processus d'apprentissage. Au sein d'un atelier de course de vitesse, par exemple, des binômes peuvent être constitués afin que chacun mesure le temps de l'autre. Le même dispositif peut être imaginé pour la mesure de sauts en longueur ou de lancers d'engins. En danse, des groupes dits de « spectateurs » peuvent proposer leur analyse de la présentation d'autres groupes afin de faire évoluer celle-ci par rapport aux attendus fixés pour tous en début d'unité d'apprentissage.

Afin d'apprécier l'évolution de la performance et d'adapter le travail, **il est indispensable de garder une trace des performances précédentes** (un document de recueil de ces performances ou des observations doit être prévu par l'enseignant).

Viennent ensuite des moments de structuration, mais aussi d'entrainement. L'évaluation dite « formative » tient également une place importante dans l'apprentissage.

Si tout au long du processus d'apprentissage, les critères de réussite diffèrent pour chaque élève (l'essentiel étant avec ce type d'évaluation et dans le cadre de la pratique d'activités athlétiques, d'améliorer et de stabiliser ses propres performances), les programmes de l'Éducation nationale prévoient un certain nombre d'attendus de fin de cycle. C'est la raison pour laquelle ce type d'évaluation ne peut être le seul pratiqué et que des moments d'évaluations dites « sommatives » sont à prévoir à la fin de chaque unité d'apprentissage et bien évidemment en fin de cycle.

➤ Livret scolaire numérique.
http://www.education.gouv.fr/pid285/bulletin_officiel.html&cid_bo=100720

Une phase d'évaluation sommative

Ce type d'évaluation, conduit en fin d'apprentissage, permet d'établir un bilan et porte sur l'objectif terminal défini par les Instructions Officielles. Il permet d'évaluer les acquis des élèves et de mettre en évidence leur degré de maitrise des connaissances et des compétences prévues dans les programmes. Cette évaluation sert à informer les familles (par l'intermédiaire du Livret scolaire) sur les progrès de leur enfant. Dans le cadre d'un module d'apprentissage, l'évaluation des performances des élèves sera mise en relation avec les attendus des programmes d'enseignement.

En maternelle le **carnet de suivi des apprentissages** est un recueil d'observations permettant de rendre compte des progrès des élèves. Il pourra servir à remplir **la synthèse des acquis des élèves en fin d'école maternelle** avant le passage au cycle 2.

➤ Carnet de suivi des apprentissages et synthèse des acquis des élèves.
http://eduscol.education.fr/cid97131/suivi-et-evalusation-a-l-ecole-maternelle.html#lien1

Il appartient aux équipes d'identifier clairement au regard des textes officiels les **repères de progressivité et de définir des critères d'évaluation précis** que l'enseignant annoncera aux élèves au début de l'unité d'apprentissage.

Enfin, il parait important d'aborder **la dimension sociale** que peut revêtir l'évaluation. Ainsi, une rencontre interclasse est non seulement une source de motivation incontournable mais une forme d'évaluation sociale nécessaire à la cohérence d'un projet de classe. Ces rencontres, organisées sous couvert de l'USEP, sont l'occasion pour les élèves de réaliser des performances ou de s'affronter lors de matchs avec d'autres camarades dans le cadre d'un évènement sportif leur permettant de finaliser leur projet.

En athlétisme, ce type d'évènement peut être organisé en additionnant les performances des élèves d'une même classe. Un barème est établi pour chaque performance réalisée, les points obtenus permettant de mesurer la performance collective et d'établir un classement. **La performance individuelle concourt à la réussite collective et chaque élève peut trouver sa place au sein du groupe et participer à la réussite commune.**

➤ **USEP :** Union Sportive de l'Enseignement du Premier degré.
www.u-s-e-p.org

Dans le cadre d'activités à visées artistique et expressive, la restitution devant un groupe d'élèves ou d'adultes est pratiquement incontournable car elle constitue l'essence même de l'activité et permet de donner du sens aux apprentissages.

1.3 La structure d'une séance

La mise en train

C'est un moment d'échauffement et de mise en route permettant à l'élève de se concentrer ou d'entrer dans les situations qui lui seront proposées. On parle également de mise en disponibilité corporelle. La mise en train varie selon l'APS développée. Les suggestions qui suivent montrent comment proposer une mise en train liée aux activités pratiquées mais ne sont que des exemples qui peuvent donner aux enseignants quelques idées.

EXEMPLE

Quelques mises en train pouvant être conduites pour différents types d'APS

- **Pour une unité d'apprentissage en athlétisme (course d'endurance)**

Chaque séance peut démarrer par un jeu collectif permettant de développer l'action motrice « courir longtemps » : *le jeu des déménageurs*. Les élèves sont répartis en deux équipes. Une caisse remplie d'objets se trouve au milieu du terrain, à égale distance des zones appartenant aux deux équipes. Les élèves doivent déménager le plus d'objets possible dans leur zone. Contrainte : ils ne peuvent prendre qu'un objet à la fois.

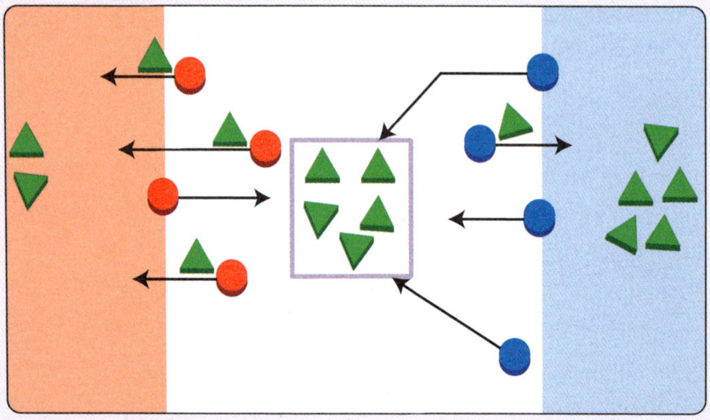

- **Pour une unité d'apprentissage en danse traditionnelle**

Une musique traditionnelle connue des élèves sert d'échauffement. Les élèves exécutent seuls un pas simple et en dispersion dans l'espace de danse. À chaque séance, le pas peut être complexifié : trois pas marchés + deux pas chassés à gauche + deux pas chassés à droite.

Variantes :

– lorsque la musique s'arrête, les élèves s'immobilisent ;
– changement de direction imposé à la reprise de la musique ;
– ajout d'un tour sur soi-même au moment du changement de direction.

- **Pour une unité d'apprentissage en jeux de lutte**

Ramper d'un point à un autre du tapis : échauffement articulaire, premier contact avec le tapis de lutte.

Variantes : rouler, ramper à reculons, marcher en canard, à quatre pattes.

- **Pour une unité d'apprentissage *rouler* (piloter un engin : trottinette, tricycle) en petite section de maternelle**

La corde : par groupe de deux équipé d'un engin roulant. À tour de rôle, les élèves se font tirer par leur camarade à l'aide d'une corde attachée au tricycle ou à la trottinette. La consigne est de ne pas poser le pied à terre.

Variante : toujours sans poser le pied par terre, suivre un chemin défini par des plots.

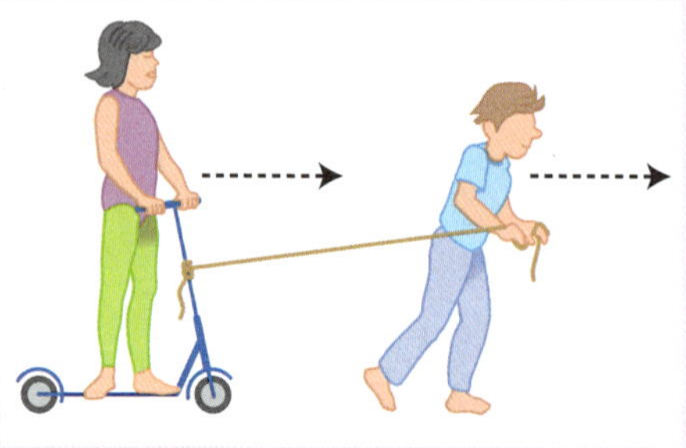

Toutes ces situations de mise en train, si elles peuvent parfois s'apparenter à un rituel d'entrée de séance, doivent cependant évoluer au cours de l'unité d'apprentissage et faire l'objet d'un certain nombre de variations liées aux besoins repérés chez les élèves ou identifiés par le groupe lui-même. Les trames de variance des jeux collectifs par exemple, font très souvent l'objet de discussions entre les élèves et le maitre lorsqu'un problème est rencontré.

EXEMPLE

Un échange pouvant être conduit entre le maitre et ses élèves après un jeu de chat-souris classique

Élève 1 : « Quand tout le monde est touché, il n'y a plus de souris et le jeu s'arrête trop vite ! »

Enseignant : « Quelle solution pourrions-nous trouver pour que le jeu dure plus longtemps ? »

Élève 1 : « On pourrait trouver un moyen de délivrer les souris. »

Élève 2 : « Oui, une souris qui n'est pas encore touchée pourrait toucher celle qui a été touchée et la délivrer. Comme ça le jeu pourrait durer très longtemps. »

Enseignant : « C'est une idée. Nous essayerons lors de la prochaine séance et vous me direz si cela marche. »

Le corps de la séance

Il repose sur **une situation d'apprentissage en lien avec la situation de référence** qui a été présentée au début de l'unité. L'enseignant veille à ce que le corps de chaque séance présente un temps d'activité suffisant pour chaque élève. En effet, le choix des modalités pédagogiques joue ici un rôle important afin que la pratique physique des élèves soit assez importante (voir pp. 26 à 31).

Le retour au calme

Ce moment permet de clore la séance et de préparer les élèves à changer d'activité (retour en classe) tout en faisant un bilan de la séance. C'est l'occasion pour les élèves de verbaliser leurs difficultés et leurs réussites.

1.4 L'organisation et la préparation

La préparation : une phase primordiale

Le travail et la réflexion préalables à la mise en œuvre d'une activité sont essentiels pour conduire un enseignement efficace. Les documents de préparation permettent à l'enseignant d'organiser sa pensée et de prévoir le déroulement de chaque séance au sein d'une progression définie, elle aussi, en amont.

Les ressources officielles et les documents d'accompagnement sont le premier outil pour construire programmations, progressions et séances. Pour chaque unité d'apprentissage, et plus spécifiquement pour chaque séance, un certain nombre d'éléments doivent être définis de manière claire :

- **les compétences à atteindre** : une compétence est un ensemble de savoirs (connaissances), de savoir-faire (capacités) et de savoir être (attitudes) ;
- **le ou les objectif(s) poursuivi(s)** : c'est le résultat que l'enseignant cherche à faire atteindre à ses élèves ;
- **le but de l'activité** : c'est le résultat recherché ;
- **les différenciations possibles** : les dispositifs de différenciation peuvent être anticipés lors de la préparation afin d'ajuster rapidement les propositions faites aux élèves ;
- **les critères de réussite** : ils doivent être clairement définis et annoncés.

La préparation matérielle

C'est un des éléments à faire apparaître dans les documents de préparation et qui ne peuvent pas faire l'objet d'approximation lors des séances d'EPS. L'enseignant, en structurant l'unité d'apprentissage, doit être sûr du matériel dont il dispose et penser à son installation. **Cet aspect, s'il est négligé, peut compromettre le déroulement de l'activité** pourtant bien pensée sur le papier. Ainsi, il est nécessaire de réfléchir à la gestion du temps pour l'installation du matériel, à la disponibilité de celui-ci et à sa disposition dans l'espace prévu.

La sécurité

Étroitement liée à l'organisation de l'espace et du matériel, **la sécurité est une des priorités de l'enseignant** lorsqu'il conçoit une unité d'apprentissage. Quelles que soient les modalités de travail choisies, l'enseignant reste le seul responsable de la sécurité des élèves de sa classe pendant le temps scolaire. Ainsi, il se doit de connaitre parfaitement la règlementation de chaque type d'activité et prévoir en conséquence l'encadrement approprié.

Les installations de parcours ou d'ateliers doivent, par exemple, faire l'objet d'une grande vigilance. Tous les espaces empruntés par les élèves seront sécurisés et balisés pour éviter au maximum les accidents.

La vigilance en matière de sécurité ne signifie pas non plus la suppression de toute prise de risque. Bien au contraire, il s'agit plutôt de **responsabiliser les élèves** pour qu'ils soient capables de mesurer ce risque et de prendre des décisions justes. L'enseignant encadre la prise de risque afin qu'elle ne soit pas trop importante.

➤ Activités à encadrement renforcé : voir p. 68.

Certaines activités à risque sont qualifiées « d'activités à encadrement renforcé » et nécessitent des dispositions particulières. Ainsi, les activités nautiques et aquatiques (kayak, canoë, voile…), l'escalade (mur ou plein air), l'équitation ou le VTT en pleine nature par exemple nécessitent impérativement **la présence d'un professionnel titulaire d'un brevet d'État** (BE) en lien avec l'activité physique concernée.

Le rappel des règles de sécurité au début de chaque séance fait également partie intégrante de l'apprentissage afin que les élèves se responsabilisent et deviennent plus autonomes.

EXEMPLE

Quelques règles de sécurité pouvant être énoncées en début de séance

- **Jeux de lutte** : ne pas faire mal à l'autre, ne pas se faire mal soi-même, ne pas se laisser faire mal.
- **Natation** : ne pas courir sur le bord du bassin, ne pas plonger dans le petit bassin.
- **Lancer de javelot en mousse (athlétisme)** : attendre pour récupérer les javelots que tous les javelots aient été lancés.
- **Saut en longueur (athlétisme)** : attendre que l'élève qui vient de sauter soit sorti de la zone de réception pour sauter à son tour.

L'étayage

Le maitre a un rôle d'étayage tout au long de l'unité : la motivation se construit par la médiation de l'enseignant.

La construction des apprentissages suppose une intervention de l'enseignant de diverses manières. Cet étayage diffère en fonction des niveaux d'habileté, du moment d'apprentissage (découverte de l'activité, atelier dirigé avec objectif annoncé, remédiation...).

À tout moment, il enrôle les élèves dans l'activité et maintient leur orientation vers un objectif annoncé en début d'unité (lié à la situation de référence présentée lors des premières séances). Il peut apporter des aides adaptées aux besoins de chacun ou ajuster les activités en fonction des problèmes rencontrés et proposer ce qu'on appelle des **variables didactiques**.

Enfin, sécuriser les élèves et les rassurer sur leurs capacités à progresser, les convaincre de l'utilité et de la fonctionnalité de l'activité, les sensibiliser au goût de l'effort et de la recherche de performance sont autant d'éléments auxquels le maitre doit veiller afin de construire un climat favorable aux apprentissages.

➤ **Les variables didactiques** sont des paramètres qui permettent de simplifier ou de complexifier la tâche de l'élève et de construire les apprentissages. Elles sont fixées par l'enseignant en fonction du niveau d'habileté des apprenants et de leurs besoins, et vont provoquer des changements de comportements, de stratégies.

2 Comment gérer l'hétérogénéité ?

2.1 Qu'est-ce que l'hétérogénéité ?

La gestion de l'hétérogénéité d'un groupe d'élèves est une question particulièrement difficile en EPS et à laquelle l'enseignant se doit de réfléchir lorsqu'il construit une unité d'apprentissage.

Si les élèves ne progressent pas tous de la même manière, et ce quel que soit le domaine, **ils disposent en plus, en EPS, de capacités motrices différentes** liées à leur physique, à leurs représentations mentales et à leur appartenance sociale.

Ainsi, les différences de croissance (taille, poids, musculature...), la peur d'un élément (l'eau, le vide, la vitesse...), les stéréotypes sociaux (les filles seraient moins fortes que les garçons, les garçons ne sauraient pas danser...), l'appartenance à un groupe ethnique ou religieux, ou encore le rapport au corps, sont autant de paramètres à considérer lorsqu'il propose une situation qui ne posera pas les mêmes problèmes à tous les élèves.

Si les Instructions Officielles définissent un cadre de travail et proposent des jalons attendus en fin de cycle et des repères de progressivité, **un espace de liberté assez large est laissé aux enseignants** afin qu'ils puissent proposer des apprentissages adaptés aux capacités de chacun.

L'objectif essentiel étant de faire progresser les élèves, chaque acquisition, aussi petite soit-elle, est une victoire menant vers la maitrise de compétences plus complexes.

2.2 Qu'est-ce que la pédagogie différenciée ?

Prendre en compte les spécificités de chacun

« Différencier, c'est avoir le souci de la personne sans renoncer à celui de la collectivité. »

➤ Philippe Meirieu, *Enseigner, scénario pour un métier nouveau*, ESF, 1989.

Cette définition de la différenciation proposée par Philippe Meirieu met en lumière un des aspects essentiels de ce type de pédagogie pouvant apparaitre paradoxale mais que l'enseignant doit avoir à l'esprit en permanence : **la prise en compte des spécificités de chacun au sein d'un groupe cependant régi par des règles collectives**. Ces deux éléments font à la fois la richesse et la complexité de ce type de mise en œuvre.

La pédagogie différenciée peut se définir comme un ensemble de mises en œuvre et de procédures d'apprentissage permettant aux élèves d'**atteindre un même objectif** mais avec **des conditions de réalisation différentes et adaptées aux capacités de chacun.**

Différencier en EPS ?

En EPS, ce type d'enseignement peut parfois laisser penser que les élèves ne progressent pas assez vite car les apprentissages moteurs prennent du temps. Par exemple, lorsqu'un élève n'a aucun pré-requis, il lui faudra toute la séquence d'apprentissage pour parvenir à faire ce que ses camarades maitrisaient en début d'unité.

Il ne pourra donc pas valider la compétence attendue dans les programmes mais aura construit, en revanche, un apprentissage qui lui est propre et adapté à ses capacités. C'est une singularité qu'il faut apprendre à gérer mais qui, même au regard des attendus officiels, ne remet pas en cause l'**organisation de parcours individuels d'apprentissages pour certains élèves qui progresseront à leur rythme** sans forcément valider les compétences visées.

> Ainsi, un élève de CM2 ayant encore peur d'entrer dans l'eau en sautant ne pourra pas forcément enchainer un saut et 25 m de nage à la fin de l'unité d'apprentissage mais il aura peut-être vaincu sa phobie grâce aux activités adaptées mises en place par l'enseignant, ce qui lui permettra de progresser par la suite, même s'il avait au début un certain retard par rapport aux autres.

L'évaluation : un élément essentiel d'une pédagogie différenciée

L'évaluation est un élément essentiel pour une pédagogie différenciée efficace et cohérente. En effet, il est souvent difficile pour les enseignants, et particulièrement pour les jeunes titulaires, de cibler de manière juste et précise le degré de difficulté d'une activité. Ainsi, pour que l'élève ne se trouve pas dans une situation trop facile qui manquerait d'intérêt puisqu'il n'y construirait aucun apprentissage ou, à l'inverse, dans une situation trop difficile à appréhender qui le découragerait immédiatement et le mettrait en situation d'échec, **il est nécessaire d'avoir recours aux différents types d'évaluations possibles tout au long d'une unité d'apprentissage** (voir pp. 18-19) pour mesurer les acquis, avoir une vision des besoins et donc adapter l'enseignement aux capacités des élèves dont les parcours ne sont pas tous identiques.

Différencier sa pédagogie ne suppose pas uniquement d'élaborer le profil de chaque élève, encore faut-il l'exploiter.

2.3 Comment différencier ?

Il conviendra tout d'abord, comme pour n'importe quelle mise en œuvre, de **proposer aux élèves une situation motivante** pour entrer dans l'activité. Après un moment d'évaluation utile pour poser **un diagnostic sur les capacités et les pré-requis des élèves**, l'enseignant peut proposer des situations en utilisant une ou plusieurs des variables suivantes.

Les formes de regroupement

Il est possible de **mettre en place des groupes de niveau** afin que les élèves soient confrontés à des adversaires aux mêmes capacités que les leurs, **des groupes de be-**

soins identifiés lors de l'évaluation diagnostique, **ou encore au contraire des groupes hétérogènes** permettant ainsi aux élèves de réfléchir aux situations possibles afin que chacun progresse et trouve sa place au sein du groupe (voir p. 26 à 31).

La tâche

Elle peut supposer de faire **varier les contraintes d'espace et de temps.** L'enseignant doit prendre en compte les éléments tels que le degré de fatigabilité des élèves en fonction du moment de la journée, de leurs capacités motrices ou de leur motivation.

Le degré d'étayage

L'intervention de l'enseignant peut être orale ou visuelle (gestes, passage par l'écrit…), elle peut se faire pendant, avant ou après la tâche, sa consigne peut porter sur un ou plusieurs éléments de la tâche (la posture, la précision du geste…). Elle peut prendre la forme d'encouragements et influer sur le rapport affectif de l'élève vis-à-vis de l'activité qu'il pratique.

L'évaluation

Elle doit avoir du sens pour les élèves eux-mêmes et il s'agit dans ce type de démarche de s'interroger sur la manière de faire participer activement les élèves à ce moment et d'apprécier leurs progrès personnels.

EXEMPLE

Une différenciation pédagogique pouvant être mise en place dans une situation de handball au cycle 2

Seuls quelques élèves jouent et ont la balle car ils maitrisent le geste du lancer à bras cassé et sont capables de courir plus vite que les autres. L'enseignant identifie les élèves en difficulté (ceux qui n'arrivent pas à avoir la balle, ceux qui ne cherchent même pas à entrer dans le jeu car ils ont une image négative de leurs capacités).

Différenciations possibles :

- proposer plusieurs jeux sur plusieurs terrains (diviser le terrain en deux ou en quatre) et mettre en place des **groupes de niveau** permettant aux élèves de jouer sans s'opposer à des adversaires trop ou pas assez expérimentés ;
- parallèlement, mettre en place des **ateliers de perfectionnement** du geste du lancer à bras cassé, de la passe ou encore de course (esquive d'un adversaire par la course rapide) en fonction des besoins des élèves.

Le degré d'étayage de l'adulte varie en fonction des difficultés identifiées.

Gérer l'hétérogénéité, c'est pour le maitre comme pour les élèves, **reconnaitre la différence et accepter la diversité des parcours.** En adoptant cette démarche, l'enseignant contribue, par le biais de l'EPS, à la promotion des valeurs citoyennes.

3 Les modalités d'apprentissage

En EPS, comme dans les autres domaines, **le choix d'une mise en œuvre pédagogique doit être motivé par l'objectif d'apprentissage défini par l'enseignant.** Ainsi, pour travailler une même compétence, il est possible d'imaginer différentes modalités en fonction des objectifs poursuivis.

Il s'agit de construire une progression en réfléchissant minutieusement à l'organisation du groupe d'élèves durant la séquence d'apprentissage car les différentes mises en œuvre doivent répondre à des besoins spécifiques.

Ainsi, si l'objectif de la séance est d'améliorer la maitrise d'un geste précis, on privilégiera le fonctionnement sous forme d'ateliers afin de favoriser la répétition et la construction de celui-ci. À l'inverse, lorsqu'il s'agit de mettre en place des stratégies de jeux collectifs, le grand groupe reste incontournable.

Dans tous les cas, **l'organisation de travail doit être un moyen au service de la construction d'un apprentissage** dont l'objectif est clairement défini.

3.1 Grands groupes ou petits groupes ?

Le grand groupe

Dans ce cadre, **l'activité est proposée à l'ensemble du groupe classe qui se mobilise pour un objectif commun.**

L'enseignant annonce l'objectif de l'activité à ses élèves en la mettant en lien avec un projet commun.

EXEMPLE

Un type d'objectif pouvant être présenté à la classe

Le projet peut être la participation de la classe à une rencontre avec d'autres classes (actions de circonscriptions ou départementales : rencontres athlétiques, de sports collectifs, de danses...) ou la préparation d'une « restitution » du travail de l'année ou de la période devant un public (élèves de l'école, d'une autre école, parents d'élèves...). Dans tous les cas, cette situation doit faire l'objet d'une annonce claire aux élèves en début d'unité d'apprentissage afin qu'ils construisent leur apprentissage à travers une forte motivation.

Ce projet commun permet ainsi au groupe de maintenir sa motivation et de donner du sens aux apprentissages. Tout au long de la séance, des temps de régulation, d'analyse, de réflexion sont prévus.

Le rôle des élèves au sein de ces situations collectives peut varier (joueurs, arbitres, observateurs...). Cette différenciation des tâches provoque la réflexion et les conflits socio-cognitifs nécessaires à la structuration des apprentissages.

Ce mode d'action présente l'avantage de réduire les différences entre les élèves et de créer facilement une unité au niveau du groupe classe. Le projet au sein de l'action collective prend alors du sens. En revanche, l'enseignant éprouvera des difficultés à individualiser les apprentissages, c'est pourquoi d'autres modalités de travail doivent y être associées.

➤ Les exemples cit
ici pour chaque typ
d'organisation ne s
veulent ni exhausti
ni modélisants...
D'autres dispositifs
peuvent et doivent
être envisagés
en fonction de la
réflexion personne
de l'enseignant
et des besoins
et objectifs propres
à la classe.

EXEMPLE

Des pratiques pouvant se prêter à une organisation en grand groupe

- La pratique **des rondes et des danses collectives** fait l'objet d'une découverte en grand groupe et d'un apprentissage collectif, et ce quel que soit le cycle.
- De la même manière, **une séquence de jeux collectifs**, aux cycles 2 et 3, peut être initiée par une séance collective de présentation et de découverte d'un des jeux et de ses règles. L'enseignant peut imaginer ensuite divers groupements d'élèves (définis ci-après) en fonction des besoins repérés lors de la séance collective.

Les petits groupes

Selon le but poursuivi, le travail en petits groupes peut revêtir des formes différentes.

Les groupes de confrontation

Ils permettent une réflexion par l'émergence de points de vue divers. Cette organisation favorise les échanges, plus aisés qu'en grand groupe. Si l'on sait que les élèves apprennent et progressent en se confrontant à un avis différent du leur ou à un jugement critique, cette forme de travail devient alors très intéressante pour **développer les interactions entre pairs.** La danse ou la gymnastique, où la visée technique et esthétique a toute son importance, sont des activités qui se prêtent particulièrement à ce type de mise en œuvre.

EXEMPLE

Des pratiques pouvant se prêter à une organisation en groupe de confrontation : une séance de danse en maternelle

Les 28 élèves de la classe sont répartis par petits groupes de sept. Les groupes se succèdent derrière un rideau tendu dans le préau pour danser sur une musique qu'ils ne connaissent pas. Un projecteur est installé derrière eux, ce qui donne lieu à un théâtre d'ombres corporelles. Les autres groupes ont un rôle de spectateurs et pour consigne d'observer le groupe de danseurs. À la fin du morceau musical, les spectateurs sont invités à réagir et à proposer des évolutions possibles à l'interprétation du groupe de danseurs.

Les difficultés techniques rencontrées (enfant qu'on ne voit pas parce qu'il est trop près du projecteur ou parce qu'il ne se positionne pas au bon endroit...) font aussi l'objet de discussions dépassant le domaine de l'EPS et permettent d'établir des liens avec d'autres disciplines (découverte du monde aux cycles 1 et 2 ; l'activité peut être transposée au cycle 3 et des liens évidents avec les sciences et technologie peuvent être faits).

Les groupes d'interévaluation

Ces groupes, au sein desquels les élèves s'observent et communiquent, peuvent être mis en place par l'enseignant dans la continuité des situations de confrontation. **En évaluant leurs pairs, les élèves s'approprient les critères d'évaluation** auxquels eux-mêmes sont soumis. Pour l'enseignant, c'est une manière de responsabiliser ses élèves et de changer leur regard vis-à-vis de l'évaluation. Il est cependant nécessaire d'être tout particulièrement attentif à la qualité des relations entre élèves afin que les critiques restent bienveillantes et constructives.

EXEMPLE

Des pratiques pouvant se prêter à une organisation en groupe d'interévaluation : une séance de course longue au cycle 3 (suite à un cycle d'apprentissage en endurance)

Les élèves sont répartis en groupes de deux. Un des élèves court, le second note la distance et calcule la durée de la course.

Les groupes de besoins

Le groupe de besoins est un autre type de regroupement possible. Le nombre d'élèves par groupes est laissé à l'appréciation de l'enseignant qui, après des observations ou une évaluation diagnostique, sera à même d'identifier les difficultés et les besoins de ses élèves. Si les groupes homogènes (débutants, confirmés) peuvent paraitre stigmatisants, ils ont l'avantage de **permettre à certains enfants éclipsés par d'autres**

dans le grand groupe de s'exprimer. De plus, le travail de l'enseignant est facilité car il se trouve alors devant un groupe d'élèves aux besoins similaires. Il peut approfondir une notion en tenant compte des difficultés rencontrées par l'ensemble des élèves du groupe. En revanche, ce type de fonctionnement doit être limité dans le temps pour ne pas empêcher les élèves de trouver leur place dans d'autres groupes et au sein du projet collectif.

Quoi qu'il en soit, si ces mises en œuvre favorisent l'autonomie, certains groupes peuvent cependant se trouver sans étayage de l'adulte. L'enseignant doit donc veiller à son propre rôle au sein de cette organisation pour laisser ses élèves construire favorablement leurs apprentissages. Une fois encore, il semble indispensable de faire varier les modalités de travail et de les associer les unes aux autres dans un module.

EXEMPLE

Des pratiques pouvant se prêter à une organisation en groupe de besoins : une séance de natation au cycle 2

L'évaluation diagnostique ayant eu lieu, des groupes de besoins sont constitués (non-nageurs, deux groupes intermédiaires, confirmés). L'enseignant pourra alors proposer une tâche adaptée aux besoins de ses élèves pour les faire progresser vers le savoir nager.

- **Débutants** : se déplacer sur les marches à quatre pattes, la tête hors de l'eau.
- **Intermédiaires 1** : se déplacer en moyenne profondeur sur le bord du bassin en appuis manuels sur le bord ; peu à peu, passer sous une ligne d'eau à un moment du parcours, ce qui permet de commencer à travailler l'immersion du visage.
- **Intermédiaires 2** : se déplacer d'un point à un autre à l'aide de matériel (frite en mousse), sans appuis des mains sur le bord.
- **Confirmés** : sauter en moyenne profondeur avec ou sans matériel à différentes distances du bord.

3.2 L'aménagement de l'espace

L'aménagement de l'espace en maternelle ou aux cycles 2 et 3 est une des composantes essentielles des activités d'EPS. Il doit être réfléchi en fonction des intentions pédagogiques et des objectifs d'apprentissage définis en amont de l'activité. Ainsi, au sein d'un même cycle d'apprentissage, les espaces peuvent être aménagés différemment en fonction des activités physiques mobilisées, mais aussi des relations à l'espace, au temps ou aux autres que l'on souhaite travailler. En maternelle, pour les plus jeunes, il est possible de proposer dans un premier temps des installations de matériel répartis dans l'espace pouvant induire des réponses motrices mais sans qu'un sens ou une orientation précise ne soient donnés ou imposés. Ce type d'aménagement permet alors aux enfants de s'approprier l'espace, le matériel, et d'agir à leur mesure en fonction de leurs capacités motrices, leurs appréhensions et leur niveau d'habileté. Les déplacements libres et l'accès naturel au matériel leur laisse la possibilité de s'approprier un espace, un geste, une action par la reprise de processus connus, grâce à la répétition.

Les ateliers

Ils sont particulièrement intéressants pour améliorer la maitrise d'un geste par sa répétition dans un endroit donné et pendant un temps défini. **Les élèves sont répartis sur plusieurs lieux distincts** (délimités dans l'espace à l'aide de matériel) où une tâche leur est proposée. **Un système de rotation permet aux élèves de multiplier les actions.**

Le nombre d'élèves par atelier étant limité, l'attente est moins longue et le temps d'activité plus important pour les apprenants. Par ailleurs, il n'est pas nécessaire, avec cette organisation, de prévoir du matériel pour tous les élèves au même moment. L'enseignant peut individualiser son intervention auprès de chaque élève sur une séance (à condition que le nombre d'ateliers, le temps prévu et le système de rotation aient été pensés et maitrisés de manière efficace).

La mise en place d'ateliers nécessite toutefois une importante préparation : matériel, organisation spatiale, sécurité (certains groupes devant fonctionner en autonomie). Une séance organisée sous forme d'ateliers peut et doit être reprise plusieurs fois avec le même matériel, ce qui n'empêche pas de faire évoluer les apprentissages. C'est un gain de temps et d'efficacité pour l'enseignant et ses élèves.

Cette organisation demande également une bonne gestion du groupe. Ainsi, **il est important de fixer dès le départ des règles** de déplacement et de fonctionnement précises et claires pour les élèves.

Le choix des ateliers durant une séquence ne doit pas faire perdre de vue le sens donné aux apprentissages. En effet, cette mise en œuvre faisant travailler le perfectionnement d'un geste, **les élèves doivent percevoir le sens plus large de l'activité** qui leur est proposée. Par exemple, le travail réalisé, en ateliers, sur l'apprentissage des techniques de lancer et de réception à la main de la balle se justifie si la situation de référence de jeu du handball a été présentée en début de cycle d'apprentissage et lors de chaque séance. Le travail de répétition du geste prendra alors tout son sens car il permettra aux élèves de mieux investir l'activité.

EXEMPLE

Des pratiques pouvant se prêter à une organisation en ateliers dans le cadre d'une séquence d'athlétisme (cycle 3)

Trois ateliers pour 24 élèves sont mis en place (8 élèves par atelier).

- **Lancer loin**

Matériel : plots et vortex (javelot).

Il est demandé aux élèves de lancer le javelot le plus loin possible en améliorant leur performance.

- **Courir vite**

Matériel : 8 foulards (4 rouges, 4 bleus).

Les élèves sont au centre du terrain, munis de leur foulard. Le maitre (ou un élève) indique la couleur qui doit rejoindre son camp le plus rapidement possible sans se faire prendre le foulard par le camp adverse.

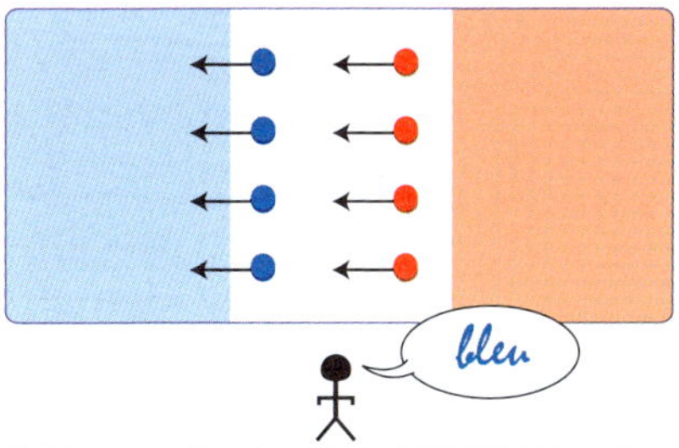

- **Sauter loin**

Matériel : 3 cerceaux posés par terre et espacés les uns des autres.

L'élève enchaine les sauts sur un pied dans les trois cerceaux sans les toucher (cet atelier peut déjà permettre de travailler le triple bond).

Le parcours

Le parcours est une modalité de travail qui nécessite l'appropriation de l'espace dans lequel il est installé. Cette organisation, très souvent choisie en maternelle sous le nom de « **parcours de motricité** » propose une succession de matériel fixe induisant des déplacements imposés et mettant en œuvre une motricité inhabituelle. En revanche, cette organisation propice à l'enchainement des conduites motrices et au réinvestissement d'actions déjà travaillées est particulièrement intéressante à exploiter aux cycles 2 et 3.

Le parcours n'est pas seulement un enchainement de tâches induites par le matériel disponible dans l'école, il doit être réfléchi à partir des activités motrices que l'on souhaite faire travailler aux élèves.

De nombreux apports sur les types d'aménagement de l'espace et sur les enjeux de l'objectif 2 en maternelle (« Adapter ses équilibres et ses déplacements à des environnements et des contraintes variées ») sont disponibles dans le document « ressources maternelle » sur le site Eduscol (p. 16 du document, voir le lien ci-contre).

> **Ressources maternelle, objectif 2, Eduscol**
> http://cache.media.eduscol.education.fr/file/Agir/44/5/Ress_c1_agir_obj2_456445.pdf

- **Lorsque le parcours est organisé en boucle fermée**

Avec de nombreux objectifs (sauter, rouler, s'équilibrer, ramper...), il présente l'avantage de permettre l'appropriation de l'espace et la familiarisation avec l'activité. À partir du cycle 2 plus particulièrement, les parcours peuvent être construits autour d'une activité physique et sportive (APS) définie (parcours athlétique, gymnique, d'escalade...).

- **Il est possible d'organiser des parcours parallèles**

Avec des objectifs différents ou identiques. La difficulté pour l'enseignant réside dans la gestion de plusieurs parcours à la fois.

Il est préférable, afin d'augmenter le temps d'activité individuelle, de prévoir plusieurs entrées pour éviter les embouteillages et l'attente. Pour l'enseignant, qui s'attache le plus souvent à assurer la sécurité à un des points clés du parcours, il est parfois difficile d'observer tout le monde et d'intervenir si besoin sur l'activité individuelle de certains élèves qui vont privilégier la quantité et la répétition des tâches au détriment de la qualité de celles-ci.

Toutefois, cette forme de travail a l'avantage, tout particulièrement en maternelle, d'apprendre aux élèves à gérer l'espace dans lequel il leur est demandé d'évoluer et de travailler la répétition d'un processus connu et maitrisé contribuant à stabiliser les apprentissages.

L'organisation sous forme de parcours n'est cependant pas exclusivement réservée à la maternelle. On peut en effet très facilement mettre en place des parcours en athlétisme ou en natation aux cycles 2 et 3 en alternance avec des ateliers ou des petits groupes de travail.

EXEMPLE

Des pratiques pouvant se prêter à une organisation en parcours : une séance d'activités gymniques au cycle 2

Un parcours est aménagé avec des tâches déterminées et des objectifs différents au sein de la même compétence que l'enseignant souhaite faire travailler.

- Marcher sur une poutre (plus ou moins haute en fonction de la prise de risque souhaitée et de l'âge des élèves).

- Sauter et assurer sa réception.

- Enchainer par une roulade avant sur un tapis incliné à l'aide d'un tremplin glissé en dessous.

- Continuer le parcours en se déplaçant mains appuyées sur un banc à l'aide de bonds latéraux de part et d'autre du banc.

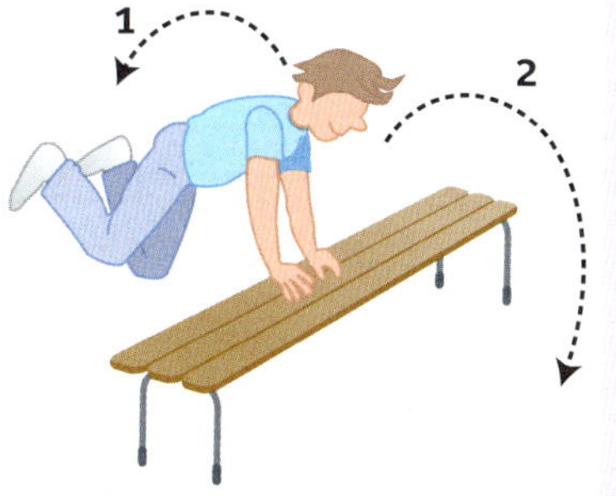

Plusieurs entrées sont matérialisées par un cerceau ou des plots de couleur pour permettre une meilleure circulation. La séance initiale peut être envisagée avec une consigne ouverte, tout particulièrement avec de très jeunes enfants qui auront de nombreuses propositions en fonction de leur niveau d'habileté motrice et leurs capacités personnelles au moment de l'activité. On peut faire observer ces propositions pendant le temps d'action, puis de manière différée – en classe, par exemple – et interroger les élèves : « Que peut-on faire avec le matériel installé aujourd'hui ? » Les contraintes et les règles peuvent être introduites progressivement à la suite de cette séance de découverte.

3 L'EPS et le système éducatif

1 La mixité en EPS : une voie vers l'égalité ?

1.1 La mixité dans les programmes

Si la mixité à l'école a été introduite progressivement depuis la fin de la Seconde Guerre mondiale, elle n'est devenue obligatoire de la maternelle jusqu'au lycée que depuis 1975 (loi « Haby »). C'est un sujet récent mais qui porte les enseignants à la réflexion, particulièrement en EPS. En effet, cette discipline, où le corps et les caractéristiques physiques sont mis en jeu, fait parfois ressurgir des questionnements sur la gestion de la mixité au sein du groupe.

Dès la maternelle, **l'apprentissage d'une « culture de l'égalité » est un des enjeux essentiels de l'éducation**. La mission de l'école vise à transmettre des valeurs d'égalité entre les filles et les garçons, les hommes et les femmes. C'est un défi fondamental à relever auquel l'EPS peut contribuer très fortement.

Ce principe d'égalité n'autorise aucune hiérarchie arbitraire dans les cours d'école ou sur les terrains de jeux. En luttant contre les stéréotypes, l'EPS favorise ainsi l'égalité des chances.

La prise en considération de toutes les différences interindividuelles au sein d'un groupe permettra aux enseignants de travailler ce principe d'égalité. Comme pour beaucoup d'autres questions, la seule séance d'EPS ne suffit pas à sensibiliser les élèves à l'importance de l'égalité entre filles et garçons. Il est indispensable de l'accompagner de questionnements, de débats et d'échanges en classe, et de veiller à ce que, à tout moment, la mixité soit respectée.

> ➤ Loi « Haby » : loi n° 75-620 du 11 juillet 1975 relati à l'éducation du ministre René Haby pour une mixité obligatoire de la maternelle au lycée.
>
> www.legifrance.gouv.fr/affichTexte.do?cidTexte=JORFTEXT000000334174

> ➤ Loi du 8 juillet 2013 pour la refondation de l'école.
>
> https://www.legifrance.gouv.fr/affichTexte.do?cidTexte=JORFTEXT000027677984&categorieLien=id

1.2 Les difficultés rencontrées

Les difficultés liées à la mixité en EPS sont souvent d'ordre social. Ainsi, certains sports collectifs comme le football sont qualifiés de « masculins » alors que la danse sera appréhendée par les élèves comme une activité plutôt féminine. Il appartient à l'enseignant de briser ces clichés afin d'imposer la mixité comme un principe incontournable à l'épanouissement de chacun et d'en faire au contraire un support aux apprentissages.

En EPS, il n'est pas rare de voir des garçons faire preuve de réticence, voire de violence, à l'idée de devoir intégrer des filles dans leur équipe, invoquant le fait qu'« elles ne sont pas assez fortes », et les filles se mettre en retrait (consciemment ou non).

De la même manière, la danse est souvent perçue par les élèves comme une activité « de filles ». Les garçons ne s'autorisent pas à y participer eux-mêmes pour répondre à une image stéréotypée de la virilité, créant parfois un phénomène de groupe difficile à gérer.

Les réticences des uns et des autres doivent être prises en considération et ne peuvent être ignorées. Il ne s'agit pas de créer de nouveaux conflits qui exacerbent la violence ou le rejet. En revanche, l'enseignant doit mettre en place des situations de mixité pour valoriser les compétences de chacun en tant qu'individu appartenant à un groupe.

1.3 Des situations pour favoriser l'égalité « filles-garçons »

La mixité est un travail de longue haleine qui doit absolument être relayé en classe et à tout moment.

Accéder à la culture sportive

Il appartient tout d'abord à l'enseignant de casser les stéréotypes autour de ces questions en faisant accéder ses élèves à la culture sportive. Ainsi, on pourra présenter des performances réalisées par des athlètes féminines (équipes de basket-ball ou de football) montrant ainsi que des filles peuvent pratiquer ces sports à très haut niveau et atteindre un degré de technicité très élevé. Il est également possible de faire découvrir la carrière de grands danseurs (Rudolf Noureev, Merce Cunningham...) afin de prouver que cette activité artistique n'est pas simplement réservée aux femmes.

➤ Ces situations, qui servent le travail autour de la mixité, sont autant d'occasions d'aborder les œuvres de danseurs, chorégraphes, musiciens et autres artistes célèbres dans le cadre de l'enseignement de l'Histoire des Arts et du parcours artistique et culturel de l'élève.

Favoriser la mixité en classe

Des situations banales de classes favorisent la mixité. Ainsi, en faisant travailler régulièrement les élèves en équipes mixtes (recherches, concours de résolutions de problèmes, expérimentations en sciences...), l'enseignant facilite la perception de l'autre, la reconnaissance de ses capacités et la mise en valeur de ses compétences. Il démontre ainsi à ses élèves qu'il est possible de travailler ensemble.

En EPS plus spécifiquement, certaines mises en œuvre peuvent aider progressivement les élèves à accepter cette mixité mais aussi à lui reconnaitre des avantages.

Les jeux collectifs et traditionnels

Les jeux collectifs ou traditionnels avec changement de partenaire peuvent être fréquemment mis en place. Ces activités, qui nécessitent des actions rapides avec un temps de réflexion très court entre chacune d'elles, favorisent les contacts et les associations filles-garçons.

EXEMPLE

Un type de jeu pouvant favoriser la mixité

Un jeu du type « accroche-décroche » peut constituer une mise en train pour une séance d'EPS. Les élèves (en nombre impair) font une ronde et se donnent le bras par couple. Ce sont les souris. Une seule souris n'a pas de partenaire. Elle doit s'accrocher au bras d'une autre souris avant que le chat ne l'attrape. Dès qu'elle s'est accrochée, elle chasse la souris située à l'autre extrémité qui devra échapper à son tour au chat en allant s'accrocher au bras d'une autre souris.

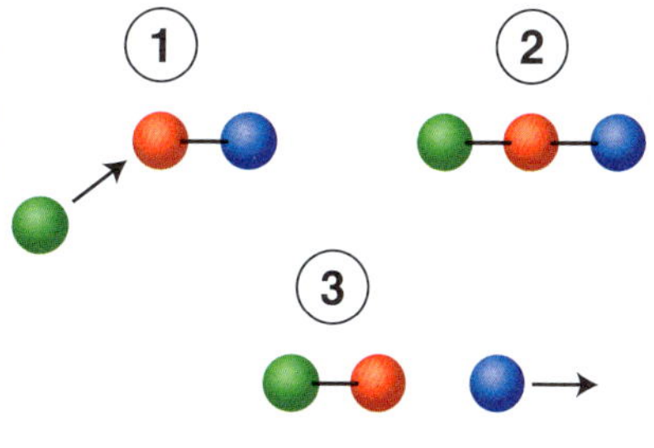

Les élèves n'ont ici pas le temps de réfléchir au bras de qui ils doivent s'accrocher pour ne pas être mangés par le chat. Filles et garçons entrent donc en contact sans que la mixité soit ressentie comme une entrave au jeu.

Les danses traditionnelles

La conduite spécifique de certaines activités est particulièrement adaptée pour favoriser la mixité. Ainsi, les danses traditionnelles peuvent être dansées par tous, et ce depuis le plus jeune âge. Une notion de convivialité se dégage de ces activités et fait souvent tomber les réticences des élèves en les amenant progressivement à entrer en contact avec l'autre. À nouveau, les changements de partenaires rapides et entrainés par la musique et le groupe ne laissent pas de place à la réflexion. Les attitudes de rejet ou de crainte s'estompent dès la seconde séance pour disparaitre complètement derrière le projet collectif.

Les groupes de travail mixtes

Dans le cadre d'**un travail spécifique autour d'une action motrice**, l'enseignant peut constituer des groupes de travail mixtes en insistant sur la finalité du travail : s'entrainer pour améliorer un geste en vue d'accroitre ses performances. Le travail entre filles et garçons se transforme alors en partenariat.

Les groupes de niveaux mixtes

Lors de la conduite d'activités de sports collectifs, par exemple, l'enseignant peut être amené à proposer des rencontres où filles et garçons d'un même niveau seront mélangés au sein de la même équipe pour jouer ensemble contre une équipe de même niveau. L'opposition n'est alors plus une opposition entre les filles et les garçons mais entre des élèves ayant le même degré de maitrise qu'eux. Les garçons comprennent dans ces situations qu'ils ont besoin des filles pour gagner contre l'équipe adverse (et inversement). Pour atteindre un objectif commun, chacun se met alors à apprécier les bienfaits de la complémentarité. La question de la mixité est ici liée à la gestion de l'hétérogénéité. Les problèmes qu'elle soulève et les mises en œuvre qu'elle suppose sont similaires (voir p. 23).

Si la mixité en EPS fait parfois apparaitre certains obstacles, elle est une priorité absolue, une voie vers l'égalité.

2 Quelle place pour le handicap ?

« Si pour un valide le sport est un bienfait, pour un handicapé c'est une nécessité. »
Gérard Masson, président de la fédération française Handisport.

Depuis la loi pour l'égalité des droits et des chances du 11 février 2005, les élèves malades ou handicapés sont de plus en plus scolarisés en milieu scolaire ordinaire.

Sous prétexte de mobilité réduite, il est fréquent d'entendre que les élèves porteurs de handicap ne peuvent pas pratiquer d'activité physique et sportive. Bien au contraire, ces élèves ont autant, voire davantage, besoin des bénéfices physiques, psychologiques et sociaux procurés par la pratique du sport (développement de capacités physiques, amélioration de la coordination, gestion du stress, amélioration de sa propre image, goût de l'effort, appartenance à un groupe, respect des règles...). **Quelles que soient les déficiences motrices, ils peuvent entrer dans les activités proposées si celles-ci sont adaptées à leurs possibilités.**

➤ Loi n° 2005-102 du 11 février 2005 pour l'égalité des droits et des chances, la participation et la citoyenneté des personnes handicapées publiée au JORF n° 36 du 12 février 2005.

www.eduscol.education.fr/cid47660/scolarite-et-handicap.html

2.1 Adapter l'enseignement aux besoins de chacun

Afin que les enfants handicapés puissent acquérir des connaissances et des compétences compatibles avec leurs capacités motrices, **il est nécessaire de réfléchir à l'adaptation de l'enseignement sans pour autant renoncer à certaines exigences.**

Les préconisations des médecins sont des indicateurs importants et nécessaires pour l'enseignant qui pourra plus facilement procéder à des ajustements. Ces conseils peuvent porter par exemple sur le degré de fatigabilité de l'élève, le niveau de sollicitation possible, ou encore les postures à privilégier ou à éviter.

2.2 Les difficultés rencontrées

Elles varient en fonction du type de handicap de l'enfant. Elles sont bien sûr souvent d'ordre moteur (capacités motrices restreintes, problèmes d'amplitude ou de mauvaise coordination des gestes parfois en rapport avec la posture de l'élève...) mais peuvent être également liées, en cas de lésions cérébrales notamment, à la perception des déplacements des autres, d'un objet (ballon), des couleurs, ou encore au sens du toucher qui peut être altéré.

2.3 Proposer des variables spécifiques

Ainsi l'enseignant, après avoir pris connaissance des spécificités du handicap de l'élève dont il a la charge et de ses capacités, veillera à proposer des variables lors de la mise en place des activités physiques et sportives.

Le temps d'activité

Il peut être réduit en fonction de la fatigabilité de l'élève. Des temps de récupération fréquents peuvent être nécessaires.

Les règles du jeu

Elles peuvent être adaptées pour certains élèves et pas pour d'autres. Un important travail d'instruction civique et morale autour de **la tolérance** doit alors être mené à travers cette différenciation permettant, par le biais de l'EPS, d'intégrer à la formation des élèves **le respect de la différence**.

L'espace et le matériel

Comme pour les autres élèves, **le matériel peut varier en fonction de l'habileté des uns et des autres.** Ainsi, lors d'un jeu de raquette, un matériel plus léger ou plus maniable peut être proposé à un enfant plus fatigable. Des couleurs faciles à distinguer peuvent être privilégiées pour les plots délimitant le terrain ou pour les ballons afin que les repères soient facilement identifiables par des élèves ayant des difficultés de perception visuelle.

L'évaluation

Il est possible de faire réaliser à un enfant handicapé la même tâche que ses camarades mais d'**adapter les critères d'évaluation.**

S'il est indispensable de prendre en compte la spécificité de chaque élève, en adaptant ses exigences et en différenciant sa pédagogie de manière parfois très significative, il est nécessaire **de maintenir un certain nombre d'exigences tout en restant bienveillant** afin de conduire ces élèves à progresser eux aussi en donnant de la valeur à leurs performances personnelles.

3 L'éducation à la santé

L'éducation à la santé est une des finalités de l'EPS, réaffirmée clairement dans les programmes d'enseignement des cycles 2, 3 et 4 : « L'EPS amène les enfants et les adolescents à rechercher le bien-être et à se soucier de leur santé ».

➤ Programmes d'enseignement du cycle des apprentissages fondamentaux (cycl 2), du cycle de consolidation (cycle 3) et du cycle des approfondissements (cycle 4).

BO Spécial n°11 d 26 novembre 2015

www.education.gouv.fr/pid285/bulletin_officiel.htm ?pid_bo=33400

3.1 Qu'est-ce que la santé ?

D'après l'OMS (Organisation Mondiale de la Santé), la santé est **« un état de complet bien-être physique, mental et social,** et ne consiste pas seulement en une absence de maladie ou d'infirmité. » Il s'agit donc de favoriser dès le plus jeune âge le développement de ces trois aspects qui participent à la préservation de la santé.

Dans ce cadre, la mission de l'enseignant est ici de former des citoyens responsables capables de préserver et d'entretenir leur santé en leur apprenant à gérer leurs ressources et en leur faisant **acquérir le goût d'une pratique sportive régulière.**

Cet enjeu, que porte l'EPS, participe à la lutte contre les inégalités sociales. En effet, l'école est parfois le seul endroit où certains élèves pratiquent une activité physique et sportive et s'initient à l'importance d'entretenir leur corps par ce biais.

3.2 Sport et santé

L'obésité chez les jeunes enfants, liée à la sédentarité croissante, ne cesse d'augmenter et inquiète les autorités publiques, tout comme les risques de maladies cardiovasculaires, ou encore les troubles du sommeil ou de l'attention. Tous les spécialistes le confirment : un enfant pratiquant une activité physique régulière a moins de risque de présenter des déséquilibres d'ordre physique, mental ou social qu'un autre qui en serait privé. L'équilibre physique et psychique entretenu par une pratique sportive est par ailleurs **un facteur de réussite scolaire**.

3.3 La préservation de la santé

Il existe plusieurs angles d'étude et de sensibilisation à la préservation de la santé.

Les éléments d'ordre physique :

- **L'hygiène** : prendre une douche après une activité intense.
- **L'alimentation** : mesurer l'importance du petit déjeuner pour pouvoir fournir un effort prolongé, étudier les combinaisons d'aliments permettant de soutenir un effort (sucres lents…), sensibiliser les élèves à l'hydratation après ou pendant un effort.
- **Le sommeil** : apprécier l'impact du nombre d'heures de sommeil sur le comportement, la concentration, la récupération du corps et du cerveau mais aussi la croissance des enfants.
- **La culture sportive** : mettre en relation ces règles d'hygiène de vie avec celles des sportifs de haut niveau.

Les éléments d'ordre psychologique et social :

- **Le plaisir et la satisfaction** procurés par l'effort et la pratique d'une activité physique : ces sentiments positifs pourront résonner à l'âge adulte, développant ainsi chez chacun le goût d'une pratique régulière.
- **L'appartenance à un groupe,** plus précisément dans les activités d'opposition et de coopération et le travail autour de **l'estime de soi**.

Si l'EPS permet de développer la conscience des élèves quant à la préservation d'une bonne santé par la pratique d'une activité physique régulière, l'éducation à la santé doit également faire l'objet d'autres moments d'apprentissages à travers diverses disciplines comme les sciences ou l'instruction civique, par exemple, et ne pas être seulement abordée sous l'angle de l'EPS.

4 Le sport scolaire

L'EPS est un enseignement à part entière dont les contenus et les horaires sont encadrés par des textes officiels (voir p. 13). Cet enseignement peut s'accompagner d'activités sportives proposées aux élèves et définies sous le nom de « sport scolaire ».

> La politique du développement du sport scolaire a été redéfinie par la circulaire n° 2010-125 du 18-8-2010, publiée au bulletin officiel n° 31 du 2 septembre 2010.

4.1 Le sport scolaire dans le premier degré

Dans le premier degré, ces activités sont majoritairement encadrées par l'USEP, première fédération sportive scolaire de France avec plus de 800 000 licenciés évoluant au sein de la Ligue de l'enseignement, placée sous la tutelle du ministère de l'Éducation nationale et du ministère des Sports.

> **USEP**: Union Sportive de l'Enseignement du Premier degré.
> Voir p. 19.

Pour l'enseignement catholique privé, l'UGSEL (fédération sportive éducative de l'enseignement catholique) assure les mêmes missions.

Une convention autorise l'USEP à organiser seule ou avec ses partenaires les rencontres sportives du premier degré et à soutenir les projets sportifs initiés par les enseignants. Ainsi tout enseignant peut s'inscrire dans les manifestations organisées par l'USEP en vue de finaliser par exemple une unité d'apprentissage en handball ou en rugby dès lors qu'une rencontre est organisée dans sa circonscription ou sur le département. Il est également possible pour les enseignants de concevoir un projet spécifique en lien avec une progression définie au sein d'un des quatre champs d'apprentissage de l'EPS et de faire appel à l'USEP pour soutenir leur action.

> Convention entre le ministère de l'Éducation nationale, l'USEP et la Ligue de l'enseignement, signée le 3 octobre 2014, publiée au BO n° 2 du 8 janvier 2015.

4.2 Les valeurs du sport

Si le sport scolaire vise à développer les pratiques sportives, il a également pour objectif de promouvoir certaines valeurs spécifiques très étroitement liées à celles de l'EPS en tant que discipline scolaire et aux compétences du Socle commun de connaissances, de compétences et de culture :

- la citoyenneté et la responsabilité, à travers l'apprentissage de l'autonomie et le respect de la diversité ;
- l'esprit collectif, en permettant aux élèves de travailler en équipe et de finaliser un projet collectif ;
- la socialisation, par le biais de la vie associative et de la participation aux rencontres départementales ou de circonscription ;
- l'égalité des chances, en permettant à des élèves de tous milieux de participer à des évènements communs et fédérateurs.

1

OBJECTIF 1 POUR LA MATERNELLE

Agir dans l'espace, dans la durée et sur les objets

CHAMP D'APPRENTISSAGE 1 POUR LES CYCLES 2 ET 3

Produire une performance optimale, mesurable à une échéance donnée

1 Les activités athlétiques

1.1 Présentation de l'APS

DÉFINITION ET SPÉCIFICITÉ DES ACTIVITÉS ATHLÉTIQUES

L'athlétisme est un ensemble de disciplines sportives regroupées en trois catégories : les courses, les sauts, les lancers. Il s'agit pour l'athlète de dépasser ses propres performances afin de se mesurer aux autres.

Aux cycles 2 et 3, il est question d'activités athlétiques appartenant au champ d'apprentissage de l'EPS : « **Produire une performance optimale, mesurable à une échéance donnée** ».

> Quel que soit le type d'activité, l'objectif est de confronter les élèves à une performance qu'ils pourront évaluer afin de pouvoir, tout au long de leur parcours, agir sur des éléments de la motricité en vue d'améliorer leurs performances.

En maternelle, l'objectif « Agir dans l'espace, dans la durée et sur les objets » permet « d'amener progressivement l'enfant à engager des efforts et y prendre plaisir pour développer son pouvoir d'agir dans l'espace, dans le temps et sur les objets » (*in* Ressources maternelle – Agir, s'exprimer, comprendre à travers l'activité physique – objectif 1 : agir dans l'espace, dans la durée et sur les objets). Dans ce cadre, on peut mettre en place les activités suivantes :

- lancer des projectiles de tailles, de formes, de poids différents (lancer haut, loin, avec précision, faire glisser, rouler, rebondir...).
- franchir des obstacles, sauter (haut, loin, avec un pied, avec deux pieds), enchainer des actions (courir puis sauter et se réceptionner).
- gérer son énergie sur une ou plusieurs actions enchainées (course de durée, de vitesse, avec ou sans obstacle...).

Ces pratiques conduisent les enfants à expérimenter les propriétés des objets et à découvrir leurs utilisations possibles. Il s'agit alors de les conduire progressivement vers la pratique d'activités athlétiques associées à la production d'une performance mesurable aux cycles 2 et 3. Il faut accepter leur besoin de répétition d'un geste et mettre en œuvre des conditions propices à l'entrainement, au tâtonnement et à l'exploration, sans recherche de performance dans un premier temps.

Les enjeux des activités athlétiques à l'école

L'élève apprend à **mieux coordonner ses actions pour améliorer et stabiliser ses performances**. Il est fondamental d'insister sur cet aspect car une performance est valable si elle peut être renouvelée à plusieurs reprises afin d'être mesurée. L'entrainement et la systématisation des gestes prennent alors tout leur sens dans ce cadre.

La pratique des activités athlétiques permet également d'apprendre à **gérer son énergie**. Cet aspect peut d'ailleurs faire l'objet d'une réflexion dans d'autres disciplines lorsqu'il s'agit de fournir un effort (physique ou intellectuel).

Les élèves acquièrent, au fil de la pratique, une meilleure connaissance de leurs limites et de leurs capacités par la confrontation de leurs performances et de leurs stratégies avec celles de leurs pairs.

Les problèmes fondamentaux liés aux activités athlétiques

Les activités athlétiques soulèvent un certain nombre de problèmes pour les élèves et dont l'enseignant doit avoir connaissance en concevant une unité d'apprentissage :

- **les problèmes moteurs** (mobilisation des chaines musculaires appropriées, coordination des mouvements, recherche d'équilibre) ;
- **les problèmes liés à la dépense d'énergie** : les élèves doivent mettre en œuvre des processus anaérobie alactique ou anaérobie en fonction de la durée de l'effort ;
- **les problèmes affectifs** : la recherche de performance, la confrontation aux autres et l'intensité des efforts fournis peuvent parfois déstabiliser les élèves qui doivent faire face à un afflux d'émotions parfois nouvelles pour eux. Cette dimension ne doit pas être négligée par l'enseignant dont le rôle est de rassurer et d'étayer ses élèves pour leur apprendre à maitriser ce type de sensation.

> **Anaérobie alactique :** le muscle fonctionne sans oxygène et ne produit pas d'acide lactique. Ce mécanisme entre en jeu lors d'un effort intense mais très bref (10 secondes environ).

> **Anaérobie :** le muscle fonctionne sans oxygène mais produit de l'acide lactique, ce qui permet de prolonger l'effort jusqu'à 2 minutes.

Si les élèves sont confrontés à certains problèmes, **l'enseignant doit également prendre en considération certaines contraintes** :

- **l'espace** : le choix d'un lieu adapté à la pratique de ces activités est indispensable. Ainsi, lorsqu'on dispose d'un stade ou d'un espace extérieur suffisamment vaste, les modalités de fonctionnement sont plus aisées ;
- **la sécurité** : malgré tout, une grande cour constituée d'espaces visibles et sécurisés ou un préau assez vaste peuvent permettre de faire travailler de nombreuses actions, et ce de diverses manières, à condition que la sécurité y soit respectée. L'enseignant peut être amené à partager sa classe et travailler avec des groupes d'élèves plus restreints pour faciliter la circulation si l'espace est limité ou à sécuriser l'espace en installant des tapis là où les élèves seraient susceptibles de se blesser (lavabos collectifs dans certains préaux : sécuriser l'espace avec des tapis ou veiller à installer les ateliers loin de ces points dangereux si on en a la possibilité).

Les composantes de l'activité

Il existe plusieurs types d'activités pouvant être mise en place dès la maternelle afin que les élèves prennent plaisir à s'investir dans les apprentissages :

- **les courses** : courir vite avec ou sans obstacles (course de vitesse, course de haies), à plusieurs (course de relais), courir longtemps (course en durée) ;
- **les sauts** : sauter loin (saut en longueur), sauter haut (saut en hauteur) ;
- **les lancers** : lancer loin à bras cassé (javelot, vortex), lancer loin en poussant (poids, balle lestée), lancer loin en effectuant une rotation (disque, anneau).

1.2 Des propositions de travail de la maternelle au CM2

LA MATERNELLE

- **Déroulement de l'unité d'apprentissage (UA)** : *agir dans l'espace, dans la durée et sur les objets – courir vite/sauter (franchir des obstacles et sauter de plus en plus haut et de plus en plus loin)/lancer (loin, avec précision) – vers les activités athlétiques.*

Les activités motrices qui mènent aux activités athlétiques peuvent être proposées aux enfants sous différentes formes.

Avec les plus jeunes il convient de proposer un aménagement de l'espace laissant une assez grande liberté aux enfants pour explorer, manipuler et répéter. Ainsi, un enfant de petite section pourra librement expérimenter le plaisir de lancer le même objet durant une séance entière quand son camarade préfèrera utiliser tout le matériel proposé. De la même manière, certains enfants se contenteront de toucher la balle et d'explorer sa forme ou sa texture sans la lancer car cette étape leur est indispensable. L'espace aménagé par l'enseignant, le nombre suffisant de séances et la diversité du matériel permettront à ces enfants de progresser chacun en fonction de leurs besoins et de leur niveau d'habileté propre.

En revanche, les ateliers organisés dans un espace défini (cour, préau, gymnase ou stade) aux cycles 2 et 3 permettent à l'enseignant d'intervenir individuellement et laisse la possibilité aux enfants de s'exercer plusieurs fois de suite pour affiner et améliorer leurs gestes.

Les activités déclinées ci-après pourront être mises en œuvre d'une manière ou d'une autre en fonction de l'espace dont dispose l'enseignant et de l'âge des enfants. **Seules les activités de course seront à traiter en collectif** et ne peuvent pas faire l'objet d'ateliers ni être intégrées dans un parcours par manque de place. Par ailleurs, la présence de l'enseignant est indispensable pour réguler les jeux de poursuite par exemple.

1 Maternelle
Agir dans l'espace, dans la durée et sur les objets

CYCLES 2 ET 3
Produire une performance optimale, mesurable à une échéance donnée

➤ Pour cet objectif, les différents attendus en fonction des âges sont déclinés dans les documents Ressources pour la maternelle, publiés sur Eduscol – Objectif 1 : Agir dans l'espace, dans la durée et sur les objets, p. 4.
http://cache.media.eduscol.education.fr/file/Agir/44/3/Ress_c1_agir_obj1_456443.pdf

> Une unité d'apprentissage en maternelle peut se décomposer en 8 à 10 séances de 30 à 40 minutes environ (évaluation comprise).

	COURIR	SAUTER	LANCER
PS	– ***Chacun dans sa maison :*** les élèves se déplacent librement dans une zone de jeu. Au signal, ils doivent rejoindre une zone indiquée. – ***Vider la caisse :*** une caisse remplie d'objets est installée au milieu de la zone de jeu. Les élèves doivent aller chercher un objet et le déposer derrière une ligne.	– Parcours avec des espaces aménagés à l'aide de matériel divers (bancs, caissettes, chaises, lattes…) que l'élève peut franchir en effectuant un saut. – Jeux de franchissement de zones parsemées d'obstacles (franchir une rivière matérialisé par des tapis sans « se mouiller » les pieds).	Sous forme d'ateliers ou de parcours : – lancer divers objets dans une caisse, plus loin que la caisse, devant la caisse, par-dessus la caisse ; – lancer divers objets par-dessus un obstacle.
	Courir d'un espace défini à un autre	**Sauter par-dessus des obstacles avec ou sans appuis**	**Lancer dans une zone définie**

	COURIR	SAUTER	LANCER
MS	– ***Jeu de course poursuite :*** les élèves sont répartis en deux groupes (chats et souris). Le départ se fait sur deux lignes : les souris devant, les chats derrière. Au signal, les chats doivent rattraper les souris avant qu'elles n'atteignent la ligne d'arrivée.	– Parcours aménagé d'obstacles divers à réaliser avec un objet dans la main pour supprimer les appuis. – Jeux de franchissement (le jeu de la rivière connu des élèves en variant l'amplitude du saut nécessaire au franchissement de la rivière et le nombre de zones à franchir).	– Lancer divers objets dans la continuité des ateliers mis en place en petite section en complexifiant les attentes en termes de précision de lancer. – ***Jeu du lanceur :*** lancer le plus grand nombre d'objets rouges dans la caisse rouge, d'objets bleus dans la caisse bleue, etc. Varier la distance de la zone à atteindre.
	Courir le plus loin possible en un temps limité	**Sauter par-dessus des obstacles sans appuis**	**Lancer loin dans une zone définie** **Travailler un geste plus ample** *(des zones de couleurs permettent de mesurer la portée des lancers sans être obligé d'aborder le système de mesures).*
GS	– Travailler sous forme d'ateliers le maintien de la vitesse. Le coureur doit aller taper dans la main de son camarade positionné sur la ligne d'arrivée. – ***Le jeu des déménageurs sous forme de relais :*** vider une caisse d'objets en transportant un seul objet à la fois pour aller le placer dans une seconde caisse située de l'autre côté de la piste de course (à une vingtaine de mètres). Les élèves d'une même équipe se succèdent le plus rapidement possible.	Ateliers de saut (intégrés au sein d'un parcours ou non) : – des foulards sont placés à différentes hauteurs, les élèves doivent élaborer des stratégies pour toucher les foulards les plus hauts ; – sauter dans des cerceaux posés au sol.	– ***Jeu des balles brûlantes :*** deux équipes sont constituées, le but du jeu est de vider son camp d'objets divers (balles, sacs lestés, anneaux…) afin d'améliorer l'amplitude du geste. L'équipe gagnante est celle qui a le moins d'objets dans son camp. – Le travail des lancers en ateliers pratiqué en petite et en moyenne section se poursuit en améliorant l'amplitude pour accroitre les performances.
	Courir le plus vite possible	**Sauter haut pour toucher ou attraper des objets suspendus** **Apprécier sa performance en étant capable de la reproduire à plusieurs reprises**	**Lancer loin dans une zone définie en manipulant plusieurs objets et en adaptant son geste aux spécificités de l'engin projeté**

- **Toutes ces actions doivent être relayées à d'autres moments de la journée et à travers diverses activités** afin que les enfants construisent efficacement leurs apprentissages :
  – par leur pratique dans des espaces différents (par exemple : sauter de marche en marche sur un des escaliers de l'école, en veillant à la sécurité de chacun) ;
  – par le biais du langage : énonciation des règles, rappel des rôles, analyse des tâches, prise de conscience des enjeux…

LE CYCLE 2

Nous proposons ici une unité d'apprentissage constituée de 10 séances de 50 minutes en activités athlétiques au CP développant les actions motrices suivantes :

- sauter loin (vers le saut en longueur) ;
- lancer loin (lancer à bras cassé, vers le lancer de javelot) ;
- courir vite (vers la course de vitesse sur 20 mètres).

● **Déroulement de l'UA** : *activités athlétiques au CP – produire une performance optimale, mesurable à une échéance donnée.*

Chaque séance commence par la présentation des objectifs du jour et par une mise en train durant laquelle les élèves sont tous en activité au même moment.

Tout au long de l'unité, les élèves et l'enseignant, par leurs observations, feront évoluer la situation collective proposée.

MISES EN TRAIN (jeux collectifs permettant de développer l'action motrice « courir vite »)	
Séance 1	***Le jeu des sorciers :*** 3 sorciers, 7 souris (2 demi-terrains). Les sorciers doivent toucher les souris. Lorsqu'une souris est touchée, elle se transforme en pierre.
Séances 2 et 3	***Le jeu des sorciers*** en introduisant un système de délivrance.
Séances 4 et 5	***Le jeu des sorciers*** avec système de délivrance. Introduction de « maisons » pour que les souris se reposent et soient en zone protégée.
Séance 6	***Le jeu de la queue du diable :*** 3 diables portant un foulard en guise de « queue » (il suffit de coincer le bout du foulard dans la ceinture des diables), 7 élèves, 2 demi-terrains. Les élèves doivent attraper la queue du diable pour devenir diables eux-mêmes. Si un diable touche un élève, celui-ci s'assoit.
Séances 7 et 8	***Le jeu de la queue du diable*** en introduisant un système de délivrance.
Séances 9 et 10	***Le jeu de la queue du diable*** avec déplacement d'une maison à une autre sans se faire attraper. Si un diable attrape un élève, l'élève devient diable.

Le corps de chaque séance s'organise en deux temps :

- un premier temps d'ateliers mettant en œuvre le saut (sauter loin) et le lancer à bras cassé (lancer haut pour lancer loin) ;
- un second temps en grand groupe permettant de travailler la course de vitesse (sans obstacle d'abord puis avec des obstacles bas) à travers des jeux collectifs à nouveau.

	Ateliers		Collectif
	SAUTER LOIN	**LANCER LOIN**	**COURIR VITE**
Séance 1	**Évaluation diagnostique** pour mesurer les performances de départ des élèves. Le projet d'apprentissage est exposé aux élèves. La finalisation du projet est liée à la participation de la classe à une rencontre de circonscription.		
	Sauter loin	**Lancer le vortex**	**Course de vitesse**
	Sauter le plus loin possible sans mordre la planche d'appel.	Lancer le vortex le plus loin possible.	Courir le plus vite possible pendant 7 secondes pour aller le plus loin. La performance est mesurée grâce à 4 zones d'arrivée (15/20 m - 20/25 m - 25/30 m - 30/35 m).
Séance 2	**Saut à l'arrêt**	**Lancer le plus prêt**	**Courir vite**
	Jeu de franchissement. Exemple : franchir une zone pour transporter un objet d'un espace à un autre.	Jeu de lancer. Exemple : lancer des objets le plus près possible de cibles définies (peluches, caisses ou plots) : « Lance la nourriture près des animaux. »	Jeu de course de vitesse. ***Lapin carotte :*** au signal, l'enfant de la ronde centrale tend le témoin au lapin qui part en courant, fait le tour de la ronde, et repasse entre les jambes de son camarade pour déposer le témoin dans la caisse.
	Comportement attendu : sauter à partir d'une impulsion sur un pied.	*Comportement attendu : lancer dans une zone définie.*	*Comportement attendu : réagir à un signal de départ.*
Séance 3	**Sauter loin sans élan**	**Lancer à bras cassé**	**Courir vite**
	Sauter le plus loin possible à partir d'un cerceau.	Jeu du chamboule-tout (répétition du geste en vue de le perfectionner).	Jeu de course de vitesse. ***Fuir-attraper :*** partir au signal pour atteindre une zone délimitée.
	Comportement attendu : prendre son impulsion dans une zone d'appel.	*Comportement attendu : lancer dans une zone définie en perfectionnant un geste technique (lancer à bras cassé).*	*Comportement attendu : réagir à un signal de départ.*
Séance 4	**Sauter avec un appel 1 pied et réception 2 pieds (travail du pied d'appel)**	**Lancer à bras cassé**	**Courir vite**
	Courir au signal, sauter à pieds joints dans un cerceau.	Jeu du chamboule-tout (répétition du geste en vue de le perfectionner).	Jeu de course de vitesse. ***Le joker :*** il faut arriver en premier pour faire gagner son équipe. La classe est répartie en quatre équipes. Au signal, le premier de chaque équipe part. Le premier arrivé totalise le maximum de points pour son équipe (4 points), le deuxième 3 points et ainsi de suite.
	Comportements attendus : sauter à partir d'une impulsion sur un pied, se réceptionner sur deux pieds sans chute arrière.	*Comportement attendu (voir séance 3).*	*Comportement attendu : courir vite pour participer à la construction d'une performance collective.*

Séance 5	**Évaluation formative** (même protocole qu'en séance 1) pour évaluer la progression des élèves et analyser leurs besoins au regard des performances mesurées en séance 1.		
Séance 6	**Sauter pour franchir une zone**	**Lancer haut pour lancer loin**	**Courir vite**
	Courir, prendre appel sur la planche et sauter le plus loin possible.	Lancer des objets au-dessus d'un fil (sacs lestés, objets divers…).	Relais (réaliser une performance de vitesse à plusieurs).
	Comportement attendu : prendre son impulsion dans une zone d'appel.	*Comportement attendu : construire des trajectoires en direction et en hauteur.*	*Comportement attendu : enchainer une course avec une transmission de témoin.*
Séance 7	**Sauter pour franchir une zone**	**Lancer haut pour lancer loin**	**Courir vite avec obstacles**
	Même dispositif qu'en séance 6 en diminuant l'espace d'appel.	Même dispositif qu'en séance 6.	***Le jeu des lapins chasseurs :*** les élèves sont répartis en quatre groupes. 2 colonnes sans obstacles et 2 colonnes avec obstacles (matérialisées au sol). Décaler les couloirs de départ de 5 m en arrière pour les couloirs sans obstacles. Au signal, le premier de chaque équipe part en courant, le plus vite possible. Le lapin (parcours avec obstacles) ne doit pas se faire rattraper par le chasseur (parcours sans obstacles).
	Comportement attendu (voir séance 6).	*Comportement attendu (voir séance 6).*	*Comportement attendu : courir vite pour participer à une performance collective.*
Séance 8	**Enchainer les bonds pour agrandir la foulée**	**Lancer loin en poussant**	**Courir vite avec obstacles**
	Courir le plus vite possible et franchir des zones successives définies en utilisant un pied d'appel.	En équipe : lancer le sac lesté le plus loin possible. Les joueurs suivants relancent de l'endroit atteint précédemment pour atteindre la zone cible.	Reprise du jeu des lapins chasseurs, en introduisant une variante : réduire l'espace entre les zones de départ.
	Comportement attendu : enchainer course d'élan et impulsion sur un pied.	*Comportement attendu : construire une trajectoire parabolique d'objets lestés en direction et en hauteur.*	*Comportement attendu : courir en franchissant 3 obstacles bas placés à des distances variables.*
Séance 9	**Enchainer les bonds pour agrandir la foulée**	**Lancer loin en poussant**	**Course d'obstacles**
	Même dispositif qu'en séance 8 (systématisation du geste).	Même dispositif qu'en séance 8 (systématisation du geste).	Courir le plus vite possible en franchissant des obstacles (4 départs simultanés).
	Comportement attendu (voir séance 8).	*Comportement attendu (voir séance 8).*	*Comportement attendu : franchir des obstacles bas sans ralentir.*
Séance 10	**Évaluation sommative** : appréciation des performances des élèves en lien avec les attentes institutionnelles dans le cadre des activités motrices travaillées tout au long de l'UA : courir vite (sur une vingtaine de mètres) avec et sans obstacles bas, sauter loin, lancer loin.		

Les attendus de fin de cycle 2 (fin de CE2) :

- courir, sauter, lancer à des intensités et des durées variables dans des contextes adaptés.
- savoir différencier : courir vite et courir longtemps/lancer loin et lancer avec précision/sauter haut/sauter loin.
- accepter de viser une performance mesurée et de se confronter aux autres.
- remplir quelques rôles spécifiques.

● **Variables didactiques pour le CE1 et le CE2**

Au CE1 et au CE2, l'unité d'apprentissage décrite précédemment peut être adaptée en fonction du niveau d'habileté des élèves. Ainsi, la distance de course de vitesse atteindra 30 mètres, au lieu de 20, et la pratique du relais (avec transmission de témoin) sera travaillée de manière plus approfondie. Les lancers d'objets pourront être précédés et coordonnés à une prise d'élan. Les rotations (construction d'une trajectoire parabolique) pourront également faire l'objet d'un travail plus précis en fin de cycle 2.

LE CYCLE 3

L'unité d'apprentissage détaillée pour le cycle 3 propose une séquence composée de 10 séances de 50 minutes d'activités athlétiques au CM1. Dans la continuité du travail mené au cycle 2, les élèves seront invités à s'engager dans des activités de course de vitesse (sur 40 mètres désormais), de saut en hauteur et de lancer d'engins (au cycle 3, le javelot remplace le vortex).

● **Déroulement de l'UA** : *activités athlétiques au CM1 – produire une performance optimale, mesurable à une échéance donnée.*

Le corps des séances est organisé sous forme d'ateliers avec des objectifs différents (sauter haut, lancer loin, courir vite) au sein de la même APS (activités athlétiques). L'enseignant régule les trois ateliers ou il peut prendre en charge la course de vitesse.

	ATELIERS		
	SAUTER HAUT	LANCER LOIN	COURIR VITE
Séance 1	**Évaluation diagnostique** pour établir les performances de départ des élèves. En fin d'unité d'apprentissage, le groupe classe est engagé dans une rencontre départementale.		
	Sauter haut	**Lancer le javelot**	**Courir vite**
	Sauter le plus haut possible sans toucher l'élastique.	Lancer le javelot le plus loin possible.	Courir le plus vite possible pendant 10 secondes sur une distance de 40 mètres.

Séance 2	**Prendre son élan**	**Lancer fort**	**Courir vite**
	Courir en prenant appel d'un pied dans une zone délimitée par du matériel (cerceaux, coupelles… posés au sol).	Lancer une balle sur un mur et mesurer la distance parcourue par la balle après le rebond.	***Jeu des « trois tapes » :*** les élèves sont face à face, deux par deux, une couleur leur est attribuée. À l'annonce de sa couleur, l'élève tape trois fois dans les mains de son adversaire puis rejoint la zone désignée sans se faire attraper par son binôme.
	Comportement attendu : sauter à partir d'une impulsion sur un pied en trouvant son pied d'appel.	*Comportement attendu : lancer avec pied en avant opposé au bras du lancer.*	*Comportement attendu : réagir à un signal de départ.*
Séance 3	**Prendre son élan**	**Lancer à bras cassé**	**Courir vite**
	Même activité qu'en séance 2 en complexifiant le parcours (obstacles, trajectoires complexes…). Le pied d'appel est identifié par l'élève.	Sans élan (sac lesté).	***Jeu des « trois tapes »*** en augmentant la distance parcourue.
	Comportement attendu (voir séance 2).	*Comportement attendu : adapter son geste à l'engin (sac lesté).*	*Comportement attendu : réagir à un signal de départ. Maintenir sa vitesse.*
Séance 4	**Sauter haut**	**Lancer à bras cassé**	**Relais**
	Franchir un élastique tendu avec la technique du saut en ciseaux. Accent mis sur la posture et le rôle des bras dans l'impulsion.	Avec élan (sac lesté).	Se transmettre un témoin dans une zone définie lors d'une course.
	Comportement attendu : utiliser les bras pour sauter haut.	*Comportement attendu : enchainer course d'élan et lancer sans ralentir.*	*Comportement attendu : enchainer une course avec une transmission, sans perdre le témoin.*
Séance 5	**Sauter haut**	**Lancer à bras cassé**	**Relais**
	Saut en ciseaux. Entrainement en vue d'améliorer le geste et les performances.	Avec élan : lancer du javelot.	Même activité qu'en séance 4. Synchronisation des mouvements au moment du passage du témoin, coordination au sein de l'équipe, position du bras…
	Comportement attendu : s'élever verticalement après une course d'élan adaptée pour franchir l'élastique.	*Comportement attendu : enchainer course d'élan et lancer sans ralentir, adapter son geste à l'engin.*	*Comportement attendu : recevoir le témoin dos à son partenaire et en mouvement sans se gêner.*
Séance 6	**Évaluation formative** (même protocole qu'en séance 1) pour évaluer la progression des élèves et analyser leurs besoins au regard des performances mesurées en séance 1. Le relais sera évalué en séance 10.		

Séance 7	**Sauter sur le dos**	**Lancer en effectuant une rotation**	**Course de haies**
	Sauter sur le dos sur un tapis. Cet atelier permet de mettre les élèves en confiance et de dédramatiser l'action de chuter en arrière.	Lancer le plus loin possible un cerceau en effectuant une rotation sur soi-même. Recherche de performance par la répétition et le perfectionnement du geste.	Courir le plus vite possible sur plusieurs parcours présentant des obstacles de hauteurs différentes.
	Comportement attendu : augmenter la tonicité de l'impulsion, s'engager dans l'action en maitrisant ses appréhensions.	*Comportement attendu : construire une trajectoire parabolique.*	*Comportement attendu : adapter sa foulée pour maintenir sa vitesse de course.*
Séance 8	**Sauter haut**	**Lancer en effectuant une rotation**	**Course de haies**
	Sauter le plus haut possible pour franchir un élastique tendu avec la technique du fosbury. Travail de la rotation et du positionnement du corps au moment de l'impulsion.	Même dispositif qu'en séance 7 en changeant d'engin (ballon assez lourd).	Même dispositif qu'en séance 7 avec des distances à atteindre.
	Comportement attendu : s'élever verticalement après une course d'élan adaptée pour franchir l'élastique.	*Comportement attendu : construire une trajectoire parabolique.*	*Comportement attendu : adapter sa foulée pour maintenir sa vitesse de course.*
Séance 9	**Sauter haut**	**Lancer en effectuant une rotation**	**Course de haies**
	Sauter le plus haut possible sans toucher l'élastique avec la technique de son choix. L'élève détermine la technique qui lui permet de réaliser les meilleures performances et de les stabiliser.	Lancer le plus loin possible un cerceau ou un ballon lourd (entrainement et systématisation du geste).	Courir en franchissant des haies (entrainement en vue de l'évaluation).
	Comportement attendu : s'élever verticalement après une course d'élan adaptée pour franchir l'élastique.	*Comportement attendu : construire une trajectoire parabolique.*	*Comportement attendu : augmenter sa vitesse de course et la maintenir avant les franchissements.*
Séance 10	**Évaluation sommative** : appréciation des performances des élèves en lien avec les attendus de fin de cycle à décliner en fonction du niveau d'habileté de chacun des élèves. Exemple d'évaluation pouvant être mis en place à la fin de ce cycle d'apprentissage : courir vite sur 40 m individuellement (sprint) avec ou sans haies (espacées de 5, 6 ou 7 m) et collectivement (relais) ; sauter haut en respectant la zone d'appel et en utilisant ses bras ; lancer loin à bras cassé et/ou en rotation en diversifiant les prises d'élan.		

Les attendus de fin de cycle 3 (fin de 6e) – programme d'enseignement du cycle de consolidation, BO Spécial n°10 du 19 novembre 2015 :

– réaliser des efforts et enchainer plusieurs actions motrices dans différentes familles pour aller plus vite, plus longtemps, plus haut, plus loin.

➤ Des repères pour élaborer la progressivité des apprentissages : progressions publiées par le ministère de l'Éducation nationale, de la Jeunesse et de la Vie associative (DEGESCO) accessibles sur le Éduscol.

www.eduscol.education.fr/prog

– combiner une course, un saut, un lancer pour faire la meilleure performance cumulée.
– mesurer et quantifier les performances, les enregistrer, les comparer, les classer, les traduire en représentations graphiques.
– assumer le rôle de chronométreur et d'observateur.

- **Variables didactiques**

– On pourra faire varier la distance à parcourir en course de vitesse (20, 30 ou 40 mètres)
– Lors du franchissement de haie, on cherchera progressivement à amener les élèves vers la fluidité du geste tout au long du parcours en augmentant la vitesse de la course.
– Le perfectionnement des lancers évoluera également selon diverses variables : la prise d'élan (pas chassés, course droite…), la trajectoire du lancer visant à augmenter la performance en longueur (en hauteur, parabolique…).
– Les performances en saut en hauteur évolueront grâce à l'apport de gestes techniques nouveaux (comme l'introduction du *fosbury* en CM1 et perfectionnement en CM2 ou en 6e).

1 Maternelle
Agir dans l'espace, dans la durée et sur les objets
Cycles 2 et 3
Produire une performance optimale, mesurable à une échéance donnée

2 Questions complémentaires que pourrait poser le jury

COURSE LONGUE

1. Comment mettre en place un module d'apprentissage au cycle 3 en course en durée ?

La course longue fait partie des activités athlétiques mais présente des spécificités propres et **son apprentissage fait le plus souvent l'objet d'une unité d'apprentissage isolée,** travaillée parallèlement aux activités de lancer, de saut et de vitesse.

La course d'endurance suppose un effort intense mais surtout continu. Si le but d'une unité d'apprentissage de course en durée est d'améliorer les performances personnelles des élèves, un des objectifs de l'enseignant doit être de permettre à ses élèves de travailler le système aérobie afin de développer leurs capacités dans ce domaine et leur apprendre à gérer leur effort sur la durée pour courir sans être essoufflé.

L'aspect psychologique de cette activité est particulièrement important. Il est nécessaire de travailler ici le dépassement de soi en supportant un effort sur la durée et qu'il faut gérer sur un temps plus important que lors d'un saut ou d'un lancer.

Avant tout, il conviendra de proposer une évaluation diagnostique pour que chaque élève ait conscience de ses capacités en lien avec la situation de référence : courir 12 à 15 minutes de manière constante. Plusieurs problèmes se dégagent alors le plus souvent :
– certains élèves s'arrêtent avant la fin du temps et ne peuvent pas courir plus longtemps ;
– d'autres courent 12 à 15 minutes mais ne savent pas maintenir une allure régulière, ils alternent les courses rapides et les courses très lentes.

L'enseignant annonce les objectifs à atteindre : **réussir à courir pendant le temps dé-**

➤ **Aérobie :** le muscle puise l'énergie dont il a besoin dans l'oxygène que lui fournit l'organisme. Cela permet de maintenir un effort de faible intensité mais sur une longue durée (course longue par exemple).

cidé, de manière régulière, et en gérant son effort, c'est-à-dire en apprenant à mobiliser les ressources nécessaires pour aller au-delà de ses performances de départ.

L'unité d'apprentissage (environ 10 séances de 30 minutes pour des progrès mesurables) peut alors se décliner autour de **plusieurs exercices** proposés dans l'ordre suivant.

Exercice 1 : *améliorer le développement de la puissance aérobie des élèves (courir régulièrement sans être essoufflé).*

1. Trottiner pendant 20 secondes puis, au signal, courir plus vite pendant 20 secondes également, puis marcher pendant 40 secondes. Répéter cet enchainement cinq fois de suite.

2. Les élèves alternent 4 minutes de course sans être essoufflés (en « aisance respiratoire ») et 4 minutes de récupération (en marchant), le tout pendant 20 minutes d'activité.

3. Même exercice que le précédent en augmentant le temps de course et de récupération qui est porté à 6 minutes (temps total d'activité : 24 minutes = 6 x 4).

Exercice 2 : *évaluation intermédiaire, retour à la situation de référence.*

Suite à ces exercices menés sur quatre ou cinq séances, il est nécessaire de proposer aux élèves un moment d'évaluation intermédiaire pour qu'ils puissent mesurer leurs progrès. En fonction des résultats observés, des groupes de besoins peuvent être constitués.

Exercice 3 : *mise en place d'un dispositif de différenciation (gérer sa vitesse de course et améliorer la régularité).*

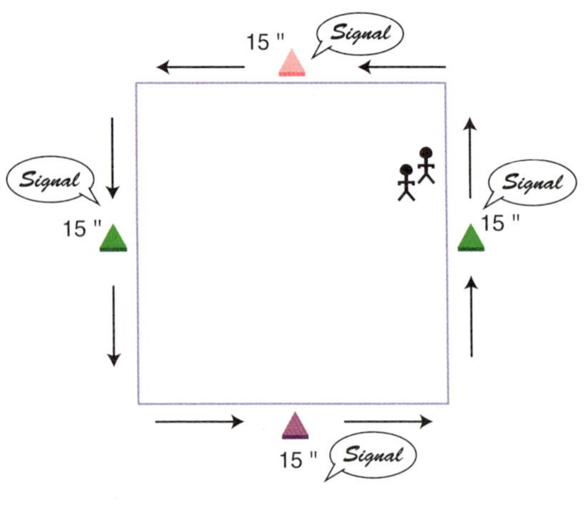

1. En fonction des niveaux d'habileté, les élèves sont regroupés par niveau et répartis en binômes (ou par trois) afin que chacun puisse observer les performances de l'autre.

Sur un terrain carré de 50 m de côté, le groupe d'élèves court et doit passer devant un plot au coup de sifflet de l'enseignant (15 secondes entre chaque plot). Cet exercice suppose que les élèves utilisent leurs capacités de manière réfléchie et gèrent leur effort.

2. Il est également possible de mettre en place des contrats avec les élèves à partir de la situation de référence (courir 12 à 15 minutes). Après l'évaluation intermédiaire, on propose aux élèves d'estimer la distance qu'ils se sentent capables de parcourir (plus la distance est longue, plus la course sera intense et l'effort soutenu, ce qui demandera de développer plus ou moins la capacité aérobie). Cette situation, particulièrement intéressante, permet de valoriser les progrès et les performances relatives aux capacités de chacun. Les élèves progressent alors à leur niveau, au sein d'une même situation de référence, en réponse à des exigences communes. Cette pédagogie du contrat est un outil de différenciation permettant à l'élève d'être véritablement acteur de ses apprentissages.

2. Quels liens peut-on établir pour les activités athlétiques entre maternelle et cycles 2 et 3 dans le cadre de la progressivité des apprentissages ?

- **En maternelle, les activités proposées sont liées aux verbes d'action « courir, sauter, lancer ».** Le travail proposé par l'enseignant vise à développer ces capacités motrices à travers des jeux et activités que suscitent ces verbes. L'objectif est déjà ici de réaliser ces actions en les mettant en relation avec **des repères dans l'espace et le temps** (courir plus vite que…, moins vite que…, sauter aussi haut que…, courir plus ou moins vite). Au début, surtout avec les plus jeunes, on leur laisse le temps d'explorer les différentes possibilités d'agir sur un objet (lancer la balle, la faire rouler, sur le sol, sur un tapis, sur la main), de répéter plusieurs fois le même geste, d'en inventer, d'en découvrir de nouveaux, peut-être simplement d'observer. Ensuite, on conduit progressivement les enfants vers des actions de plus en plus ajustées et enchainées les unes aux autres dans un but de plus en plus précis.

La précision du geste évolue grâce à la conduite d'activités motrices régulières et organisées. On peut choisir des actions liées à des activités préparant le cycle 2 (courir, sauter, lancer, pour des activités athlétiques ; rouler, glisser, marcher, pour les activités gymniques).

Par ailleurs, la notion de mesure des performances peut-être abordée dès la maternelle grâce à des objets rendant le temps perceptible (sabliers ou supports sonores) ou des repères visuels (trois ou quatre zones de couleurs au sol pour mesurer la portée d'un lancer).

- **Au cycle 2, il s'agit de faire évoluer la pratique de ces actions vers une meilleure coordination de celles-ci.** Les élèves sont désormais capables de prendre conscience de leurs capacités et apprennent à gérer leurs efforts. On peut commencer en début de cycle 2, à organiser le travail sous forme de parcours au sein duquel le matériel et son installation induiront des actions motrices déjà travaillées par les élèves en maternelle (lancer loin, lancer précisément, sauter haut, sauter loin à l'aide de cerceaux…). Les contraintes et les exigences pourront ensuite évoluer en fonction du niveau d'habileté des élèves. Des propositions de travail sous forme d'ateliers permettent la construction de stratégies pour améliorer la gestion de l'effort et la technicité des gestes. L'évaluation de ses propres performances et de celles de ses pairs devient plus précise.

- **Au cycle 3, le niveau d'habileté des élèves, et ce dans toutes les disciplines, permet un niveau d'exigence plus élevé.** Le temps de course d'endurance est allongé, les distances de course de vitesse sont plus grandes, les obstacles à franchir plus hauts (les haies remplacent les obstacles bas). **La mesure des performances est désormais précise** et devient un prétexte à la mise en pratique d'acquisitions mathématiques (mesures de longueurs, mesures de durées). L'élève peut se situer par rapport aux autres et par rapport à son projet de progression personnelle et de stabilisation de ses propres performances. **Il peut analyser ses actions** et **adapter ses comportements** pour affiner ses gestes et être plus performant (repérer son pied d'appel avant un saut en hauteur, en longueur ou d'obstacle, adapter sa vitesse de course pour ne pas s'essouffler trop vite, utiliser ses bras pour sauter haut…).

Il est en mesure d'évaluer sa production et celle de ses pairs.

3. Quelle est la règlementation concernant l'encadrement des élèves ?

À l'école élémentaire, l'enseignant et un adulte agréé par le DASEN suffisent à encadrer une classe de 30 élèves. **En maternelle,** l'enseignant doit être accompagné de deux adultes agréés par le DASEN pour un groupe de 30 élèves. Au-delà, un encadrant supplémentaire est requis en élémentaire comme en maternelle.

Les classes comprenant des élèves de maternelle et d'élémentaire (une classe de Grande Section/CP par exemple ou une classe à multiples niveaux comptant des élèves de maternelle) sont soumises aux règles d'encadrement de la maternelle (un enseignant + deux adultes agréés) sauf si l'effectif de la classe est inférieur à 20. Dans ce cas, un seul adulte agréé en plus de l'enseignant suffit.

Les adultes agréés par le DASEN peuvent être :

– des professionnels titulaires d'un diplôme ou d'un titre : Maitres Nageurs Sauveteurs (MNS), Brevet Professionnel de la Jeunesse, de l'Éducation Populaire et du Sport spécialité « activités aquatiques et de la natation » (BPJEPSAA), Diplôme d'État de la Jeunesse, de l'Éducation Populaire et du Sport (DEJEPS) et Diplôme d'État Supérieur de la Jeunesse, de l'Éducation Populaire et du Sport (DESJEPS) présentant des mentions en lien avec la natation ;

– des bénévoles : parents d'élèves ayant obtenu l'agrément du DASEN.

S'y ajoute un surveillant de bassin dont le rôle n'est pas d'enseigner. L'organisation pédagogique et le respect des règles d'encadrement et de sécurité restent sous l'entière responsabilité de l'enseignant, ce qui implique qu'il ait une excellente connaissance de la règlementation en vigueur.

4. Quelles sont les connaissances et capacités permettant l'accès au « savoir nager » au cycle 3 ?

L'apprentissage de la natation fait partie des priorités de l'école pour rendre chaque enfant autonome afin d'évoluer dans un environnement aquatique en toute sécurité. Il démarre, lorsque c'est possible, dès la Grande section et les compétences s'acquièrent progressivement en étant régulièrement évaluées.

Le savoir nager, à ne pas confondre avec les activités de natation fixées par les programmes, est un objectif de CM1-CM2-6e. En fin de 6e, pour valider l'attestation du savoir nager, l'élève doit pouvoir réaliser un parcours en continuité, sans reprise d'appui et sans lunettes :

– à partir du bord de la piscine, entrer dans l'eau en chute arrière ;

– se déplacer sur une distance de 3,5 m en direction d'un obstacle ;

– franchir en immersion complète l'obstacle sur une distance de 1,5 m ;

– se déplacer sur le ventre sur une distance de 15 m ;

– au cours de ce déplacement, au signal sonore, réaliser un surplace vertical pendant 15 secondes puis reprendre le déplacement pour terminer la distance des 15 m ;

– faire demi-tour sans reprise d'appuis et passer d'une position ventrale à une position dorsale ;

– se déplacer sur le dos sur une distance de 15 m ;

– au cours de ce déplacement, au signal sonore, réaliser un surplace en position horizontale dorsale pendant 15 secondes, puis reprendre le déplacement pour terminer la distance des 15 m ;

➤ **DASEN** : directeur académique des services de l'Éducation nationale.

Depuis 2013, le brevet d'État d'Éducateur Sporti aux Activités de la Natation (BEESAN) est progressivement remplacé par le BPJEPSAA - Les personnels titulaires d'un BEESAN sont en revanche toujours considérés comme des professionnels agréés.

➤ BO n° 28 du 14 juillet 2011, circulaire n° 2011-090 du 7-7-2011, accessible sur le site du ministère de l'Éducation nationale.

www.education.gouv.fr/cid56824/mene1115402c.ht

➤ Attestation du savoir nager, BO n°30 du 23 juillet 2015.

www.education.gouv.fr/pid285/bulletin_officiel.html?cid_bo=9120

– se retourner sur le ventre pour franchir l'obstacle en immersion complète ;
– se déplacer sur le ventre pour revenir au point de départ.

Connaissances et attitudes :
– savoir identifier le/la responsable de la surveillance à alerter en cas de problème ;
– connaitre les règles de base liées à l'hygiène et la sécurité dans un établissement de bains ou un espace surveillé ;
– savoir identifier les environnements et les circonstances pour lesquels la maitrise du savoir nager est adaptée.

5. Quelle(s) situation(s) proposer afin de faire travailler la propulsion au cycle 3 ?

La propulsion est un des problèmes fondamentaux que rencontrent les élèves. Elle est assurée par les bras dans un premier temps puis par les jambes dans un second temps qui permettent d'équilibrer l'ensemble du corps et de maitriser la trajectoire. Afin de les faire progresser dans ce domaine, il convient d'aider les élèves à identifier les différents moyens de propulsion en fonction de leur efficacité. On privilégiera pour ce travail, très technique, une forme d'apprentissage ludique.

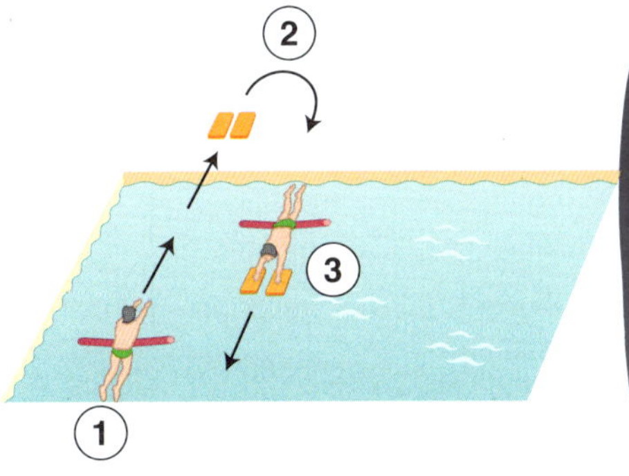

- **Premier atelier : course de vitesse**

Il s'agit de traverser le bassin dans sa largeur à l'aide d'une frite en mousse pour aller récupérer deux planches situées sur le bord opposé du bassin puis revenir avec une planche dans chaque main. Le but du jeu est de finir la course en premier. De cette manière, l'élève prend conscience du rôle de ses jambes dans la propulsion.

- **Deuxième atelier : *Le jeu des quatre coins***

Le bassin est partagé par des lignes d'eau formant plusieurs zones. Dans chaque zone se trouvent cinq joueurs (un à chaque coin et un au milieu). Au signal, chacun doit rejoindre un coin différent sans se faire prendre la place par le joueur situé au milieu. Ce jeu de rapidité permet de rechercher la performance dans les déplacements et donc d'améliorer en les coordonnant du mieux possible, les actions propulsives.

L'enseignant peut proposer une évolution de ces jeux en fonction du niveau d'habileté :
– faire varier les distances à parcourir ;
– proposer la course de vitesse avec les planches sous forme de relais chronométrés ;
– ajouter un handicap dans le jeu des quatre coins, par exemple changer d'emplacement en utilisant la seule propulsion des bras, un *pull-buoy* entre les jambes.

➤ ***Pull-buoy* :** bloc de mousse en forme de huit.

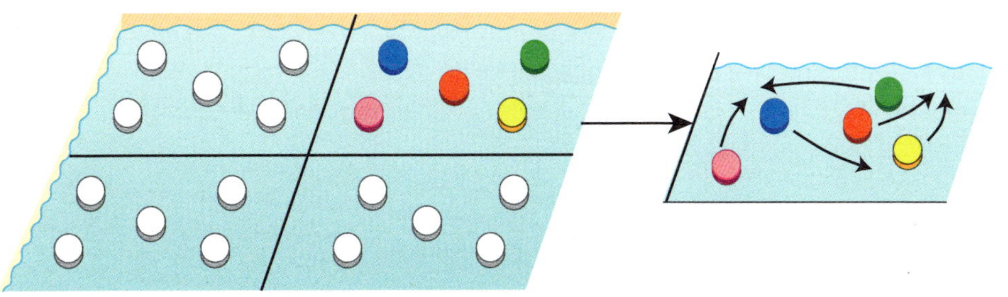

2

OBJECTIF 2 POUR LA MATERNELLE

Adapter ses équilibres et ses déplacements à des environnements ou des contraintes variés

CHAMP D'APPRENTISSAGE 2 POUR LES CYCLES 2 ET 3

Adapter ses déplacements à des environnements variés

1 Les activités de roule et de glisse

1.1 Présentation de l'APS

DÉFINITION ET SPÉCIFICITÉ DES ACTIVITÉS DE ROULE ET DE GLISSE

Les activités de roule et de glisse sont définies au travers de plusieurs disciplines nécessitant l'emploi d'engins tels que : trottinettes, tricycles, vélos, rollers, mais aussi skis ou patins à glace.

Il s'agit, lors de la pratique de ces activités, d'amener les élèves à **piloter un engin présentant un certain caractère d'instabilité**. Les activités de roule se pratiquent d'abord dans des espaces intérieurs sécurisés. Plus les élèves grandissent et plus les parcours se complexifient, l'objectif étant qu'ils soient capables, par exemple, d'effectuer une sortie à vélo en fin de cycle 3.

La spécificité de ces activités réside dans le fait qu'elles entrainent parfois les élèves dans des situations incertaines pouvant provoquer des réactions émotionnelles fortes, liées à la prise de risque et à la maitrise de ses appréhensions.

L'APER (Attestation de Première Éducation à la Route regroupe des compétences liées aux comportements de l'élève en tant que passager, piéton et rouleur. Ainsi, la pratique du vélo en EPS doit engager les élèves vers la maitrise de ces compétences. La préparation à la maitrise de certaines attitudes est étroitement liée à la sensibilisation au respect des autres et aux valeurs citoyennes au sein de notre société, et alimente ainsi les compétences liées au domaine 3 du socle commun de connaissances, de compétences et de culture : « La formation de la personne et du citoyen ».

LES ENJEUX DES ACTIVITÉS DE ROULE ET DE GLISSE

Sur le plan moteur, les élèves devront apprendre à maitriser leur équilibre, à coordonner leurs mouvements, à mettre en action une partie du corps sans y associer le reste du corps (dissociation segmentaire, par exemple : pédaler tout en maintenant les bras raides et droits sur le guidon).

Les élèves sont fortement sollicités au niveau affectif lors de ces activités, ils doivent être capables de s'engager dans une action qui déstabilise par la suppression des repères d'équilibre et des appuis habituels en surmontant leurs appréhensions.

Le caractère social de ces pratiques est à prendre en considération : en effet, l'enseignant doit sensibiliser ses élèves à la prise de risques et leur apprendre à être capables de les mesurer et de les prévoir. **Ce travail permet ensuite de valider les compétences de l'APER et de préparer les élèves à la connaissance du code de la route.**

Un certain nombre de connaissances liées au fonctionnement des divers engins sont également nécessaires afin de perfectionner leur pilotage. Ces aspects peuvent être traités en complément de la pratique spécifique de l'activité physique et être relayés en classe.

EXEMPLE

Une activité pouvant être relayée en classe

Au cycle 3, les élèves apprennent à maitriser en sciences des connaissances liées aux objets mécaniques et aux transmissions de mouvements. Ainsi les connaissances pratiques et théoriques d'un engin comme le vélo pourront être travaillées, incluant la maitrise du vocabulaire spécifique (*transformation, rotation, translation, engrenage, roue dentée*).

LES PROBLÈMES FONDAMENTAUX LIÉS AUX ACTIVITÉS DE ROULE ET DE GLISSE

En pratiquant des activités de roule et de glisse, **l'élève est confronté aux problèmes moteurs liés à la propulsion, au freinage et au pilotage**. Ces actions il devra les travailler afin de maitriser la situation de référence qui lui est proposée (un parcours le plus souvent).

S'ajoute à ces problèmes fondamentaux celui de l'équilibration. Il est fréquent et nécessaire d'ailleurs que l'élève appréhende au début la chute et la prise de vitesse. Ces actions, combinées à un effort intense provoquant une grande dépense énergétique et une prise inhabituelle de risques, peuvent parfois le déstabiliser au niveau affectif.

Le rôle de l'enseignant est bien évidemment **d'instaurer un climat favorable et sécurisé** : balisage de l'espace, mise à disposition d'équipements de sécurité (casques, genouillères, coudières, engins – vélos, patinettes, rollers... – entretenus et en bon état de marche...).

1.2 Des propositions de travail de la maternelle au CM2

LA MATERNELLE

- **Déroulement de l'unité d'apprentissage (UA)** : *trottinette – Adapter ses équilibres et ses déplacements à des environnements ou des contraintes variés.*

En maternelle, les unités d'apprentissage de roule peuvent être proposées en utilisant des trotinettes. Ces engins, faciles à appréhender et souvent disponibles dans les écoles maternelles, permettent aux élèves de travailler l'équilibration, la propulsion, le freinage et le pilotage tout en prenant des risques mesurés.

La situation de référence proposée est un parcours sur lequel les élèves doivent mettre en œuvre les actions qu'ils auront appris à maitriser.

2 Maternelle
Adapter ses équilibres et ses déplacements à des environnements ou des contraintes variés
CYCLES 2 ET 3
Produire une performance optimale, mesurable à une échéance donnée

➤ Pour cet objectif les différents attendus en fonction des âges sont déclinés dans les documents ressources pour la maternelle publiés sur Eduscol, objectif 2 « Adapter ses équilibres et ses déplacements à des environnements ou des contraintes variées », p. 4.
http://cache.media.eduscol.education.fr/file/Agir/44/5/Ress_c1_agir_obj2_456445.pdf

Pour cela, plusieurs activités peuvent être envisagées de la petite section à la grande section de maternelle.

	SE PROPULSER/GLISSER	SE DIRIGER	FREINER/S'ARRÊTER
PS	Les élèves utilisent la trottinette à leur convenance. ***Le jeu du tracteur :*** un élève à pied tire un autre élève avec une corde attachée au guidon de l'engin.	Parcours à réaliser par les élèves avec des virages larges. ***La rivière aux crocodiles :*** l'élève passe d'une zone à l'autre en ne posant les pieds que sur des rochers (cerceaux) disposés au milieu des parcours.	***Le jeu du signal :*** au signal de l'enseignant (foulard levé, coup de sifflet), les élèves doivent s'arrêter le plus rapidement possible.
	S'approprier l'espace et l'engin.	*Traverser un espace en évitant les obstacles.*	*S'exercer à freiner, puis s'arrêter.*
MS	***Le jeu des 4 zones :*** prendre de l'élan et de la vitesse. Se laisser glisser pour atteindre la zone la plus éloignée sans poser les pieds au sol. Les zones permettent de mesurer la distance parcourue.	Parcours aménagé. Réaliser un parcours avec des plots au sol afin de varier les actions (zigzags, virages).	***Le jeu des zones :*** s'élancer vers un espace comprenant plusieurs zones puis s'arrêter dans une zone définie à l'avance.
	Accepter de se laisser glisser et conserver son équilibre.	*Respecter le trajet d'un parcours imposé.*	*Savoir s'arrêter dans une zone définie.*
GS	***Le jeu des déménageurs :*** par équipes, prendre un foulard dans une caisse, le rapporter dans une autre située de l'autre côté du terrain, puis recommencer. L'équipe qui a rapporté le plus grand nombre de foulards gagne la partie.	***Le jeu des gendarmes :*** les élèves doivent réaliser un parcours. À certains endroits, des indications données par des élèves ou l'enseignant orientent la suite à donner à leur trajet.	***Le jeu des lattes :*** réaliser un parcours et s'arrêter le plus près possible d'objets situés à la fin du parcours.
	Maitriser un engin dans un jeu d'opposition (réguler sa vitesse, éviter les autres, maitriser sa trajectoire).	*Se diriger en fonction d'indices (visuels, sonores).*	*Savoir s'arrêter de manière efficace et précise.*

Le cycle 2

- **Déroulement de l'UA :** *roller au CP – adapter ses déplacements à des environnements variés.*

Cette unité d'apprentissage comprend 10 séances de 45 minutes chacune pour le cycle 2. L'enseignant doit tenir compte du temps lié à l'équipement. La pratique du roller nécessite le port d'un casque, de genouillères, de coudières et de poignets pour garantir une sécurité maximale. Les élèves apprennent à gérer leur matériel et à s'équiper, sous la surveillance de l'enseignant, de manière de plus en plus autonome. Une mise en train évolutive de 8 à 10 minutes peut être proposée en début de séance.

MISES EN TRAIN	
Séances 1 et 2	*Le jeu du cheval :* un cerceau est passé à la taille d'un élève. Un autre élève placé derrière celui-ci, à l'extérieur du cerceau, s'accroche au cerceau et se laisse glisser.
Séances 3 à 5	*Le jeu de la patinoire :* les élèves sont invités à réaliser des actions simples telles que lever le pied droit, lever le pied gauche, s'accroupir. Puis complexifier avec des demi-tours, des sauts et des tours complets.
Séances 6 et 7	*Un jeu d'endurance :* rouler 3 à 5 minutes sans s'arrêter.
Séances 8 à 10	*La queue du renard :* une demi-classe joue contre l'autre demi-classe. Les joueurs des deux équipes doivent attraper les foulards accrochés à la taille des joueurs de l'équipe adverse sans se faire prendre le leur. L'équipe qui attrape le plus grand nombre de foulards gagne la partie. Des foulards en quantité suffisante seront remis à disposition des élèves pour éviter que ceux qui n'en ont plus s'arrêtent de jouer.

Le corps des séances s'organise autour de jeux permettant de travailler les actions motrices suivantes : rouler, se propulser, s'arrêter, virer, se retourner.

Séance 1	**Situation de référence :** un parcours élaboré en fonction des actions motrices à travailler. Exemple de parcours : rouler droit, s'arrêter, slalomer entre des plots, se déplacer et franchir 2 lignes successives (en appui décalé ou en sautant), se déplacer à nouveau, se retourner et s'arrêter.		
Séance 2	**Se propulser**	**Rouler**	**S'arrêter**
	Le jeu du pousse-pousse : se pousser par deux, le poussé garde les pieds au sol, le pousseur tient son partenaire au niveau des hanches.	***Le concours :*** les élèves sont répartis en colonnes de quatre. Ils prennent de l'élan sur dix mètres et se laissent rouler ; celui qui va le plus loin gagne la manche.	***1, 2, 3 soleil :*** les élèves partent à 20 m du meneur de jeu. Le but du jeu est de rejoindre le meneur du jeu sans qu'il voie les élèves bouger au moment où il se retourne.
	Comportement attendu : se déplacer en ligne droite.	*Comportement attendu : se laisser rouler en ligne droite.*	*Comportement attendu : freiner et s'arrêter.*
Séance 3	**Virer/Tourner**	**Rouler**	**S'arrêter**
	Chacun sa maison : chaque enfant dispose d'une maison (cerceau) où il est invulnérable. Les joueurs doivent se déplacer de maison en maison sans se faire toucher par le chat.	***Le jeu du cheval :*** les élèves tournent autour d'un anneau par groupes de 4 ou 5 « duos », un élève dans un cerceau et l'autre accroché derrière et accroupi. Ils doivent faire 2 tours.	***1, 2, 3 soleil*** (voir séance 2).
	Comportement attendu : se déplacer d'un point à un autre en changeant de direction.	*Comportement attendu : circuler à plusieurs en maitrisant les équilibres.*	*Comportement attendu (voir séance 2).*

Séance 4	**Se propulser en courbe**	**Passer au-dessus**	**S'arrêter**
	L'horloge : deux équipes sont constituées. La première équipe se met en rond : c'est l'horloge ; la deuxième se met en file indienne derrière un plot placé à environ 10 mètres de la ronde. Le but du jeu est de faire circuler un ballon dans l'horloge le plus vite possible (un tour est égal à une heure) pendant que les élèves de la deuxième équipe effectuent le tour de l'horloge sous forme de relais. Lorsque tous les élèves de la deuxième équipe ont fait le tour de l'horloge, l'horloge s'arrête et annonce le nombre de tours que le ballon a effectués. 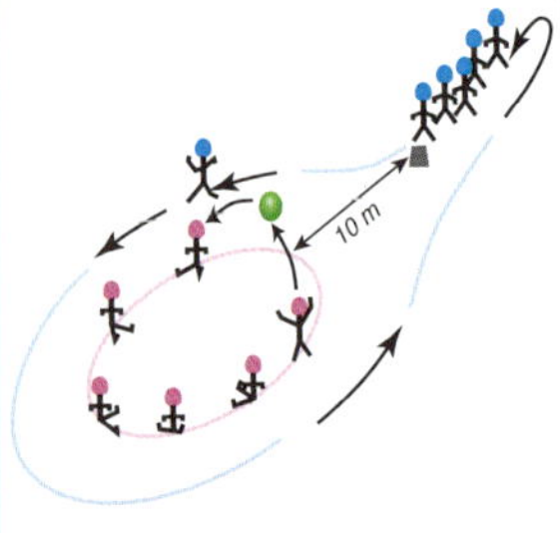	***La course au trésor :*** deux équipes sont constituées. Chaque équipe doit rapporter le plus d'objets possible dans son coffre en passant au-dessus de cerceaux disposés sur le terrain.	***En huit :*** tourner en « 8 » autour de 2 plots espacés de 10 m (2 enfants au maximum pour 2 plots). Dans les virages, les pieds doivent rester au sol et être parallèles. Les courbes sont au départ très larges, plus l'élève prend de l'assurance plus on peut réduire l'espace. À terme il est possible d'arriver en dérapage.
	Comportement attendu : parcourir des espaces nécessitant des contournements.	*Comportements attendus : freiner et s'arrêter, parcourir des espaces nécessitant des franchissements.*	*Comportement attendu : parcourir des espaces nécessitant des contournements, une maitrise de sa trajectoire et de ses équilibres.*
Séance 5	**Virer**	**Rouler**	**S'arrêter**
	Le slalom : les élèves réalisent des slaloms en variant le nombre de plots, et les espacements entre ceux-ci.	***Le concours*** (voir séance 2).	***En huit*** (voir séance 4).
	Comportement attendu : se déplacer en slalomant entre des plots.	*Comportement attendu (voir séance 2).*	*Comportement attendu (voir séance 4).*

Séance 6	**Se propulser**	**Se propulser en courbe**	**Sauter, passer au-dessus**
	Le « pousser puis tirer » : en ligne droite, par deux, face à face. Le pousseur est en marche avant, le poussé en marche arrière. Le poussé ne lève pas les pieds. Le poussé devient ensuite le tireur (il se déplace toujours en marche arrière), celui qui est tiré ne lève pas les pieds (il avance toujours en marche avant).	***L'horloge*** (voir séance 4)	***Sauter les lignes :*** des lignes de différentes couleurs sont tracées au sol. Les élèves doivent enjamber ou sauter les lignes.
	Comportement attendu : maitriser des équilibres.	*Comportement attendu (voir séance 4).*	*Comportement attendu : parcourir des espaces nécessitant des franchissements.*
Séance 7	**Se propulser vers l'arrière**	**Rouler**	**S'arrêter**
	Le « pousser puis tirer » (voir séance 6)	***À la patinoire :*** les élèves tournent autour d'un anneau de type « patinoire », dans un sens puis dans l'autre. Ils seront invités à lever un pied puis l'autre.	***Accroche-décroche :*** les joueurs forment un cercle et se donnent le bras par deux. Ils ne doivent pas bouger. Un chat doit toucher une souris. Pour éviter de se faire toucher, la souris doit s'accrocher à un couple de joueurs. Au moment où elle s'accroche à l'un des joueurs formant le binôme, l'autre joueur du binôme devient souris et le jeu continue.
	Comportement attendu (voir séance 6).	*Comportement attendu : maitriser des équilibres (un instant sur un pied, patiner pieds parallèles).*	*Comportement attendu : maitriser des équilibres, les trajectoires, les changements de direction et les freinages en urgence.*
Séance 8	**Virer**	**Virer / Se retourner**	**Sauter, passer au-dessus**
	Chacun sa maison (voir séance 3).	***Le chat retourné :*** les élèves jouent à chat. Pour ne pas être touché, un élève peut se retourner et devenir ainsi intouchable.	***Sauter les lignes*** (voir séance 6).
	Comportement attendu (voir séance 3).	*Comportement attendu : patiner sans s'arrêter en changeant de direction.*	*Comportement attendu (voir séance 6).*

Séance 9	**Virer**	**Virer/Se retourner**	**S'arrêter**
	Chacun sa maison (voir séance 3).	***Le chat retourné*** (voir séance 8).	***Accroche- décroche*** (voir séance 7).
	Comportement attendu (voir séance 3).	*Comportement attendu (voir séance 8).*	*Comportement attendu (voir séance 7).*
Séance 10	**Évaluation sommative :** retour à la situation de référence (parcours). Appréciation des capacités motrices des élèves : se propulser, se laisser rouler, changer de direction, s'arrêter dans une zone définie, maitriser les équilibres, circuler selon des déplacements organisés, adapter sa vitesse et ses trajectoires en fonction du terrain et/ou de la situation.		

● Variables didactiques pour le CE1 et le CE2

L'enseignant peut, en fonction des besoins des élèves et de leurs capacités, faire varier un certain nombre de paramètres afin de complexifier les compétences motrices. Ainsi, il est possible de jouer sur la vitesse, la trajectoire (ligne droite, virages), le sens (en avant, en arrière), le nombre d'appuis (un patin, deux patins) lorsqu'il s'agit de glisser et de se propulser.

On peut également envisager de varier les modes de freinage : utiliser la butée pour ralentir et s'arrêter, s'arrêter en effectuant un virage.

Plus les élèves gagnent en maitrise de l'engin et en habileté, plus l'enseignant peut complexifier le parcours en introduisant des obstacles à contourner ou à franchir (les sauts peuvent être introduits dès le cycle 2).

Le cycle 3

● Déroulement de l'UA : *vélo au CM2.*

L'unité d'apprentissage que nous proposons se déroule sur 8 séances d'une heure chacune. Il est important d'insister sur la connaissance de l'engin et de sa mécanique. Des temps d'apprentissage en classe dans le cadre d'activités scientifiques permettent de créer un lien entre des situations vécues sur les engins et des connaissances scientifiques dans le cadre de l'étude d'objets mécaniques et des transmissions de mouvement. Les élèves sont peu à peu conduits à régler, vérifier puis entretenir et réparer leur matériel. Comme pour le roller, un temps doit être prévu pour l'équipement (casque obligatoire, une paire de gants peut également permettre aux élèves de ne pas se blesser ou de se protéger du froid en hiver).

Lors de la première séance, en CM2, nous imaginons que la plupart des élèves, s'ils ont suivi un enseignement complet depuis le début de leur scolarité, savent au minimum s'équilibrer sur un vélo. **La progression détaillée ici a pour objectifs d'améliorer la maitrise du pilotage de l'engin** (se propulser, freiner, contourner des obstacles, enchainer des actions) **et de faire acquérir quelques règles élémentaires de sécurité liées à la validation de l'APER.** C'est une sortie organisée en extérieur (milieu rural ou urbain) qui finalisera ce travail et constituera le moteur de cette séquence développant l'apprentissage de gestes techniques.

Séance 1	**Situation de référence :** un parcours d'actions à enchainer à vélo sans poser le pied par terre. Exemple de parcours : monter, descendre, rouler droit dans un couloir, tourner/contourner des obstacles/slalomer, ramasser un objet au sol/attraper un objet en l'air, freiner pour ralentir, s'arrêter.		
Séance 2	**S'équilibrer**	**Se propulser/Freiner**	**Piloter son vélo**
	Le jeu des foulards : les élèves circulent à vélo. Des foulards sont placés en hauteur dans la cour de l'école. Les élèves doivent toucher les foulards et libérer des appuis (ici un bras, puis deux).	***Le jeu du signal :*** au signal de l'enseignant (foulard levé, coup de sifflet), les élèves doivent s'arrêter le plus rapidement possible.	***Rouler entre deux lignes :*** les élèves doivent se déplacer sur des chemins d'un mètre de large tracés au sol.
	Comportement attendu : pratiquer une activité de pilotage élaborée incluant la maitrise des équilibres.	*Comportement attendu : pratiquer le freinage d'urgence.*	*Comportement attendu : prendre en compte les différentes contraintes dans un espace aménagé.*
Séance 3	**S'équilibrer**	**Se propulser/Freiner**	**Piloter son vélo**
	La course lente : les élèves sont côte à côte, quatre par quatre. Ils doivent maintenir leur équilibre à vitesse réduite. Le dernier qui atteint la ligne d'arrivée gagne le jeu.	***Le jeu des 3 zones :*** sur une trentaine de mètres, quatre élèves placés côte à côte doivent se propulser pour ensuite se laisser rouler à partir d'une zone intermédiaire. À la fin de cette ligne droite, les élèves doivent s'arrêter le plus près possible d'un obstacle en utilisant les deux freins.	***Rouler entre deux lignes :*** les élèves se déplacent sur des chemins en courbe d'un mètre de large tracés au sol. À certains endroits, des obstacles peuvent être posés au sol.
	Comportement attendu : pratiquer sur circuit le maintien d'allures contrastées.	*Comportement attendu : maitriser vitesse et freinage.*	*Comportement attendu : prendre en compte les différentes contraintes dans un espace aménagé (trajectoires, passages d'obstacles).*
Séance 4	**S'équilibrer**	**Se propulser/Freiner**	**Piloter son vélo avec des trajectoires courbes**
	Déplacer la balle : installer un parcours dans lequel les élèves devront partir d'un point, prendre une balle dans un seau sans descendre de vélo puis redéposer cette même balle dans un autre seau placé quelques mètres plus loin.	***Rouler en changeant de vitesse :*** sur une trentaine de mètres, installer quatre zones. Première zone : l'élève se propulse ; seconde zone : il ralentit ; troisième zone : il reprend de la vitesse ; dernière zone : il freine « en urgence » (après avoir repris une vitesse importante).	***Le slalom :*** les élèves doivent slalomer entre des plots.
	Comportement attendu : maitriser les équilibres.	*Comportement attendu : pratiquer sur circuit le maintien d'allures contrastées associées au freinage.*	*Comportement attendu : pratiquer sur circuit des activités de contournement.*

Séance 5	**Se propulser**	**Piloter son vélo**	**Respecter les règles de la circulation en groupe**
	Les courses de vitesse : les élèves sont placés quatre par quatre dans des couloirs. Le but du jeu est d'atteindre le premier la ligne d'arrivée.	***Le slalom :*** les élèves doivent suivre un chemin sinueux et slalomer entre des obstacles (plots).	***Rouler par deux, par trois, par quatre :*** au signal, les élèves roulent par deux, les uns derrière les autres. Même exercice avec trois, quatre élèves.
	Comportement attendu : maitriser sa vitesse sur le plat et en descente.	*Comportement attendu : pratiquer sur circuit des activités de contournement.*	*Comportement attendu : rouler en groupe en gérant les différentes contraintes.*
Séance 6	**Piloter son vélo**	**Piloter son vélo**	**Respecter les règles de la circulation en groupe**
	Le huit : deux plots sont placés au sol à une distance de 10 mètres. Les élèves réalisent un huit autour des plots.	***Le parcours en spirale :*** tracer une spirale au sol. Les élèves doivent atteindre le centre de la spirale sans toucher les lignes tracées au sol.	***Le premier devient le dernier :*** les élèves roulent en file indienne. Le premier de la file laisse sa place et va se placer à la fin de la file. Et ainsi de suite.
	Comportement attendu : pratiquer sur circuit des activités de pilotage élaborées (contournement).	*Comportement attendu : pratiquer sur circuit des activités de pilotage élaborées (contournement).*	*Comportements attendus : rouler en groupe, circuler à plusieurs sur un itinéraire en adaptant sa vitesse et ses trajectoires.*
Séance 7	**Piloter son vélo**	**Respecter les règles de la circulation en groupe**	**Respecter les règles de la circulation en groupe**
	Le grand huit : quatre plots sont placés au sol à une distance de 10 mètres. Les élèves réalisent un grand huit autour des plots. 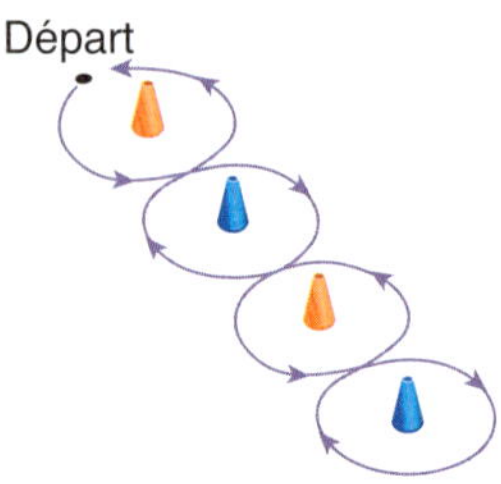 	***Rouler par deux :*** sur une distance de 400 mètres, les élèves se déplacent par groupes de deux. Ils doivent maintenir leur allure et l'espace qui les sépare.	***Rouler en groupe :*** l'élève placé en tête signale un obstacle, un danger et, par une consigne orale, arrête le groupe. Changer de meneur de groupe et varier les situations de danger.
	Comportement attendu : pratiquer sur circuit des activités de pilotage élaborées (contournement).	*Comportement attendu : rouler en groupe en gérant les différentes contraintes et en respectant son coéquipier.*	*Comportements attendus : rouler en groupe, signaler un danger aux autres et interpréter rapidement l'information .*
Séance 8	**Évaluation sommative :** retour à la situation de référence : un parcours à réaliser à vélo sans poser le pied par terre, permettant d'évaluer la capacité des élèves à pratiquer sur circuit des activités de pilotage élaborées (incluant des passages d'obstacles, des contournements, le maintien d'allures contrastées, un freinage d'urgence). **Prolongement : une sortie à vélo** (incluant la préparation de l'itinéraire, des étapes, la gestion de la durée, l'identification des points dangereux, la préparation matérielle...) ; rouler en groupe en gérant son effort et en respectant les règles de sécurité.		

- **Variables didactiques pour l'ensemble du cycle 3**

L'enseignant peut intervenir sur différents aspects de l'activité afin de faire varier la difficulté et de l'adapter aux besoins de ses élèves :
- la conduite de l'engin : faire varier les trajectoires, la vitesse, utiliser les vitesses du vélo (liées aux compétences mécaniques de connaissance de l'engin) ;
- le pilotage du vélo : une promenade en milieu extérieur peut finaliser le travail et permettre de valider des compétences liées à l'APER ;
- l'orientation : cette compétence, qui n'est pas uniquement liée à l'activité vélo, peut faire l'objet de situations de plus en plus complexes en fonction de l'âge des élèves (lecture de cartes, de plans…).

2 Questions complémentaires que pourrait poser le jury

Roller

1. Quels ajustements pourriez-vous proposer pour gérer l'hétérogénéité de votre classe concernant la pratique du roller au cycle 2 ou au cycle 3 ?

- Au début d'un cycle d'apprentissage mettant en œuvre des activités de roule avec engins (roller, vélo, etc.), **le niveau d'habileté des élèves varie d'un extrême à l'autre**. Certains savent faire du roller et le pratiquent régulièrement à l'extérieur, ils n'ont donc pas d'appréhension quant au pilotage de l'engin. D'autres n'ont jamais eu l'occasion d'enfiler une paire de rollers et doivent déjà apprendre à maitriser leur équilibre et à coordonner leurs gestes tout en gérant plusieurs informations complexes et nouvelles.

Il est donc fréquent de démarrer une unité d'apprentissage de roller avec un groupe classe très hétérogène et des niveaux d'habileté que l'on peut généralement classer en trois catégories :
- les débutants : pratique de la marche avec un équilibre fragile, pas de transferts des appuis ;
- les intermédiaires : pratique d'une marche plus fluide avec un début de propulsion et de transferts des appuis ;
- les confirmés : pratique de la propulsion latérale (patiner), équilibre maitrisé, exécution de figures simples, prise et contrôle de vitesse.

Afin que chacun progresse à sa mesure, des ajustements sont possibles.

- **L'enseignant met en place des ateliers différenciés pour améliorer une compétence technique**. Après avoir repéré les capacités des élèves, il leur propose une tâche adaptée à leur niveau d'habileté. L'objectif est ici de faire progresser les élèves sur la maitrise d'un geste technique (freiner, s'équilibrer, apprendre à mieux se propulser…). Mettre en place ce type de travail doit répondre à un besoin identifié au sein des différents groupes afin de servir la situation de référence qui consiste à enchainer ces actions sur un parcours (avec différentes trames de variance en fonction de l'âge et du niveau des élèves, comme la vitesse, le nombre d'obstacles, leur espacement, leur hauteur…).

EXEMPLE

Des activités pouvant être conduites pour travailler le freinage

- **Débutants** : s'arrêter dans un cercle tracé au sol à la craie.

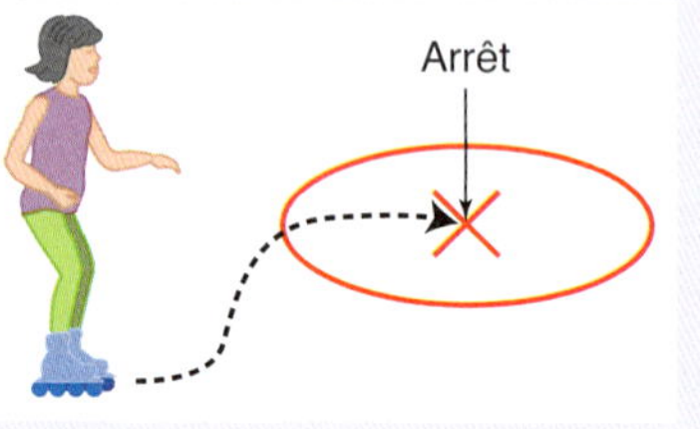

- **Intermédiaires** : trois zones d'arrêt possibles (n°s 1, 2, 3) sont délimitées au sol. L'élève se déplace et, à l'annonce du numéro, doit s'arrêter dans la zone correspondante.

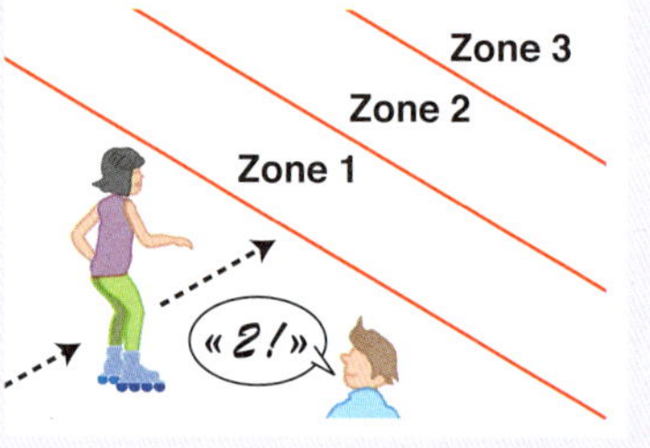

- **Confirmés** : s'arrêter en effectuant un virage autour d'un cerceau.

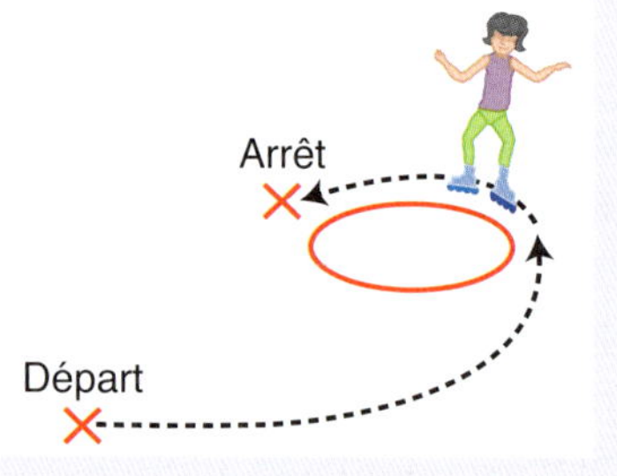

- **L'enseignant met en place des jeux permettant d'améliorer des compétences motrices tout en travaillant la fluidité des mouvements et l'enchainement des actions** : de nombreux jeux collectifs ou traditionnels peuvent être réinvestis lors d'une unité d'apprentissage de roller. Ils sont source de grande motivation chez les élèves et leur permettent de gagner en aisance et de mieux maitriser leurs appuis et leur équilibre.

EXEMPLE

Des jeux pouvant être réinvestis au sein d'une UA de roller

– ***Le jeu des déménageurs*** permet de travailler le changement de direction mais aussi l'alternance de freinages et de prises de vitesse.

– ***Le jeu du béret*** : deux équipes se font face. Les joueurs de chaque équipe sont disposés en ligne, à égale distance d'un objet posé au centre (le béret). Chaque joueur porte un numéro. À l'appel de son numéro, le joueur se dirige vers le centre pour attraper le béret avant que son homologue de l'équipe adverse n'y arrive. Les élèves sont ici conduits à travailler la propulsion, la prise de vitesse et le contrôle du freinage.

– Il est également possible, au cycle 3, d'approfondir la pratique du roller à travers des jeux sportifs comme le ***rink-hockey*** (hockey sur roller).

➤ *Le jeu des déménageurs* est détaillé p. 42.

- **Nous insistons sur l'importance des règles de sécurité** que l'enseignant doit connaitre et mettre en œuvre pour la pratique du roller. Le pilotage d'engins nécessite :
  – une vérification régulière du matériel mis à disposition des élèves qui doit être en état de fonctionnement et correctement entretenu ;
  – le réglage individuel du matériel en fonction de la stature des élèves (pointure des rollers, etc.) ;
  – le port de coudières, genouillères, poignets et casque. Ces équipements sont obligatoires.

Afin d'appréhender l'activité de manière sereine et faire progresser les élèves, il semble important de leur apprendre à tomber vers l'avant et non vers l'arrière en utilisant les protections (genoux, mains) pour dédramatiser la chute.

- Dans le but de responsabiliser les élèves et favoriser leur autonomie, **l'enseignant peut également envisager que chacun soit chargé de son propre matériel** et apprenne peu à peu, dès le cycle 2, à s'équiper seul et à ranger le matériel qui lui est attribué en début de module et dont il sera responsable jusqu'à la fin.

Vélo

2. En élaborant une UA de vélo au cycle 3, quels prolongements pourriez-vous envisager dans d'autres disciplines ?

Les activités de vélo peuvent donner lieu à de nombreux prolongements dans d'autres disciplines permettant de faire travailler les compétences déclinées par les programmes.

- **En sciences** : analyser le fonctionnement d'un vélo, connaitre et comprendre le principe de la transmission de mouvement, connaitre et maitriser des termes techniques (*rotation, engrenage, roue dentée…*). Cet aspect, lié à l'enrichissement du vocabulaire, peut être travaillé de manière transversale en français (à l'oral comme à l'écrit).
- **En langues vivantes** : sans aborder des termes trop techniques, il est possible de présenter le vocabulaire de base permettant de désigner les différentes parties du vélo en anglais à partir de schémas simples à légender.
- **En histoire** : la transmission de mouvement et le fonctionnement du vélo peuvent être abordés à travers son histoire. Les différents modèles d'engins roulants à travers les âges peuvent être présentés aux élèves, permettant d'aborder les évolutions techniques et de mieux comprendre le fonctionnement du vélo actuel.
- **En français** : l'aspect culturel de ce sport peut également faire l'objet d'une étude avec les élèves au travers de textes relatant les évènements notables liés à l'histoire du cyclisme (coupures de presse, témoignages…). Ils donnent lieu à des séances de lecture motivantes et servent une des finalités de l'EPS à l'école : la construction d'une culture sportive.

Escalade

3. Quel type d'apprentissage pourriez-vous mettre en place en maternelle pour développer les activités de grimpe ?

Les activités de grimpe en maternelle peuvent être mises en place à partir de divers verbes d'action tels que : *grimper, gravir, se suspendre, se hisser, se balancer, escalader…*

➤ **Organisation des sorties scolaires dans les écoles maternelles et élémentaires publiques.** Conditions particulières de mise en œuvre de certaines activités. Les équipements individuels de sécurité.
www.education.gouv.fr/bo/1999/hs7/som.htm

Ces activités mobilisent fortement les élèves sur les plans affectif et émotionnel. Ils sont, en effet, invités à accepter les déséquilibres dans le cadre de la conduite d'actions motrices inhabituelles. Ils doivent à la fois assurer leur propre sécurité mais aussi celle de leurs camarades.

Il est alors possible de proposer plusieurs types d'activités.

- **Des parcours avec matériel** mettant en jeu ces différents verbes d'action à partir desquels les élèves acceptent de quitter le sol, de grimper en utilisant les mains et les pieds, de s'équilibrer, de se déplacer sur des plans redressés (plus de 45 °).

EXEMPLE

Un parcours pouvant être mis en place en moyenne section de maternelle

1. Grimper à l'espalier (aller toucher un objet).

2. Redescendre de l'espalier.

3. Sans poser le pied au sol, rejoindre la planche d'escalade et grimper.

4. Sauter sur le tapis.

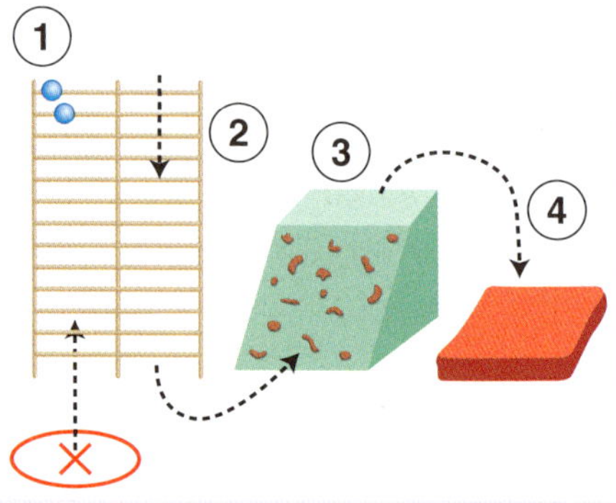

- **Des jeux traditionnels** permettant de faire travailler les verbes d'action.

EXEMPLE

Deux jeux traditionnels permettant aux élèves de maternelle d'entrer dans l'activité

– ***Le chat perché :*** l'enseignant peut, à l'aide d'un aménagement réfléchi, proposer différents degrés de difficulté pour varier les situations (pour se réfugier et échapper au chat, les élèves doivent grimper sur un matériel défini : tapis, rondins, bancs, escaliers en mousse, structures en plastique, échelles de corde…).

– ***Le jeu des déménageurs adapté aux situations de grimpe :*** les élèves doivent aller chercher des objets situés dans un panier en haut d'un mur d'escalade, et les rapporter dans le carton de leur équipe. L'équipe gagnante est celle qui récupère le plus grand nombre d'objets.

Dans tous les cas, la question de la sécurité doit être maitrisée par l'enseignant de manière efficace sans pour autant écarter complètement toute prise de risque, élément essentiel à la construction de ces situations d'apprentissage.

COURSE D'ORIENTATION

4. Quels sont les différents types de parcours d'orientation ? Pour qui et pour quoi ?

Selon l'âge des élèves, leur niveau d'habileté, leur autonomie, les activités d'orientation mises en place tout au long du parcours scolaire s'organisent selon plusieurs variantes. Avant tout, **il est important de proposer d'abord des situations d'orientation dans des lieux familiers et sécurisants** en allant de l'espace le plus proche à l'espace le plus lointain :

– **la classe** pour les plus petits, dans le cadre de séances mettant en œuvre le repérage dans l'espace ;

– **l'école** : de nombreuses activités peuvent permettre aux élèves de prendre possession de leur espace de vie. Il est particulièrement intéressant d'organiser ces parcours en début d'année de CP car ils permettent également aux enfants de rencontrer et reconnaitre les adultes de l'école ainsi que les autres élèves ;
– **le quartier** : le travail sur le plan du quartier peut être amorcé ou se finaliser par une visite du quartier aux cycles 2 ou 3. Menées sous forme de course d'orientation pour les plus grands ou de promenade de repérage en grand groupe, ces activités se doivent d'être toujours encadrées par des adultes habilités et sous la responsabilité permanente de l'enseignant ;
– **les courses d'orientation en milieux inconnus** (jardins, parcs, forêts) sont réservées aux élèves de cycle 3 et se déroulent toujours en fin d'unité d'apprentissage après que d'autres séances d'orientation en milieu connu ont été pratiquées.

Différents types de parcours sont possibles :
– **les courses « en étoile »** : les élèves doivent régulièrement faire valider les informations qu'ils sont allés chercher (pour chaque balise, pour un groupe de deux ou trois balises…). Ils ne peuvent pas chercher une autre balise sans avoir fait valider la précédente par l'adulte qui se trouve au point de départ. Cette organisation les oblige à revenir régulièrement au même endroit et permet à l'adulte de sécuriser l'activité. La difficulté de ce type de parcours est moindre. Il peut être réservé aux plus jeunes ou à des élèves de cycle 3 s'il s'agit de premiers parcours en pleine nature ou en milieu inconnu ;
– **les parcours** : les élèves doivent aller chercher un nombre important de balises ce qui suppose la possibilité de s'éloigner et d'organiser leurs recherches dans l'ordre souhaité. Ce type de parcours provoque des discussions au sein du groupe et la mise en place de stratégies afin de finir la course le plus rapidement possible et sans avoir fait d'erreur sur les balises à aller chercher. Cette organisation présente une plus grande difficulté que la course en étoile, elle est donc plutôt réservée aux élèves de cycle 3 ou de cycle 2 ayant déjà pratiqué des activités préparatoires à ce type de parcours.

Conjointement à ces unités d'apprentissage en orientation, il est indispensable de travailler la mise en relation entre le plan et le terrain, la lecture de carte et l'usage de la boussole (cycle 3).

2 Maternelle
Adapter ses équilibres et ses déplacements à des environnements ou des contraintes variés
Cycles 2 et 3
Produire une performance optimale, mesurable à une échéance donnée

3 Procédures et sécurité lors de sorties scolaires en extérieur

Les activités en extérieur doivent toujours faire l'objet d'une attention particulière. De fait, la nécessité de sortir de l'école pour pratiquer une activité sportive engage l'enseignant à prendre connaissance des règles à respecter en cas de sortie scolaire, définies dans **la circulaire n° 99-136 du 21 septembre 1999** relative à l'organisation des sorties scolaires dans les écoles maternelles et élémentaires publiques.

Il est tout d'abord incontournable de prévenir les parents du lieu et des conditions de déroulement de l'activité **et d'obtenir leur autorisation écrite**. Si cette activité dépasse

➤ Circulaire n° 99-136 du 21 septembre 1999 publiée au BO n° 7 du 23 septembre 1999 (modifiée par les circulaires n°s 2000-075 du 31 mai 2000, 2004-139 du 13 juillet 2004, 2005-001 du 5 janvier 2005 et 2013-106 du 16 juillet 2013).

www.eduscol.education.fr/cid48570/sorties-scolaires.html

le temps scolaire (plus d'une demi-journée), elle sera considérée comme facultative. Cependant, elle devient obligatoire si elle a lieu pendant les stricts horaires scolaires et si elle est gratuite. L'information aux parents est en revanche toujours indispensable. Si l'enseignant peut se déplacer sur un lieu à proximité de l'école (à pied ou en car spécialement affrété pour ce déplacement) seul avec sa classe (en élémentaire) ou avec un adulte seulement (en maternelle), **le taux d'encadrement des autres sorties régi par la circulaire de septembre 1999 est le suivant :**

	Sortie régulière dite « obligatoire »	Sortie occasionnelle dite « facultative » (en dehors des horaires scolaires)	Sortie occasionnelle avec nuitée « facultative »
École maternelle	Le maitre + un adulte. Au-delà de 16 élèves, un adulte supplémentaire pour 8 élèves.	Le maitre + un adulte. Au-delà de 16 élèves, un adulte supplémentaire pour 8 élèves.	Le maitre + un adulte. Au-delà de 16 élèves, un adulte supplémentaire pour 8 élèves.
École élémentaire	Le maitre + un adulte. Au-delà de 30 élèves, un adulte supplémentaire pour 15 élèves.	Le maitre + un adulte. Au-delà de 30 élèves, un adulte supplémentaire pour 15 élèves.	Le maitre + un adulte. Au-delà de 20 élèves, un adulte supplémentaire pour 10 élèves.

En revanche, **les activités physiques et sportives demandent un encadrement spécifique** qui garantit la sécurité des élèves dès qu'elles sont dites occasionnelles :

	Sortie occasionnelle dite « facultative » (en dehors des horaires scolaires)
École maternelle	Jusqu'à 16 élèves, le maitre de la classe + un intervenant, qualifié ou bénévole, agréé ou un autre enseignant. Au-delà de 16 élèves, un intervenant, qualifié ou bénévole, agréé ou un autre enseignant supplémentaire pour 8 élèves.
École élémentaire	Jusqu'à 30 élèves, le maitre de la classe + un intervenant, qualifié ou bénévole, agréé ou un autre enseignant. Au-delà de 16 élèves, un intervenant, qualifié ou bénévole, agréé ou un autre enseignant supplémentaire pour 8 élèves.

Certaines activités sportives demandent un encadrement renforcé supérieur aux dispositions prévues par la circulaire relative aux sorties scolaires. Elles nécessitent la prise en charge du groupe par un intervenant qualifié et agréé par l'Éducation nationale.

	Taux d'encadrement renforcé
École maternelle	Jusqu'à 12 élèves, le maitre de la classe + un intervenant, qualifié ou bénévole, agréé ou un autre enseignant. Au-delà de 12 élèves, un intervenant, qualifié ou bénévole, agréé ou un autre enseignant supplémentaire pour 6 élèves.
École élémentaire	Jusqu'à 24 élèves, le maitre de la classe + un intervenant, qualifié ou bénévole, agréé ou un autre enseignant. Au-delà de 24 élèves, un intervenant, qualifié ou bénévole, agréé ou un autre enseignant supplémentaire pour 6 élèves.

➤ « L'agrément d'un intervenant bénévole est lié à la participation à un stage spécifiqu ou à des journées d'information organisées par la commission départementale p l'éducation physiq et sportive dans le premier degré », circulaire n° 99-1 du 21 septembre 1999 publiée au BO n° 7 du 23 septembre 199 (voir p. 67).

2

Maternelle
Adapter ses équilibres et ses déplacements à des environnements ou des contraintes variés

Cycles 2 et 3
Produire une performance optimale, mesurable à une échéance donnée

En revanche, les activités sont toujours sous la conduite et la responsabilité de l'enseignant qui doit garantir la sécurité de ses élèves. Même si un autre adulte habilité s'occupe d'un groupe, l'enseignant reste responsable du contenu pédagogique proposé aux enfants et de la sécurité mise en œuvre tout au long de l'activité.

Certaines activités extérieures appartenant au champ d'apprentissage « Adapter ses déplacements à des environnements variés » demandent un encadrement renforcé :
- le canoë-kayak ;
- la voile ;
- le VTT ;
- le cyclisme sur route ;
- l'équitation ;
- l'escalade ;
- la spéléologie (classes 1 et 2, les classes 3 et 4 étant des activités interdites).

D'autres champs d'apprentissage en EPS (*Conduire et maitriser un affrontement collectif ou interindividuel*) comme les sports de combat et le hockey sur glace, par exemple nécessitent eux aussi un encadrement renforcé.

3

OBJECTIF 3 POUR LA MATERNELLE

Communiquer avec les autres au travers d'actions à visée expressive ou artistique

CHAMP D'APPRENTISSAGE 3 POUR LES CYCLES 2 ET 3

S'exprimer devant les autres par une prestation artistique et/ou acrobatique

1 La danse

1.1 Présentation de l'APS

DÉFINITION ET SPÉCIFICITÉ

La pratique de la danse à l'école élémentaire s'insère dans le champ d'apprentissage de l'EPS intitulé « S'exprimer devant les autres par une prestation artistique et/ou acrobatique ». C'est une activité qui exploite des éléments bien spécifiques car si le corps est exposé au regard des pairs comme dans les autres domaines de l'EPS, il devient, en dansant, un moyen d'expression artistique.

C'est une activité de communication par excellence car la présence de spectateurs est nécessaire à la construction des apprentissages qui prennent alors tout leur sens.

Si l'on peut parler de performances en danse, elles n'auront pas la même signification que lors d'une course ou d'un match durant lesquels on mesurera le temps ou comptera le nombre de points **mais seront liées à la réalisation d'un projet individuel et/ou collectif visant à s'exprimer par et avec le corps.** Le plaisir de danser tout comme celui de percevoir les émotions de celui qui danse en tant que spectateur, sont des composantes essentielles.

LES ENJEUX DE LA DANSE

Sur le plan moteur

La gestion du corps dans l'espace de danse, la maitrise des situations d'équilibre (ou de déséquilibre), la mise en relation de la gestuelle et de la musique (ou de n'importe quelle situation sonore pouvant induire la création), l'exécution de mouvements ne mobilisant qu'une seule partie du corps (dissociation simple) ou plusieurs (dissociation double), la coordination des gestes, sont autant d'enjeux d'ordre moteur que la danse permet d'aborder à l'école élémentaire (de la petite section de maternelle jusqu'au CM2), en fonction des niveaux d'habileté de chacun.

3 Maternelle
Communiquer avec les autres au travers d'actions à visée expressive ou artistique
CYCLES 2 ET 3
S'exprimer devant les autres par une prestation artistique et/ou acrobatique

Sur le plan socio-affectif

Par essence la danse, en tant qu'activité d'expression, permet de travailler le développement de la sensibilité des élèves. Ils doivent apprendre à gérer leurs émotions pour pouvoir mieux les exprimer par le biais du jeu corporel.

L'acceptation du regard d'autrui et de ce que l'on est prêt à « donner à voir de soi-même » est un des enjeux essentiels de cette activité.

Si la danse est tout d'abord un travail sur son propre corps, elle est aussi, de manière simultanée, une réflexion sur le regard des autres, un acte de communication et une activité collective (dans le cadre de créations en groupe) au sein de laquelle la personnalité et la sensibilité de chacun doivent être acceptées et respectées pour construire un projet artistique commun.

Sur le plan cognitif

Les élèves sont amenés à développer leurs capacités, à faire le lien entre une situation ordinaire de motricité et une situation de symbolisation. Ils sont conduits peu à peu à prendre des décisions au sein d'un groupe ou par rapport à celui-ci afin d'exprimer au mieux leurs émotions. Ils doivent parfois adapter leurs aptitudes motrices pour pouvoir augmenter leurs capacités expressives.

LES PROBLÈMES FONDAMENTAUX LIÉS À LA DANSE

- **La danse peut parfois provoquer des réactions affectives très fortes chez les élèves.** En effet, tous n'ont pas un rapport à leur corps leur permettant d'exposer aisément celui-ci au regard des autres pour exprimer des sentiments qu'ils considèrent comme trop intimes ou trop personnels. Ainsi, il est fréquent de rencontrer des élèves qui refusent d'entrer dans l'activité car ils s'y sentent mal à l'aise, voire agressés par le regard et le jugement de leurs camarades. C'est une composante à intégrer pour que tous puissent néanmoins construire des apprentissages et progresser dans ce domaine. C'est à ces élèves ayant du mal à s'exprimer avec leur corps qu'il faut particulièrement s'intéresser car ce sont souvent eux qui ont le plus besoin de progresser.
- **Pour cela, l'enseignant veille à instaurer un climat favorable à ces activités** en menant un travail permanent sur le respect de l'autre, en instruction civique bien sûr, ou en instaurant des règles valorisant la bienveillance lors des séances de travail. Peu à peu les élèves, mis en confiance, pourront alors prendre plus de risque, gérer leur stress et leurs émotions, accepter plus sereinement le regard des autres.
- **Les problèmes moteurs** comme la coordination des gestes, le contrôle des équilibres et des déséquilibres du corps, la gestion de l'énergie corporelle dans le temps **varient d'un élève à l'autre.** La motivation vis-à-vis du projet qu'ils devront construire ou s'approprier est alors essentielle. Ainsi, un élève éprouvera moins de difficultés motrices, trouvera des situations de remplacement ou des moyens d'expressions adaptés à ses capacités motrices s'il sait ce qu'il souhaite exprimer et à qui il veut le montrer.

1.2 Des propositions de travail de la maternelle au CM2

- **Les activités de danse sont organisées autour de plusieurs composantes qui interagissent** tout au long de l'unité d'apprentissage. En revanche, l'enseignant veillera à choisir les situations en fonction de la composante principale qu'il souhaite faire travailler et sur laquelle il projette de faire progresser ses élèves en les aidant à faire évoluer leurs propositions.

Ces composantes sont liées à :

- l'espace (trajectoires, directions, haut, bas, au sol...) ;
- le temps (rythme, tempo, lent, rapide...) ;
- le corps (faire travailler une partie du corps, jouer sur l'énergie, explorer des verbes d'action...) ;
- la relation aux autres (se toucher, se regarder, faire ensemble la même chose, le contraire, tous ensemble...) ;
- l'imaginaire (utilisation d'un objet, d'un album, de personnages, d'une ambiance sonore...).

Pour agir sur ces différentes composantes, il est par ailleurs possible de jouer sur des inducteurs comme l'introduction d'objets (cartons, foulards, parapluie, chaise...), le choix du monde sonore (bruitages, rythmes, voix, musique...), l'apport de documents artistiques (poèmes, peintures, publicité, photos...) qui vont permettre de faire évoluer le processus créatif.

● Dans les progressions que nous proposons ici pour les trois cycles, **nous avons fait le choix de centrer notre réflexion autour de quelques composantes définies** mais cela ne signifie pas que les élèves ne travaillent pas les autres. Par essence, la danse est une activité dont les composantes sont sans cesse en interaction pour concourir à la construction de compétences spécifiques mais aussi transversales.

La liste de situations de mise en train suggérée ici n'est pas exhaustive et doit seulement permettre aux enseignants de construire des situations de mise en danse en accord avec leurs objectifs et le profil de leur classe.

Par ailleurs, ces entrées dans l'activité peuvent se décliner de la maternelle au CM2 en y ajoutant ou non différentes variables. L'enseignant doit à chaque moment d'apprentissage, mais tout particulièrement lors de ceux dédiés à la danse, se montrer sensible aux besoins et aux réactions de ses élèves. Cette attention de tous les instants pour créer un climat propice à l'activité est une des composantes essentielles d'une unité d'apprentissage réussie.

MISES EN TRAIN OU « MISES EN DANSE »	
Autour des déplacements	En dispersion, avec ou sans support sonore, se déplacer dans tout l'espace de danse en suivant une consigne liée à l'imaginaire (comme un animal, en ayant froid, en ayant chaud, en marchant sur des œufs, en marchant au ralenti, en étant pressé, en ayant peur...).
Autour de l'écoute et de la concentration	En dispersion, sur une musique, se déplacer dans tout l'espace de danse. Lorsque la musique s'arrête, s'immobiliser.
	Donner une phrase simple à mémoriser (quatre pas en avant, un pas chassé à droite, quatre pas en avant, un pas chassé à gauche), répéter cette phrase en dispersion sur la musique dans tout l'espace de danse. Ce type de mise en train permet déjà de faire travailler un geste technique que l'on souhaite ensuite réinvestir dans le corps de séance.
Autour de l'échauffement corporel	Dessiner des cercles avec la partie du corps indiquée.
	Se déplacer dans l'espace de danse. Au signal, s'étirer, ou bâiller, ou se frotter vigoureusement les mains ou une partie du corps nommée.

La première séance de danse ne permet pas de manière aussi évidente que pour les autres activités physiques et sportives d'élaborer un diagnostic des capacités des élèves. Dans les progressions proposées ci-après, la situation de référence présentée servira en revanche à l'évaluation de fin d'unité pour apprécier les capacités des élèves définies par les programmes et correspondant à des critères choisis par l'enseignant en fonction des niveaux d'habileté de ses élèves.

La maternelle

Composantes principales de l'unité : l'espace / le temps / le corps.

	L'ESPACE	LE TEMPS	LE CORPS
PS	**Occuper l'espace de danse**	**Suivre un rythme**	**Mobiliser une partie du corps**
	Les statues : lorsque la musique démarre, les élèves se déplacent dans tout l'espace de danse en marchant (en sautant, en rampant…). À l'arrêt de la musique, les élèves s'arrêtent en position de statue. Ils doivent privilégier les espaces inoccupés.	***Le tambourin :*** les élèves se déplacent dans l'espace en suivant un rythme imposé par l'enseignant avec un tambourin. Il faudra varier les rythmes, passer du très lent au très rapide, demander aux élèves de réaliser des actions sur des rythmes différents.	***Le bras ou la jambe :*** les élèves dansent. Au signal, ils ne doivent bouger qu'une seule partie du corps (la tête, un bras, un pied…).
	Occuper tout l'espace de danse et se l'approprier.	*S'exprimer et explorer l'espace en suivant une contrainte liée au temps (rythme).*	*Mobiliser une partie du corps dans le but de concevoir un schéma corporel de plus en plus précis.*
MS	**Explorer des actions en se déplaçant**	**Suivre un rythme et réagir à un signal**	**Utiliser son corps pour exprimer des sensations**
	« Suivez-moi » : un même parcours est décliné quatre fois, les élèves sont répartis en quatre groupes, un pour chaque parcours. Les premiers de chaque colonne se déplacent librement sur le parcours et ainsi de suite. Les élèves chercheront à explorer différentes actions (franchir, sauter, ramper, tourner…).	***« Assis-debout ! » :*** les élèves dansent sur le rythme d'une musique. Lorsque la musique s'arrête, ils trouvent une position au sol ou debout.	***La météo :*** des ambiances sonores d'éléments naturels (vent, pluie, pas dans la neige, orage…) sont proposées aux élèves qui doivent trouver des gestes adaptés aux ambiances.
	Explorer l'espace en respectant les contraintes imposées par l'autre.	*S'exprimer en respectant des contraintes de rythme.*	*Exprimer des sentiments et des émotions par le geste (le symbolique).*

GS	Danser en suivant des trajectoires	Varier les rythmes	Danser en respectant un thème imposé
	Les trajectoires : l'élève se déplace dans l'espace de danse en suivant une ligne, un cercle, une courbe, un carré… Il choisit ensuite deux trajectoires et réalise un enchainement d'actions.	***« Faites donc le contraire ! » :*** une musique lente est proposée aux élèves, sur laquelle ils doivent danser vite. Au bout d'un certain temps, on inverse la consigne. Sur une musique rapide, les élèves doivent danser lentement.	***La danse des 4 mondes :*** quatre zones sont tracées au sol. La classe est partagée en quatre groupes, chacun va se placer dans une zone qui représente « un monde ». Une consigne différente est donnée à chaque groupe. Par exemple : – le monde des gens légers ; – le monde des gens heureux ; – le monde des gens tristes ; – le monde des gens effrayants.
	Suivre des parcours et adapter ses déplacements à une ou plusieurs contraintes (espace).	*Adapter ses déplacements à une contrainte.*	*Exprimer des sentiments et des émotions par le geste en respectant un thème imposé.*

Le cycle 2

Les activités déclinant trois composantes proposées ci-dessous peuvent à chaque fois être menées sur deux séances consécutives en y apportant simplement quelques variantes.

Composantes principales de l'unité : l'espace / l'énergie / la relation aux autres.

	L'ESPACE	L'ÉNERGIE	LA RELATION AUX AUTRES
	Situation de référence en lien avec les attendus de fin de cycle : mobiliser le pouvoir expressif du corps en reproduisant une séquence simple d'actions apprises ou en présentant une action inventée ; s'adapter au rythme, mémoriser des pas, des figures, des éléments et des enchainements pour réaliser des actions individuelles et collectives.		
Séances 1 et 2	**Explorer l'espace de danse**	**Faire varier les énergies**	**Établir un contact avec l'autre**
	« Regarde ! » : les élèves se déplacent librement dans l'espace de danse. Au signal, ils doivent se retourner vers un élément de la salle d'activité (chaise, fenêtre, porte de sortie…) et regarder ce point en s'immobilisant. ***Variable :*** *ajouter une consigne quant à la position figée (au sol, vers le haut…).*	***Les robots :*** les élèves se déplacent en marchant. Au signal, ils se transforment en robots (en faisant des mouvements saccadés). ***Variables pour la séance 2 :*** *– faire travailler une seule partie du corps à la fois ;* *– faire travailler seulement deux parties du corps.*	***La rencontre :*** les élèves se déplacent dans l'espace de danse. Lorsque la musique s'arrête, ils vont à la rencontre d'un camarade pour lui serrer la main en lui souriant. ***Variable pour la séance 2 :*** *faire varier les expressions au moment de la rencontre (être effrayé, expansif, triste…).*
	Comportement attendu : improviser des réponses corporelles en lien avec une consigne précise (changer de trajectoire et s'immobiliser).	*Comportements attendus : dissocier les parties du corps et produire des mouvements saccadés.*	*Comportement attendu : communiquer aux autres des sentiments et des émotions par et avec le corps.*

Séances 3 et 4	**Explorer l'espace de danse et en prendre possession**	**Faire varier les énergies**	**S'approprier les gestes des autres**
	Le banc de poissons : les élèves, répartis en deux groupes, se déplacent dans l'espace de danse en se serrant les uns contre les autres (à la manière d'un banc de poissons). ***Variable pour la séance 4 :*** *au premier signal du maitre, les poissons se dispersent ; au second signal, ils se remettent en banc.*	***Les poupées de chiffon :*** par binôme, les élèves évoluent sur un support musical ou non en jouant alternativement le rôle de la poupée de chiffon et celui de l'enfant qui la manipule. ***Variable pour la séance 4 :*** *même situation avec une marionnette et son marionnettiste.* **Il convient, pour ces situations de manipulation, de rappeler les règles dues au corps des autres (ne pas faire mal, ne pas mettre les autres mal à l'aise, être bienveillant…).**	***Le chef d'orchestre :*** les élèves se déplacent librement dans l'espace de danse. Au signal, ils rejoignent un meneur (désigné au préalable) pour faire le même geste que lui ou prendre la même posture figée. ***Variable pour la séance 4 :*** *complexifier les déplacements intermédiaires (se déplacer en tournant, se déplacer au sol…).*
	Comportement attendu : répondre corporellement à des consignes liées à l'espace en acceptant de danser à plusieurs.	*Comportements attendus : accepter de danser à deux et répondre corporellement en fonction des contraintes d'énergies imposées.*	*Comportement attendu : accepter de danser à deux.*
Séances 5 et 6	**Utiliser l'espace en respectant la présence des autres**	**Enchainer des actions corporelles d'énergies différentes**	**Danser ensemble en acceptant le contact avec les autres**
	La photo de groupe : les élèves se déplacent dans l'espace avec pour consigne de ne pas entrer en contact avec les autres. Au signal, ils se réunissent et s'immobilisent pour poser pour une « photo de groupe ». ***Variable pour la séance 6 :*** *se regrouper par deux, un en position vers le haut, l'autre vers le bas.* ***Prolongements :*** *les photos peuvent véritablement être prises par le maitre et donner lieu à un travail plastique à partir des expressions se dégageant de chacun.*	***Les chutes :*** l'enseignant fait tomber des objets de densité et de texture différentes au sol (plume, balle de tennis, feuille de papier). La consigne est d'essayer de reproduire la chute de cet objet avec son corps. ***Variable pour la séance 6 :*** *faire reproduire les chutes des objets en groupe compact (du type « le banc de poissons », voir séances 3-4).*	***Le sac de billes :*** les élèves sont regroupés au centre de l'espace de danse et représentent le sac de billes. Sur la musique, ils courent, marchent, roulent, tourbillonnent « comme des billes ». Lorsque la musique s'arrête, ils regagnent le sac (le centre de l'espace) et se repositionnent. ***Variable pour la séance 6 :*** *former plusieurs sacs de billes qui « exploseraient » à des moments différents.*
	Comportement attendu : accepter d'entrer en contact avec les autres en variant les modes de communication.	*Comportement attendu : faire varier l'intensité de l'énergie en fonction de la consigne.*	*Comportement attendu : accepter de danser à plusieurs en prenant sa place au sein d'une action collective.*

Séances 6 à 11	**Élaboration de la chorégraphie en articulant les rôles de danseur, chorégraphe, spectateur** Réalisation de la chorégraphie composée de 3 à 5 éléments répondant aux critères définis auparavant et qui serviront à l'évaluation en utilisant les composantes de l'espace, les variations d'énergie. Des moments individuels et collectifs peuvent s'articuler au sein d'une même chorégraphie. *Comportements attendus : composer et mémoriser une chorégraphie pour exprimer ses émotions et ses sentiments en utilisant les différentes parties de son corps, en explorant les différents espaces et en établissant une communication corporelle avec les autres.*
Séance 12	**Retour à la situation de référence et évaluation finale.** Appréciation de la capacité des élèves à mobiliser le pouvoir expressif du corps en reproduisant une séquence simple d'actions apprises ou en présentant une action inventée, en s'adaptant au rythme, en mémorisant des pas, des figures, des éléments et des enchainements. Il sera nécessaire de déterminer en amont les critères d'évaluation avec les élèves et de mettre en place des dispositifs d'auto et/ou de co-évaluation (voir pp. 18-19) pendant l'unité d'apprentissage afin de faire évoluer leurs réponses corporelles.

Le cycle 3

Composantes principales de l'unité : l'espace / le corps / la relation aux autres.

	L'ESPACE	LE CORPS	LA RELATION AUX AUTRES
	Situation de référence en lien avec les attendus de fin de cycle : réaliser en petits groupes une séquence à visée artistique destinée à être appréciée et à émouvoir ; respecter les prestations des autres et accepter de se produire devant les autres.		
Séances 1 et 2	**Réaliser des déplacements variés dans l'espace**	**Réagir corporellement à une consigne écrite**	**Créer des points d'appuis et de contact avec le corps des autres**
	« Entrez dans la danse » : un espace de danse rectangulaire est matérialisé par des plots. Autour du rectangle, l'espace est neutre et les élèves sont libres de ne pas danser lorsqu'ils s'y trouvent. Quand ils décident de traverser l'espace rectangulaire, ils doivent danser librement. ***Variable pour la séance 2 :*** *réaliser la traversée à deux.*	***Les pancartes :*** des verbes d'action sont écrits sur des pancartes et disposés dans l'espace de danse. Les élèves se déplacent librement. Lorsqu'ils passent à côté d'une pancarte, ils doivent continuer à se déplacer en mimant le verbe jusqu'à ce qu'ils rencontrent une autre pancarte. ***Variable :*** *complexifier la consigne en ajoutant une contrainte directionnelle pour chaque pancarte (en avant, en arrière, en tournant…).*	***Les portés :*** les élèves sont en binôme (un porteur et un porté). Les portés circulent au rythme de la musique. Lorsqu'elle s'arrête, les porteurs accueillent les portés en suggérant une zone d'appui. À la reprise de la musique, les portés repartent. ***Variable :*** *créer une chaine de 3 ou 4 élèves. À l'arrêt de la musique, les danseurs s'appuient sur la main, le dos, le bras… de celui qui se trouve derrière et proposent ainsi une « composition vivante ».*
	Comportement attendu : mettre son corps en jeu en utilisant les composantes de l'espace.	*Comportement attendu : mettre en jeu son corps et son énergie en réponse à une stimulation visuelle (écrit).*	*Comportement attendu : prendre en compte les mouvements des autres danseurs.*

Séances 3 et 4	**Explorer différents espaces de danse**	**Utiliser toutes les parties de son corps**	**Être attentif aux gestes des autres pour les reproduire**
	La danse des 4 mondes : cette situation évoquée dans les propositions faites en maternelle est facilement adaptable au cycle 3. L'espace de danse est partagé en 4 zones rectangulaires matérialisées par des plots. À chaque zone correspond une énergie (danser lourdement, danser légèrement, danser saccadé, danser au ralenti…). Quand un élève décide de traverser une zone, il doit « entrer en danse » en respectant la contrainte liée à la zone. ***Variables pour la séance 4 :*** *– créer des binômes pour entrer dans les zones ;* *– faire varier les thèmes associés aux zones (verbes d'action, éléments naturels : eau, feu, terre, air).*	***L'alphabet :*** les élèves se déplacent librement dans l'espace de danse. À l'annonce d'une lettre, ils doivent la représenter avec leur corps. ***Variable :*** *travailler en binôme ou en groupe pour combiner des lettres ou représenter une lettre à plusieurs.*	***Le triangle :*** un triangle est matérialisé au sol avec des cerceaux. Un élève prend place dans chaque cerceau. Tous les élèves regardent dans la même direction. Sur la musique, ils dansent en suivant le meneur (celui qui se trouve devant). Quand le meneur fait un quart de tour, c'est un autre élève qui devient meneur puisqu'il est désormais devant les autres. 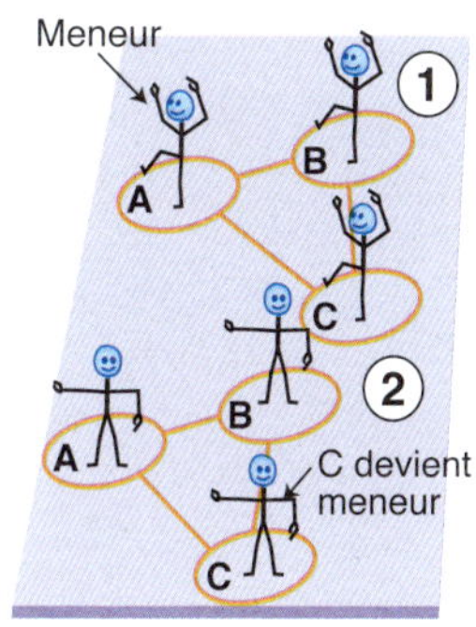 ***Variable :*** *même activité avec des groupes de 4 élèves dans un losange.*
	Comportement attendu : s'engager dans une action motrice pour enrichir son répertoire d'actions possibles.	*Comportement attendu : utiliser toutes les parties de son corps dans une composition.*	*Comportement attendu : entrer en relation dynamique avec les autres.*

Séances 5 et 6	Explorer l'espace sol	Reproduire les gestes d'un camarade à l'identique	Enrichir une phrase chorégraphique pour faire passer une émotion
	Le corps au sol : sans support sonore, les élèves explorent librement les possibilités de danse au sol en variant la qualité et le nombre des appuis. ***Variables pour la séance 6 :*** – réaliser cette exploration en musique ; – le maitre énonce un chiffre, les élèves prennent autant d'appuis au sol.  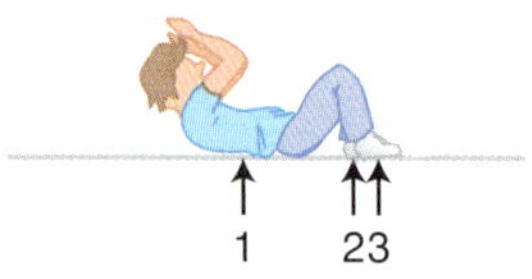 	***Le miroir :*** les élèves se placent deux par deux et face à face. L'un est le meneur, l'autre le miroir. Le miroir reproduit les mouvements du meneur. Puis les élèves changent de rôle.	***Le public :*** un enchainement d'actions simples est demandé aux élèves. Ils doivent effectuer la phrase chorégraphique de manière expressive pour faire réagir le public qui doit deviner son intention (la peur, la joie, l'horreur...). ***Prolongement :*** mise en relation avec l'ouvrage de Raymond Queneau, *Exercices de style,* qui raconte le même texte 99 fois de 99 manières différentes pour montrer qu'il existe un parallèle entre création littéraire et chorégraphique.
	Comportement attendu : utiliser les composantes de l'espace pour améliorer la qualité et l'originalité des mouvements.	*Comportement attendu : mettre son corps en jeu en jouant sur les équilibres, les appuis, les changements d'axe...*	*Comportements attendus : être spectateur, enrichir une composition pour renforcer l'émotion produite, accepter le regard de l'autre.*
Séances 6 à 11	**Élaboration de la chorégraphie en articulant les rôles de danseur, chorégraphe, spectateur**		
	Après avoir défini les éléments que la chorégraphie doit contenir, les élèves, par groupes, réfléchissent et élaborent un enchainement d'actions répondant aux critères attendus.		
	Comportements attendus : s'engager dans un projet collectif, respecter les contraintes imposées tout en faisant des propositions adaptées, utiliser les différentes parties de son corps en utilisant l'espace.		
Séance 12	**Retour à la situation de référence et évaluation finale.** Appréciation de la capacité des élèves à réaliser en petits groupes une séquence à visée artistique destinée à être appréciée et à émouvoir en respectant les prestations des autes et en acceptant de se produire devant les autres. Comme au cycle 2, la mise en place des dispositifs d'auto et/ou de coévaluation est à envisager.		

Il semble indispensable de souligner l'importance du rôle d'acteur lors d'une unité d'apprentissage en danse. Ainsi, les élèves sont conduits à être attentifs au travail de leurs camarades, à apprécier leurs compositions et à donner leur avis lorsqu'ils sont spectateurs. Ces mises en œuvre amènent les danseurs à accepter le regard des autres et leurs réactions ainsi qu'à argumenter leurs choix.

Maternelle
Communiquer avec les autres au travers d'actions à visée expressive ou artistique

Cycles 2 et 3
S'exprimer devant les autres par une prestation artistique et/ou acrobatique

2 Questions complémentaires que pourrait poser le jury

Danses traditionnelles

1. Pourquoi et comment faire pratiquer des activités de danses traditionnelles aux cycles 2 et 3 ?

- **Les danses traditionnelles sont des activités de reproduction très codifiées** dont la caractéristique est de se pratiquer en groupe. Elles sont souvent porteuses de traditions du passé liées à la culture populaire et rurale, au folklore régional. À l'école élémentaire, ces pratiques permettent aux élèves d'accéder au patrimoine et à la culture en construisant des connaissances communes à la classe.

Ces danses collectives sont souvent très motivantes de la petite section de maternelle jusqu'au CM2 et ont l'avantage d'être « intergénérationnelles » et souvent très accessibles. Les danses plus complexes peuvent être adaptées et sont au contraire destinées à évoluer en fonction des capacités des danseurs. De nombreuses danses appartenant au folklore traditionnel et régional présentent d'ailleurs des variantes d'une région ou d'un pays à l'autre, introduites au fil du temps par ceux qui les pratiquaient. Il est donc essentiel de ne pas considérer ces danses comme figées, mais de faire preuve de souplesse et d'adaptation, le but de ces activités étant de faire partager aux élèves le plaisir de danser et une expérience de groupe riche de valeurs et d'enseignement (respect des autres, coopération, communication, tolérance...).

- **Pour construire une unité d'apprentissage en danse traditionnelle, il est important de proposer un nombre suffisant de séances** afin que les élèves, par la répétition, puissent s'approprier les pas et les composantes des danses à maitriser. **Un minimum de 6 à 8 séances** est donc requis mais il est possible de proposer **10 à 12 séances de 30 à 45 minutes** en fonction de l'âge des élèves et de leur niveau d'habileté.

L'enseignant veille à sélectionner les danses au préalable en fonction des objectifs poursuivis. Il lui est alors possible d'articuler les apprentissages des danses retenues et de construire une progression cohérente. Il est également nécessaire de bien maitriser les danses soi-même afin d'évoluer aisément avec les élèves et de les étayer dans leur apprentissage de la manière la plus efficace possible, en montrant et en anticipant les variations pour les guider.

- Comme pour les autres activités physiques sportives et artistiques, **les séances s'ouvrent sur une mise en train** (appelée aussi « mise en danse ») utile aux élèves pour entrer dans l'activité. Ces mises en train sont l'occasion de s'approprier l'espace sous forme de farandoles ou en dispersion, de s'entrainer à l'écoute (se déplacer dans l'espace de danse sur une musique, s'immobiliser lorsque la musique s'arrête), de se concentrer sur la présence des autres (se déplacer sans toucher les autres mais en les contournant), d'introduire un pas technique utile au corps de la séance (pas chassé, pas de polka, pas sauté...).

- **Le corps de la séance est organisé autour de l'apprentissage des danses traditionnelles** plus ou moins nombreuses selon l'âge des élèves. En fonction de la séance au sein de la progression et des besoins identifiés, l'enseignant peut choisir de faire répéter les danses déjà apprises en vue d'améliorer leur maitrise, d'apporter des variantes permettant de les simplifier ou de les complexifier (ajouter un changement de partenaire, un changement de sens, faire deux rondes : une au milieu, une à l'extérieur...).

> **Il existe plusieurs familles de danses traditionnelles** présentant des difficultés variables selon qu'elles se dansent en cercle (rondes simples ou doubles), en cortège, en farandole ou encore avec des changements de partenaires.

- **En fin d'unité d'apprentissage, il est possible de proposer aux élèves de créer leur propre danse collective** reflétant ainsi la culture commune au groupe qui compose la classe.

Dans tous les cas, ces apprentissages doivent donner lieu à des restitutions de fin d'année (bal de l'école, spectacle devant les classes de l'école, les autres écoles, les parents...) afin que le travail des élèves soit valorisé et que l'activité garde son essence de communication et de partage.

DANSE

2. Quels prolongements dans d'autres disciplines pourriez-vous envisager lors d'un projet de danse au cycle 3 ?

La danse est un domaine très vaste qui peut permettre de mettre en place de très nombreux projets développant des compétences dans diverses disciplines. Les propositions que nous faisons sont des exemples mais les futurs enseignants peuvent réfléchir à la manière de créer du lien entre les disciplines à partir du vécu de leur classe, de la culture commune de celle-ci, du contexte dans lequel ils évoluent. Ils pourront ainsi élaborer des activités cohérentes que les élèves s'approprieront car ils trouveront un intérêt personnel et véritable dans un projet dénué de caractère artificiel.

Voici quelques activités et prolongements pouvant être menés dans le cadre d'une UA de danse.

L'HISTOIRE DE LA DANSE

Un travail de recherche, d'apports documentaires sur l'histoire de la danse, la vie et la carrière de danseurs célèbres (Noureev, Nijinski...), en abordant les nombreux courants existants (de la danse classique aux danses urbaines, des danses traditionnelles à la danse contemporaine en passant par la danse « Bollywood » ou le modern-jazz...), contribue à élargir les connaissances culturelles des élèves.

Parallèlement à ce travail de reconstitution de l'histoire de la danse, il est intéressant de proposer des extraits vidéos de créations de grands chorégraphes (Pina Bausch, Carolyn Carlson, Maurice Béjart, Merce Cunningham...).

LA DANSE À TRAVERS LES ARTS

Les peintres ont très souvent représenté la danse ou travaillé sur la problématique du corps en mouvement. Ainsi les danseuses peintes ou sculptées par Degas, les tableaux d'Henri Matisse, ou encore le travail autour du corps en mouvement de Niki de Saint Phalle sont autant de pistes pédagogiques à exploiter pour faire réfléchir les élèves aux procédés plastiques permettant de représenter le corps, d'exprimer les émotions véhiculées par cet art à travers une autre forme d'art.

➤ **Edgar Degas**, *Danseuses*, 1884, musée d'Orsay, Paris.

www.musee-orsay.fr/fr/collections/oeuvres-commentees/recherche/commentaire/commentaire_id/danseuses-15576.html?no_cache=1

➤ **Henri Matisse**, *La Danse*, 1909, Museum of Modern Art, New York.

www.moma.org/collection/object.php?object_id=79124

3 Maternelle
Communiquer avec les autres au travers d'actions à visée expressive ou artistique
CYCLES 2 ET 3
S'exprimer devant les autres par une prestation artistique et/ou acrobatique

Ainsi, on pourra sensibiliser les jeunes danseurs aux différentes manières de représenter leur propre corps et celui des autres à l'aide de procédés et de techniques variés (collages, découpages, peinture, sculpture, modelage…). Une réflexion peut également être engagée sur les manières de laisser une trace du corps et du mouvement. Certains artistes, comme Yves Klein, ont utilisé le corps de leurs modèles comme « pinceau vivant » pour laisser les célèbres empreintes monochromes bleues sur sa toile.

➤ **Yves Klein**, *Anthropométrie de l'époque bleue*, 1960, Musée national d'Art moderne, Centre Pompidou. http://mediation.centrepompidou.fr/education/ressources/ENS-yves_klein/ENS-Yves_Klein.htm

LUMIÈRES ET OMBRES

Le théâtre d'ombres corporelles est un outil qui peut à la fois servir les intérêts d'un projet de danse ou d'expression théâtrale tout en illustrant les apprentissages en sciences.

En effet cette technique, attrayante pour les élèves, présente l'avantage de ne donner à voir qu'une silhouette du corps parfois reconnaissable, parfois méconnaissable (volontairement ou non) et leur permet de se familiariser avec l'entrée dans l'activité. Par ailleurs, les principes de projection, d'ombre propre et d'ombre portée, prennent alors toute leur signification à travers ces situations vécues par le corps entier. Il est ensuite plus aisé d'effectuer des allers-retours entre la pratique et les savoirs plus abstraits et rattachés au domaine scientifique. De plus, le théâtre d'ombres possède une histoire riche et multiculturelle particulièrement intéressante à exploiter avec les élèves de cet âge.

PRODUCTION D'ÉCRITS

Enfin, la danse peut initier des situations d'écritures variées et motivantes : écriture poétique à partir des expériences vécues, mise en mots d'impressions individuelles ou collectives, rédaction de textes à fortes contraintes à partir de photos des élèves en train de danser ou de leurs productions plastiques autour de la représentation du corps en mouvement.

➤ **Les textes à fortes contraintes** sont des jeux d'écriture présentant des structures syntaxiques prédéfinies. Ces pratiques permettent ainsi aux élèves de se libérer des problèmes de maitrise des tournures complexes laissant la place à la créativité et à l'expression de ses émotions propres.

ARTS DU CIRQUE

3. Quelles sont les grandes familles qui composent l'activité cirque et à quelles activités physiques chacune d'elles fait-elle référence ?

- **Les activités de cirque visent à provoquer une émotion chez le spectateur** par le biais de prouesses techniques, d'exploits mais aussi par l'expression et la créativité individuelle ou collective. Faire pratiquer les arts du cirque à l'école élémentaire contribue à la construction des apprentissages et de la personnalité de l'élève à travers le développement d'une motricité inhabituelle posant des problèmes de coordination (manipulation d'objets…), d'équilibre (pilotage d'engins, changements d'appuis…) ou encore d'expression symbolique (provoquer une émotion chez le spectateur).
- **On distingue plusieurs familles au sein de l'activité cirque.**

1- **Les acrobaties** :
  – au sol. Il est possible de proposer des situations d'acrobatie au sol individuelles ou collectives (acrosport) ;
  – aériennes (trapèze, barre, échelle de corde, tables, chaises…).

2- **Les équilibres** : ballon, fil, rolla-bola, monocycle, vélo, rollers, échasses…

3- **Le jonglage** : avec des balles (il en existe différents types, plus ou moins souples, plus ou moins grosses, rebondissantes...), des foulards, des massues, des cerceaux, des anneaux, des assiettes chinoises, le bâton du diable...

4- L'expression artistique et théâtrale : travail de la spécificité du jeu d'acteur (clowneries, danse, costume, maquillage, communication verbale et corporelle...).

Ces disciplines font référence à des activités gymniques, de pilotage d'engin, de manipulation, de motricité fine ou encore d'expression artistique. Elles permettent d'identifier et de comprendre des valeurs (la nécessité de répéter un geste plusieurs fois pour réussir à le maitriser, la rigueur, le goût de l'effort, une mesure raisonnable des risques, la prise de décisions seul, rapidement, dans l'intérêt du groupe...) ayant une grande importance pour la construction des apprentissages de l'élève et de sa propre personnalité.

Ces apprentissages doivent mettre en avant une des spécificités des arts du cirque : la polyvalence. Il s'agit de faire prendre conscience aux élèves de l'importance d'occuper différents rôles (spectateur, chorégraphe, acteur et parfois même technicien), l'impliquant ainsi à tous les niveaux de réalisation du projet.

- L'élaboration d'un module d'apprentissage autour du cirque ne peut pas toujours permettre de travailler toutes les familles d'activités ni de manipuler tous les objets ou d'apprendre à maitriser le pilotage de tous les engins. Il s'agit pour l'enseignant de faire des choix en fonction des besoins de ses élèves, du projet de la classe, des ressources en termes d'espace (gymnase, cour, préau...), des ressources matérielles (le matériel de cirque peut parfois être onéreux, il convient de prévoir les achats à l'avance si l'on souhaite faire travailler les élèves avec des objets ou des engins précis).

Le cirque est un domaine particulièrement riche qui implique très souvent un travail interdisciplinaire. Par ailleurs, il est possible de choisir de mener plusieurs unités d'apprentissage sur l'année en répartissant le travail autour des familles d'activités et de finaliser ce projet plus conséquent par une restitution sous forme de spectacle de fin d'année.

> **L'acrosport** est une activité gymnique mélangeant la gymnastique au sol, la danse et le cirque. On peut parler également de « main-à-main ». Il s'agit pour les élèves d'élaborer une chorégraphie en combinant des portés et des acrobaties sur un thème musical.

> **Le rolla-bola** est un engin d'équilibre (appelé aussi « rouleau américain ») constitué d'un cylindre en plastiq rigide glissé sous une planche de boi rectangulaire et su lequel l'acrobate dc réaliser des figures tout en gardant sor équilibre.

4. Comment travailler l'interdisciplinarité à partir d'un projet d'activité cirque en EPS ?

L'activité cirque permet d'aborder de nombreuses autres disciplines dans le cadre d'un projet et de construire des compétences dans d'autres champs d'apprentissage.

En français

Il existe de très nombreux albums de littérature de jeunesse abordant les arts du cirque. Des textes d'auteurs plus classiques peuvent également faire l'objet de lectures, de débats, voire de travaux d'écriture.

En sciences

- Le travail autour des éclairages devient un sujet d'étude afin de travailler sur la lumière et les ombres.
- Pour les besoins d'un numéro de clown par exemple, les élèves peuvent être amenés à construire de petits objets technologiques (petits objets volants, roulants, systèmes de poulies, jouets optiques...) permettant d'illustrer l'histoire racontée sur scène en renforçant la portée poétique du numéro. La réalisation de décors peut également être un prétexte à de nombreuses réalisations technologiques.

> **Horaires et programmes d'enseignement**, voir BO et arrêté p. 13.

Maternelle
Communiquer avec les autres au travers d'actions à visée expressive ou artistique

Cycles 2 et 3
S'exprimer devant les autres par une prestation artistique et/ou acrobatique

Enseignement artistique et histoire des arts

L'étude d'œuvres ayant pour thème le cirque peut, non seulement contribuer à la construction d'une culture commune, mais aussi déclencher un travail plastique autour du thème, des techniques ou de la démarche des artistes. Ainsi, des peintres comme Georges Seurat, Marc Chagall, Auguste Renoir ou encore Fernand Léger ont créé des œuvres pouvant induire une réflexion collective et individuelle en lien avec ce thème.

Georges Seurat, *Le Cirque*, 1890, musée d'Orsay, Paris.
www.musee-orsay.fr/fr/collections/oeuvres-commentees/peinture/commentaire_id/cirque-7090.html?tx_commentaire_pi1[pidLi]=509&tx_commentaire_pi1[from]=841&cHash=1c9875f4f7

Marc Chagall, *Le Cirque bleu*, 1950-1952, Musée national d'Art moderne, Paris.
http://musees-nationaux-alpesmaritimes.fr/chagall/objet/c-le-cirque-bleu

Pierre-Auguste Renoir, *Acrobates au cirque Fernando*, 1879, Art institute of Chicago, Chicago.
www.artic.edu/aic/collections/artwork/81558

Fernand Léger, *La Grande Parade sur fond rouge*, Musée Fernand Léger, Biot.
http://art.rmngp.fr/fr/library/artworks/fernand-leger_la-grande-parade-sur-fond-rouge_huile-sur-toile_1953

Les activités de cirque demandent du temps à cause de la répétition nécessaire des gestes et de l'entrainement incontournable pour réussir à créer une situation que l'on peut restituer en fin d'année. Il est par conséquent intéressant de réfléchir, lorsque cela est possible, à une programmation d'école afin que les élèves puissent, d'une année sur l'autre, réinvestir leurs acquis et progresser régulièrement pour mettre à profit leurs progrès, leurs qualités de polyvalence et présenter en fin de cycle ou en fin de scolarité un spectacle mettant en valeur leur travail, y compris dans les autres domaines (exposition d'œuvres des élèves, lectures de textes intégrées aux numéros…).

Activités gymniques

5. (Adapter ses équilibres et ses déplacements à des environnements et des contraintes variées).

Quelles situations construire en grande section de maternelle dans lesquelles les enfants peuvent développer de nouveaux équilibres à partir de l'action « rouler » ?

Les activités gymniques, par la mise en place de conduites motrices inhabituelles engagent les enfants à développer de nouveaux équilibres. L'aménagement de l'espace doit leur permettre de construire des apprentissage moteurs nouveaux tels que celui de rouler sur soi-même. Les deux activités suivantes accompagnées de propositions d'étayage proposent des situations pour amener les enfants à s'engager progressivement dans l'action de rouler sur eux-mêmes en acceptant des déséquilibres inhabituels.

Situation de référence	Le départ se fait debout, le menton contre la poitrine. L'élève effectue une roulade avant.	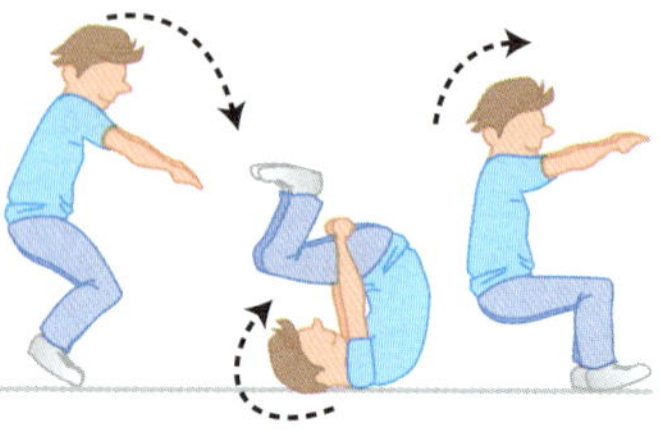
Difficultés rencontrées	**1.** L'élève a peur de rouler vers l'avant, il n'accepte pas le désiquilibre. **2.** L'élève pose sa tête et non sa nuque, ce qui entraine une déviation de la rotation.	
Situations	**Situation n° 1 :** l'élève est à genoux sur un plinth (voir p. 41), il s'allonge sur le plinth et glisse jusqu'au bout de celui-ci. La tête en avant, il prend appui avec les deux mains sur un tapis situé en contrebas et fait glisser le reste du corps sur le plinth jusqu'à effectuer une roulade avant.	
	Situation n° 2 : le départ se fait devant un plan incliné (un tremplin glissé sous un tapis de gymnastique). L'élève pose ses deux mains à plat et effectue une roulade avant en posant sa nuque à terre entre ses mains.	
Étayages proposés	– Coincer un foulard sous le menton. L'élève doit effectuer le même exercice sans lâcher le foulard, ce qui lui permettra de mieux positionner sa nuque au sol. – Faire effectuer la roulade entre deux lignes (tracées à la craie).	

4

OBJECTIF 4 POUR LA MATERNELLE

Collaborer, coopérer, s'opposer

CHAMP D'APPRENTISSAGE 4 POUR LES CYCLES 2 ET 3

Conduire et maitriser un affrontement collectif ou interindividuel

1 Les jeux collectifs

1.1 Présentation de l'APS

DÉFINITION ET SPÉCIFICITÉ

Dans les programmes d'enseignement des cycles 2 et 3, différents termes sont employés pour qualifier les activités liées à ce champ d'apprentissage. On peut ainsi parler :

– de jeux traditionnels et de jeux collectifs avec ou sans ballon visant essentiellement le développement des capacités motrices et concourant à la réflexion sur la mise en place des stratégies de jeux.

– de jeux pré-sportifs collectifs faisant référence à un sport codifié du type basket, football, handball.

Qu'ils soient traditionnels et/ou pré-sportifs, les élèves sont conduits à s'opposer collectivement et donc à coopérer au sein d'un groupe de pairs. Ils élaborent des stratégies, communiquent, s'opposent, mais en poursuivant un but commun : résoudre un problème collectif en répondant à des règles établies et reconnues par tous.

En maternelle, il s'agit de l'objectif d'apprentissage « Collaborer, coopérer, s'opposer ». L'enjeu est de conduire l'enfant vers une plus grande autonomie affective et de passer du jeu où les interactions sont rares (jeu en parallèle) à un jeu où ils coopèrent, collaborent ou s'opposent dans le cadre d'une règle et d'une recherche de stratégies (on parlera de jeu coopératif).

➤ **Ressources d'accompagnement pour le cycle 1 sur Eduscol. Objectif 4 « Collaborer, coopérer, s'opposer ».**
http://cache.media.eduscol.education.fr/file/Agir/44/9/Ress_c1_agir_obj4_456449.pdf

LES ENJEUX DES JEUX TRADITIONNELS COLLECTIFS ET SPORTIFS

La pratique des jeux collectifs exploite de nombreuses valeurs liées à la citoyenneté. Les élèves construisent des savoirs les uns par rapport aux autres grâce à des situations collectives au sein desquelles chaque individu ayant ses spécificités doit être accepté.

Les jeux collectifs permettent également de développer chez les élèves la capacité à réagir, à faire des choix rapides et adaptés aux situations auxquelles ils se trouvent confrontés.

Pour répondre au problème collectif qui leur est posé, ils doivent à la fois élaborer des stratégies efficaces tout en respectant des règles préétablies et acceptées par l'ensemble du groupe. La compréhension et l'assimilation de ces règles sont des éléments essentiels à travailler pour que les élèves puissent entrer dans une activité qui fasse sens.

➤ **Socle commun de connaissances, de compétences et de culture.**
www.education.gouv.fr/pid25535/bulletin_officiel.html?cid_bo=87834 (site du ministère avec infographie sur la fin de la page et accès aux vidéos proposées par le MEN)

Ces jeux, par leur caractère collectif, participent activement à la construction de compétences liées au socle commun de connaissances, de compétences et de culture. Par exemple, le domaine 3, « La formation de la personne et du citoyen » est abordé à travers la compétence « Partager des règles, assumer des rôles et des responsabilités pour apprendre à vivre ensemble » :

- assumer les rôles spécifiques aux différentes APSA (joueur, coach, arbitre, juge, médiateur, organisateur).
- élaborer, respecter et faire respecter les règles et les règlements.
- accepter et prendre en considération toutes les différences interindividuelles au sein d'un groupe.

Les problèmes fondamentaux liés aux jeux traditionnels collectifs et sportifs

- **Les problèmes auxquels se trouvent confrontés les enfants sont souvent liés à la règle.** En effet, si elle n'a pas été comprise (présentation inadaptée du jeu et de ses règles aux enfants), acceptée (ils rejettent ou contournent les règles) ou intégrée (les enfants ont compris la règle mais ne sont pas encore capables de la mettre en pratique, elle est à l'origine de dysfonctionnements qui ne permettent pas au jeu d'évoluer ni aux enfants de progresser.
- **La gestion de la confrontation**, voire de l'opposition parfois violente entre pairs, **peut générer des conflits que les enfants auront du mal à vivre.** Certains peuvent s'être beaucoup investis individuellement au sein de l'action collective et n'acceptent pas l'échec collectif, rejetant la faute sur leurs camarades. Ici encore, un travail autour de l'esprit d'équipe en lien avec les stratégies établies est à prévoir.

Le problème de l'affrontement physique peut également déstabiliser et effrayer. Il est fréquent de rencontrer des élèves qui refusent le contact avec les autres ou ont peur de la chute, de prendre des coups. Un certain nombre d'exercices peuvent permettre de dédramatiser ces situations.

- **Sur le plan moteur, l'enfant doit utiliser simultanément plusieurs capacités motrices** : tirer, passer, lancer, pousser, changer de direction... Il faut qu'il réagisse très vite tout en soutenant un effort important. Cette multitude d'habiletés peut parfois poser problème à certains.
- **Du point de vue de l'enseignant, la mise en place de ces activités demande une très grande préparation.** Il est indispensable de :
  - connaitre parfaitement les jeux et leurs règles ;
  - gérer le groupe dans le but de rendre les enfants autonomes au sein du collectif ;
  - sécuriser les espaces (comme pour toute activité d'EPS) ;
  - gérer les niveaux d'habiletés des enfants.

1.2 Des propositions de travail de la maternelle au CM2

La maternelle

- **Jeux traditionnels**

Les activités proposées ci-dessous sont déclinées en fonction d'objectifs définis en lien avec des capacités motrices précises qui évoluent de la petite section à la grande section. Ces jeux peuvent parfaitement être adaptés, complexifiés ou simplifiés en fonction de l'espace, de l'âge des enfants et de leurs habiletés motrices. Cette progression est une proposition de travail pour laquelle nous avons fait des choix mais **il existe d'autres entrées et surtout de très nombreux jeux possibles.**

Dès la petite section de maternelle, les enfants doivent apprendre à s'approprier les situations proposées de manière simple et claire afin qu'eux-mêmes les fassent évoluer. On les amènera à réfléchir sur la mise en place de stratégies efficaces et à interagir peu à peu.

	COURIR POUR FUIR	COURIR ET TRANSPORTER DES OBJETS	CONQUÉRIR UN TERRITOIRE
PS	***Le jeu des sorciers :*** les sorciers doivent toucher le maximum de joueurs dans un temps donné. Lorsqu'un joueur est touché, il s'arrête et attend la fin de la partie. Le but du jeu est de toucher le plus grand nombre d'élèves.	***Le jeu des déménageurs :*** les élèves doivent remplir des caisses avec des objets en les transportant d'un point à un autre. Le but du jeu est de transporter le plus grand nombre d'objets.	***La cage aux écureuils :*** les écureuils sont dans leur cage (deux autres élèves, face à face, forment une cage avec leurs bras). Au signal, les écureuils se promènent, au deuxième signal ils regagnent le plus vite possible leur cage.
	Participer à un jeu, se lancer dans l'activité.	*Prendre conscience d'un projet commun.*	*Prendre en compte les autres et se repérer dans l'espace.*
MS	***Le jeu des foulards :*** les élèves ont un foulard accroché à la taille. Au signal, les élèves doivent attraper le plus grand nombre de foulards. Ils se déplacent en courant.	***Les éperviers déménageurs :*** les élèves sont répartis en deux équipes. Chaque équipe doit rapporter le plus grand nombre d'objets dans une caisse sans se faire toucher par l'épervier de l'équipe adverse. Si un joueur est touché par l'épervier, il rapporte l'objet dans la caisse et repart à nouveau. L'équipe qui rapporte le plus grand nombre d'objets dans la caisse gagne la partie.	***Les quatre coins :*** les élèves se déplacent une coupelle à la main, sauf un. Au signal, les élèves posent leur coupelle au sol et continuent à courir. Au deuxième signal, ils doivent rejoindre une autre coupelle que la leur. L'élève qui n'a pas de coupelle est éliminé et le jeu continue.
	Découvrir la notion de partenaire et d'adversaire.	*Mettre en œuvre ses capacités motrices individuelles pour faire gagner son équipe.*	*Se repérer dans un espace de jeu orienté et adapter ses conduites motrices en fonction des contraintes (espaces, temps, adversaires).*

4 Maternelle
Collaborer, coopérer, s'opposer

CYCLES 2 ET 3
Conduire et maitriser un affrontement collectif ou interindividuel

➤ Pour cet objectif, les différents attendus en fonction des âges sont déclinés dans les documents ressources pour la maternelle, publiés sur Eduscol Objectif 4 « Collaborer, coopérer, s'opposer ». p. 4.
http://cache.media.eduscol.education.fr/file/Agir/44/9/Ress_c1_agir_obj4_456449.pdf

GS	***La queue du diable :*** tous les élèves d'une classe, sauf un (le diable), portent un foulard accroché à la ceinture. Au signal, les élèves doivent traverser un terrain délimité par des plots sans se faire prendre leur foulard. Si un élève se fait prendre son foulard par le diable, il devient diable à son tour et le jeu continue avec plusieurs diables.	***Jeu des déménageurs et des voleurs :*** répartis en deux équipes, les élèves « déménageurs » doivent transporter le plus d'objets possible dans une caisse et les élèves « voleurs » doivent intercepter le plus d'objets possible en touchant les voleurs qui sont ensuite obligés de donner leur objet. À la fin du jeu, l'équipe qui a récupéré le plus grand nombre d'objets gagne la partie.	***Le jeu des quatre coins :*** les élèves sont regroupés par groupe de 5 sur 5 terrains matérialisés. Dans chaque terrain, on dessine au sol 4 cercles de la taille d'un cerceau. 4 élèves se placent dans les cercles. Le 5e reste au centre du terrain. Au signal, les 4 élèves quittent leur camp. Celui du centre tente alors de prendre une place libérée. Celui qui se retrouve sans camp a perdu et se met au centre.
	Se déplacer rapidement en prenant en considération les autres joueurs.	*Collaborer efficacement avec ses partenaires pour résoudre les problèmes posés par le déplacement d'objets et la présence d'adversaires.*	*Mettre en place une stratégie efficace pour conquérir un territoire en respectant l'autre.*

Le cycle 2

• Jeux collectifs

Ces jeux proposés pour le cycle 2 se répètent sur au moins deux séances afin que les élèves puissent se familiariser avec les activités, assimiler les règles de manière efficace et prendre plaisir à jouer.

La répétition d'un même jeu permet par ailleurs de faire participer activement le groupe à l'évolution de celui-ci. D'une séance à l'autre, il est intéressant de prendre en compte les problèmes rencontrés et de solliciter les élèves afin qu'ils trouvent des solutions pour la prochaine fois. De plus, **la pratique régulière de ces jeux peut permettre à la classe de se constituer une forme de culture sportive commune.**

L'unité d'apprentissage décrite ci-dessous peut s'organiser en 6, 8 ou 10 séances en fonction des objectifs visés.

Séances 1 et 2	Jeux de poursuite	Jeux de conquête d'objets	Jeux avec des ballons
	Les sorciers : les élèves sont répartis en équipes de 4 ou 5 joueurs. Les sorciers doivent toucher les gazelles qui deviennent des statues (mains sur la tête, jambes écartées...) en restant à l'endroit où elles ont été touchées. Le but du jeu est de ne pas se faire toucher.	***La baguette :*** les attaquants possèdent un objet (une petite baguette de bois par exemple). L'un d'eux (les défenseurs ne savent pas lequel) tient cette baguette dans sa main et doit la faire passer dans le camp adverse. La baguette doit être portée (elle ne peut être ni passée ni lancée). Chaque défenseur touche l'attaquant qu'il croit porteur de la baguette. Il ne peut toucher qu'une seule fois. Il reste alors à côté du joueur touché.	***Les balles brûlantes :*** deux équipes sont constituées. Les élèves doivent envoyer les ballons qui sont dans leur camp vers celui de leurs adversaires. Un ballon n'est comptabilisé que lorsqu'il retombe dans le camp adverse.
	Comportements attendus : courir vite et prendre des informations sur la position des adversaires.	*Comportement attendu : inventer des stratégies d'attaque et de défense.*	*Comportement attendu : lancer la balle de manière efficace et précise.*
Séances 3 et 4	**Jeux de poursuite**	**Jeux de conquête d'objets**	**Jeux avec des ballons**
	La rivière aux crocodiles : deux équipes sont constituées. Au signal (visuel ou sonore), les animaux doivent traverser la rivière sans se faire attraper leur foulard (glissé dans la ceinture) par les crocodiles.	***Le béret :*** plusieurs équipes de 6 ou 7 joueurs sont constituées. Chaque joueur porte un numéro. À l'appel de son numéro, un joueur de chaque équipe cherche à s'emparer du béret et à l'emporter dans son camp sans se faire toucher par l'autre. Le joueur qui emporte le béret dans son camp marque un point pour son équipe.	***Le carton chassé*** : deux équipes de 5 ou 6 joueurs se font face. Ils sont positionnés de chaque côté d'une zone infranchissable de 3 à 4 mètres. Des cartons sont placés au sol à égale distance des deux équipes. Au signal, les élèves doivent pousser les cartons dans le camp adverse avec l'aide de ballons en mousse.
	Comportements attendus : courir vite, esquiver et attraper tout en anticipant les déplacements des adversaires.	*Comportements attendus : réagir vite et prendre des décisions adaptées.*	*Comportement attendu : effectuer un tir précis.*

Séances 5 et 6	Jeux de poursuite	Jeux de conquête d'objets	Jeux avec des ballons
	L'épervier : un épervier est placé au centre du terrain. Deux camps sont constitués de part et d'autre. Les élèves doivent se déplacer d'un camp à l'autre sans se faire toucher par l'épervier. Quand un élève est touché, il devient épervier à son tour et le jeu continue. Le but du jeu est de ne pas se faire toucher et d'être le dernier à ne pas se transformer en épervier.	***Le drapeau :*** faire deux équipes. Un drapeau se trouve au bout du terrain, du côté des défenseurs. Un seul attaquant sort pour chercher le drapeau. S'il est touché par un défenseur lorsqu'il porte le drapeau, il s'arrête à l'endroit où il a été touché. S'il est touché sans le drapeau, il est éliminé. S'il ramène le drapeau dans son camps, son équipe gagne la manche.	***Les balles au fond :*** deux équipes de 5 à 6 joueurs sont constituées. Chaque équipe doit envoyer les ballons pour leur faire franchir la ligne de fond. Chaque joueur peut intercepter les ballons adverses pour les empêcher de franchir la ligne de fond. Tout ballon ayant franchi la ligne de fond compte un point et ne peut plus être utilisé.
	Comportements attendus : soutenir un enchainement d'efforts courts mais intenses (course de vitesse) ; esquiver.	*Comportements attendus : courir vite et se reconnaitre en tant qu'attaquant ou défenseur.*	*Comportements attendus : lancer fort et loin et intercepter la balle.*
Séances 7 et 8	**Jeux de poursuite**	**Jeux de conquête d'objets**	**Jeux avec des ballons**
	Les gendarmes et les voleurs : un terrain avec deux zones délimitées de chaque côté est tracé. Au centre, une réserve d'objets. Les voleurs doivent rapporter les objets un par un dans leur camp. Les gendarmes doivent toucher les voleurs, même si ceux-ci ne portent pas d'objets. Les voleurs touchés avec un objet le rapportent au milieu. L'équipe qui aura rapporté le plus grand nombre d'objets en un temps donné, gagne la partie.	***La queue du diable*** (voir p. 88, GS).	***Par-dessus les voleurs :*** le terrain est séparé en trois zones. Dans la première, une équipe de 4 lanceurs. Dans la deuxième, une de 4 voleurs et dans la dernière, une de 4 receveurs. Chaque lanceur envoie à la main 3 ballons aux receveurs. Les voleurs, au centre, essaient d'intercepter les ballons. Les lanceurs et les receveurs marquent un point si les receveurs bloquent le ballon. Chaque ballon intercepté et bloqué par l'équipe des voleurs lui donne un point.
	Comportements attendus : poursuivre des adversaires et élaborer des stratégies.	*Comportements attendus : courir vite et esquiver.*	*Comportements attendus : lancer de façon précise et intercepter.*

Le cycle 3

- **Déroulement de l'UA :** *jeu sportif collectif : handball*

Les activités déclinées pour le cycle 3 font écho à une situation de référence liée à un sport collectif : ici, le handball. Il est possible de construire une progression à partir de n'importe quel sport collectif en l'adaptant pour faire travailler la mise en œuvre de stratégies et les gestes techniques (dribbler, passer le ballon, tirer...).

Séance 1	**Situation de référence :** le mini-hand est une activité qui se joue à cinq contre cinq sur un demi-terrain de handball et dans laquelle les règles du jeu de handball sont appliquées.		
Séance 2	**Passer**	**Dribbler**	**Tirer**
	Le jeu des passes : les élèves sont regroupés par deux, trois ou quatre. Le jeu consiste à effectuer le plus grand nombre de passes en expérimentant différentes passes : les passes franches, les passes par le sol, les passes en cloche.	***Le parcours :*** les élèves se déplacent avec un ballon en dribblant et en essayant de réaliser un parcours qui aura la forme d'un slalom.	***Les balles brûlantes :*** deux équipes se font face sur un terrain de handball avec la ligne médiane pour démarcation. Chaque élève a une balle dans la main. Au signal, les élèves doivent lancer leur balle dans le camp adverse et vider leur camp des balles qu'ils reçoivent. L'équipe qui a le moins de balles à la fin a gagné.
	Comportement attendu : varier le type de passe.	*Comportement attendu : réaliser des actions de dissociation (dribbler, courir...).*	*Comportement attendu : lancer la balle de manière efficace et précise.*
Séance 3	**Passer**	**Dribbler**	**Tirer**
	Béret-ballon : plusieurs équipes (5 ou 6 joueurs). Un numéro est attribué à chaque joueur. Chaque équipe dispose d'un ballon placé dans un cerceau sur le terrain. À l'appel de leur numéro, les joueurs courent vers leur cerceau et prennent le ballon. Simultanément les autres joueurs viennent se ranger en file indienne derrière une ligne. Le joueur appelé lance alors le ballon à chacun de ses coéquipiers qui le lui renvoient et retournent sur la ligne de départ. Quand le ballon a été lancé à tous les joueurs, le joueur appelé pose le ballon dans le cerceau et rejoint son équipe sur la ligne de départ.	***L'épervier :*** les élèves sont disposés derrière la ligne de corner d'un terrain de handball. Ils doivent rejoindre l'autre côté du terrain en dribblant sans se faire prendre la balle par un épervier situé au centre du terrain. Si un joueur perd la balle, il devient à son tour épervier et le jeu continue.	***Les balles brûlantes*** (voir séance 2).
	Comportements attendus : courir vite et faire des passes précises et rapides.	*Comportement attendu : réaliser des actions de dissociation (dribbler, courir...).*	*Comportement attendu (voir séance 2).*

Séance 4	**Dribbler**	**Progresser vers une cible et tirer**	**Marquer/Se démarquer**
	L'épervier (voir séance 3).	***Le chamboule-tout sans opposition :*** plusieurs équipes de 2 joueurs sont constituées. Chaque équipe joue de façon indépendante. Le but du jeu est de se déplacer sur une vingtaine de mètres en se faisant des passes et d'aller tirer sur des cibles (plots, cônes) placées au bout du terrain. L'équipe qui a touché le plus grand nombre de cibles gagne la partie.	***La passe à 5 :*** plusieurs équipes de 5 ou 6 joueurs sont constituées. Les équipes jouent deux par deux. Le but du jeu est de réaliser 5 passes consécutives sans que la balle touche le sol. Les adversaires ne peuvent subtiliser la balle que lorsque celle-ci est en l'air.
	Comportements attendus (voir séance 3).	*Comportements attendus : tirer de manière précise et progresser vers une cible.*	*Comportements attendus : faire des passes et se démarquer (occuper des espaces libres pour recevoir la balle).*
Séance 5	**Passer**	**Progresser vers une cible et tirer**	**Marquer/Se démarquer**
	Béret-ballon (voir séance 3).	***Le chamboule-tout sans opposition*** (voir séance 4).	***La passe à 5*** (voir séance 4).
	Comportements attendus (voir séance 3).	*Comportements attendus (voir séance 4).*	*Comportements attendus (voir séance 4).*
Séance 6	**Passer**	**Progresser vers une cible et tirer**	**Marquer/Se démarquer**
	L'horloge : deux équipes sont constituées. La première se met en rond : c'est l'horloge ; la deuxième se met en file indienne derrière un plot placé à environ 10 mètres de la ronde. Les élèves de la première équipe doivent faire tourner le ballon dans l'horloge le plus vite possible (un tour est égal à une heure). Pendant ce temps, les élèves de la deuxième équipe effectuent le tour de l'horloge avec une autre balle en main sous forme de relais (ils passent la balle au suivant pour qu'il puisse démarrer sa course autour de l'horloge). Lorsque toute l'équipe est passée, l'horloge s'arrête et annonce le nombre de tours de cadran que la balle a effectués.	***Le chamboule-tout avec opposition :*** plusieurs équipes de 2 joueurs sont constituées. Chaque équipe joue de façon indépendante. Le but du jeu est de se déplacer sur une vingtaine de mètres en se faisant des passes et d'aller tirer sur des cibles (plots, cônes) placées en bout de terrain. Un défenseur est placé au milieu du parcours et essaie d'intercepter la balle. S'il y parvient, il remporte un point. L'équipe qui a touché le plus grand nombre de cibles gagne la partie.	***La balle au capitaine :*** deux équipes de 5 ou 6 joueurs sont constituées et jouent sur un demi-terrain de handball. Le but du jeu est de passer la balle à son capitaine situé dans une zone derrière la ligne de touche d'un terrain de handball en respectant les règles du handball. L'équipe qui aura donné la balle le plus grand nombre de fois à son capitaine remporte la partie.

	Comportements attendus : courir vite et faire des passes.	*Comportements attendus : faire des passes, progresser vers une cible, tirer de manière précise.*	*Comportement attendu : progresser vers une cible en faisant des passes.*
Séance 7	**Passer**	**Tirer**	**Marquer/Se démarquer**
	L'horloge (voir séance 6).	***Le jeu du château fort :*** deux équipes de 5 joueurs sont constituées. Une équipe défend, l'autre attaque. Le but du jeu pour les attaquants est de tirer sur des cibles (cônes, plots) placées au sol en forme de cercle en se faisant des passes. Le rôle des défenseurs est de contrer les tirs des attaquants. À la fin du temps imparti, les équipes changent de rôles. L'équipe qui aura touché le plus grand nombre de cibles gagne la partie.	***La balle au capitaine*** (voir séance 6).
	Comportements attendus (voir séance 6).	*Comportement attendu : élaborer des stratégies.*	*Comportement attendu (voir séance 6).*
Séance 8	Retour à la situation de référence : organisation d'un tournoi de mini-handball.		

Variables didactiques pour les trois cycles

Pour l'ensemble des jeux présentés, les variables didactiques, quels que soient le niveau d'habileté et l'âge des élèves, relèvent de quatre composantes :

- ***l'espace :*** la réduction d'une surface de jeu permet aux joueurs d'avoir moins de distance à parcourir ou peut obliger les élèves à adapter leurs lancers ;
- ***le temps :*** il est possible d'adapter la durée du jeu, d'une manche, en fonction de l'effort que les élèves peuvent fournir ou non ;
- ***le matériel :*** l'enseignant doit préparer le matériel en quantité suffisante afin que les élèves puissent manipuler. Ce matériel doit être adapté à leurs capacités et à leur niveau d'habileté (prendre en compte, par exemple, la taille de la main d'un élève de CP qui ne sera pas la même que celle d'un élève de CM2 ; il faudra par conséquent adapter éventuellement la taille de la balle ou du ballon) ;
- ***le nombre de joueurs :*** cette variable dépend de l'espace disponible et des objectifs que l'on cherche à faire atteindre aux élèves. Dans les jeux avec ballon, moins il y a de joueurs et plus ces joueurs auront la balle en main. Dans un jeu de course poursuite, plus il y a d'attaquants et plus le jeu se complexifie pour les défenseurs.

2 Questions complémentaires que pourrait poser le jury

JEUX TRADITIONNELS

1. Comment construire des compétences dans d'autres disciplines à partir d'une unité de jeux traditionnels en maternelle ?

La pratique de jeux traditionnels en maternelle peut être exploitée à travers de nombreuses disciplines afin de construire d'autres apprentissages. Ainsi, à partir d'un jeu pratiqué en séance d'EPS, **il est possible de développer d'autres compétences**.

> **Utiliser le langage dans toutes ses dimensions**
>
> Les situations proposées permettent de travailler les objectifs attendus du domaine « Utiliser le langage dans toutes ses dimensions » en verbalisant des actions en mettant à distance et en favorisant la prise de conscience de celles-ci (Ressources maternelle, site Eduscol — Créer une dynamique d'apprentissage, p. 13).

Déterminer les objets présents lors de la séance d'EPS et les matérialiser à l'aide de petits jouets (Légos, Kapla..) ainsi que les joueurs (figurines...). Demander aux élèves lors d'une séance de langage, en groupe restreint pour faciliter la circulation de la parole, de raconter la règle du jeu (à l'aide ou non des figurines comme support visuel). Pour les motiver, il est possible d'utiliser une marotte qui devient alors un personnage imaginaire, acteur d'un jeu auquel les enfants de cet âge se prêtent volontiers. Ce passage de l'action à la verbalisation est un des éléments essentiels pour construire des apprentissages solides dans tous les domaines.

> **M.-T. Zerbato Poudou**, à travers ses travaux sur l'apprentissage de l'écriture, affirme qu'il est du ressort de l'école maternelle de permettre de passer du « faire » (centration sur l'action concrète) au « dire le faire » (organisation verbale de l'action) pour « penser le faire » (organisation cognitive de l'action).

> **Découvrir la fonction de l'écrit**
>
> « L'objectif est de permettre aux enfants de comprendre que les signes écrits valent du langage : en réception, l'écrit d'un accès donne à la parole de quelqu'un ; en production, il permet de s'adresser à quelqu'un d'absent ou de garder pour soi une trace de ce qui ne saurait être oublié ». Programme de l'école maternelle p. 7, domaine 1 : Mobiliser le langage dans toutes ses dimensions – 1.2. L'écrit.

Dans le cadre d'un échange entre deux classes de grande section de maternelle, ou lors d'une rencontre de fin d'année entre une classe de CP et une classe de grande section préparant les élèves de maternelle à leur entrée à l'école primaire par exemple, il est possible d'imaginer un projet d'écriture (sous forme de dictée à l'adulte) d'une règle de jeu pour le faire découvrir aux élèves de l'autre classe. La finalité de ce projet est l'organisation d'une rencontre interclasse sur un ou plusieurs jeux découverts par l'intermédiaire de l'écrit.

Par ce travail, l'enseignant aura abordé les spécificités des textes injonctifs à travers un type d'écrit spécifique (la règle du jeu) tout en donnant à l'écrit sa valeur première d'acte de communication et faisant ainsi du projet une activité collective motivante et sensée.

Construire le nombre pour exprimer les quantités

Comprendre la notion de quantité implique pour l'enfant de concevoir la quantité, non comme la caractéristique d'un objet, mais comme une collection d'objets (l'enfant doit également comprendre que le nombre sert à mémoriser la quantité). Il fait d'abord appel à une estimation perceptive et globale (plus, moins, pareil, beaucoup, pas beaucoup). Progressivement, il passe de l'apparence des collections à la prise en compte des quantités (*in* Programme de l'école maternelle, p. 14, domaine 4 « Construire les premiers outils pour structurer sa pensée ».

Au moment de la séance d'EPS, tous les jeux dits de « conquête d'objets » donnent lieu à des séances de dénombrement de quantités, de comparaison de quantités sur des situations vécues. **Dénombrer, comparer sont des activités qui prennent ici tout leur sens** pour les élèves puisqu'il s'agit de déterminer l'équipe qui a le plus d'objets et qui a donc gagné.

Par exemple, pour le jeu des déménageurs (voir p. 88), à la fin de l'activité, chaque équipe compte le nombre d'objets déménagés puis les deux équipes comparent la quantité d'objets pour déterminer l'équipe gagnante.

Enfin, de nombreuses compétences liées au « vivre ensemble » sont travaillées de manière induite au fur et à mesure que les élèves progressent dans leurs apprentissages en EPS. Ainsi **le respect des autres et des règles, l'écoute, l'aide et la coopération, le contrôle de ses émotions et la capacité à avoir confiance en soi** sont, dès la maternelle, des éléments importants à développer afin de construire les bases des **valeurs civiques et morales** qui seront ensuite travaillées à l'école élémentaire (Programme de l'école maternelle, p. 3. Une école où les enfants vont apprendre ensemble et vivre ensemble).

➤ Ressources maternelle-Eduscol – Créer une dynamique d'apprentissage, p. 24 : Aider à la construction du nombre.

http://cache.media.eduscol.education.fr/file/Agir/44/1/Ress_c1_agir_creer-dynamique_456441.pdf

JEUX DE LUTTE

2. Comment mettriez-vous en place une unité d'apprentissage en jeux de lutte au cycle 2 ?

● **Les activités de confrontation duelles vont permettre aux élèves d'élaborer des stratégies** différentes selon le rôle qu'ils tiennent (attaquant ou défenseur).

Il est très fréquent de voir des élèves refuser d'entrer dans l'activité car ils n'acceptent pas le contact corporel avec les autres par peur de se blesser. Certains ne veulent pas combattre entre filles et garçons, craignant le contact du corps de l'autre. Il est indispensable pour l'enseignant de considérer ces difficultés sans les évacuer de manière autoritaire car cela ne permettrait pas de résoudre le problème de fond et ne ferait qu'aggraver le malaise et la gêne des élèves par rapport à l'activité (voir p. 32). Au contraire, de nombreuses activités peuvent permettre de dédramatiser la situation et conduire les élèves à accepter ce contact. Afin de les rassurer, des règles dites « d'or » peuvent être rappelées au début et à la fin de chaque séance :

– ne pas faire mal ;
– ne pas se faire mal ;
– ne pas se laisser faire mal.

Une unité d'apprentissage au cycle 2 en jeux de lutte peut se décliner sur 8 à 10 séances de 45 minutes chacune.

- Chaque séance, après le rappel des règles d'or, peut commencer par un jeu de mise en train :
  – **prendre possession de l'espace d'affrontement et travailler les déplacements** : traverser le tapis en se déplaçant de différentes manières (pas chassés, à quatre pattes, en rampant...) ;
  – **accepter le contact avec le sol et avec autrui** : *jeu du culbuto.* Les élèves sont deux par deux. L'un se met en boule et se laisse rouler et balancer par l'autre.
- **Les séances peuvent ensuite s'articuler de la manière suivante.**

Séance 1	**Situation de référence :** amener son adversaire au sol pour l'immobiliser pendant 3 secondes.		
Séance 2	**Toucher/Attraper**	**Pousser/Tirer**	**Immobiliser**
	Le voleur de foulards : les élèves se déplacent à quatre pattes sur le tapis, un foulard à la ceinture. Le but du jeu est de prendre le plus grand nombre de foulards aux autres joueurs.	***Le sumo simple :*** les élèves sont face à face, debout ou à genoux, épaule contre épaule, les mains derrière le dos. Il faut réussir à sortir son adversaire d'un cercle tracé au sol.	***Les chasseurs et les fourmis :*** les élèves sont séparés en deux groupes. Le groupe des fourmis se déplace à quatre pattes autour du tapis. Le groupe des chasseurs, debout, doit les empêcher d'avancer en les saisissant.
	Comportement attendu : accepter le contact.	*Comportement attendu : engager le contact avec l'adversaire dans le but de le déséquilibrer.*	*Comportements attendus : se libérer des saisies, saisir un adversaire.*
Séance 3	**Toucher/Attraper**	**Pousser/Tirer**	**Immobiliser**
	Le jeu des trois touches au pied : les élèves sont deux par deux au centre d'un cercle de 2 mètres de diamètre. Ils doivent se tenir par les épaules. Le premier qui touche trois fois les pieds de son adversaire avec les siens remporte la partie.	***Le sumo simple*** (voir séance 2).	***Les chasseurs et les fourmis*** (voir séance 2).
	Comportement attendu : accepter le combat et le contact avec les autres.	*Comportements attendus (voir séance 2).*	*Comportements attendus (voir séance 2).*
Séance 4	**Toucher/Attraper**	**Pousser/Tirer**	**Immobiliser**
	Le jeu des trois touches au pied (voir séance 3).	***Le combat de coqs :*** au départ, les élèves sont à genoux, face à face et en appui sur les paumes de mains. Le but du jeu est de déséquilibrer son adversaire. Les élèves peuvent passer ensuite en position accroupie.	***Le béret combat :*** deux équipes. Les joueurs choisissent un numéro et se positionnent à quatre pattes. Un foulard est posé au milieu. À l'appel de leur numéro, les joueurs tentent de ramener le foulard dans leur camp.
	Comportements attendus (voir séance 3).	*Comportements attendus : reconstruire ses appuis en fonction des déséquilibres, déséquilibrer son adversaire.*	*Comportements attendus : réagir rapidement à un signal et élaborer une tactique de combat.*

Séance 5	**Pousser/Tirer**	**Immobiliser**	**Retourner**
	Le combat de coqs (voir séance 4).	***Le chasseur et les fourmis*** (voir séance 2).	***Le crocodile-épervier :*** les enfants sont positionnés sur une ligne fictive à quatre pattes. Trois crocodiles doivent les capturer, en les arrêtant au moment où ils traversent la rivière. Un enfant capturé devient crocodile.
	Comportements attendus (voir séance 4).	*Comportements attendus (voir séance 2).*	*Comportements attendus : saisir l'adversaire et l'immobiliser, se dégager d'une immobilisation.*
Séance 6	**Toucher/Attraper**	**Immobiliser**	**Retourner**
	L'attrape-foulards : les élèves sont face à face, debout, dans une zone de 3 m de diamètre. Chacun porte un ou plusieurs foulards (ou pinces à linge) accrochés à plusieurs endroits du corps. Il faut attraper le plus de foulards sans se faire prendre le(s) sien(s). La durée n'excède pas 1 minute.	***Le béret combat*** (voir séance 4).	***Le crocodile-épervier*** (voir séance 5).
	Comportement attendu : accepter le combat et le contact avec les autres.	*Comportements attendus (voir séance 4).*	*Comportements attendus (voir séance 5).*
Séance 7	**Toucher/Attraper**	**Immobiliser**	**Retourner**
	L'attrape-foulards (voir séance 6).	***Le gardien et les prisonniers :*** Deux équipes. Une zone de jeu qui sert de prison (5 mètres sur 5). Les joueurs prisonniers vont s'allonger sur le dos dans la prison. Chaque gardien choisit un prisonnier et l'immobilise sans résistance de celui-ci. Au signal, les prisonniers essayent de s'évader et les gardiens les en empêchent. Au bout de 10 secondes, on comptabilise les réussites.	***La tortue à plat ventre :*** la classe est divisée en deux groupes. Les tortues sont à plat ventre. Au signal, les chasseurs doivent mettre les tortues sur le dos. Les tortues doivent résister sans combattre.
	Comportement attendu (voir séance 6).	*Comportements attendus : immobiliser et maintenir au sol un adversaire, se dégager d'une saisie.*	*Comportements attendus : résister sans combattre, retourner un adversaire.*

Séance 8	**Pousser/Tirer**	**Immobiliser**	**Retourner**
	Le sumo simple (voir séance 2).	***Le gardien et les prisonniers*** (voir séance 7).	***La tortue à quatre pattes*** (voir séance 7) avec un départ à quatre pattes.
	Comportement attendu (voir séance 2).	*Comportements attendus (voir séance 7).*	*Comportements attendus (voir séance 7).*
Séance 9	**Pousser/Tirer**	**Immobiliser**	**Retourner**
	Le sumo simple (voir séance 2).	***Le béret combat*** (voir séance 4).	***La tortue à quatre pattes*** (voir séance 7) avec un départ à quatre pattes.
	Comportement attendu (voir séance 2).	*Comportements attendus (voir séance 4).*	*Comportements attendus (voir séance 7).*
Séance 10	**Retour à la situation de référence** à la fin de chaque séance. **Organisation d'un tournoi** en fin de séquence d'apprentissage.		

JEUX DE RAQUETTES

3. À partir de quel cycle peut-on proposer des jeux de raquettes ?

Il est possible de proposer des activités de jeux de raquettes dès la grande section de maternelle à condition de les adapter précisément aux habiletés motrices des élèves. Ainsi, il est indispensable de bien connaitre leurs capacités en fonction de leur développement et de leur âge. Les contraintes liées à l'utilisation d'une raquette et d'un objet de médiation (balle, volant...) demandent une gestion d'information et supposent une complexité motrice trop difficile à appréhender pour des enfants plus jeunes.

Afin de familiariser les plus petits avec ces situations de confrontation par l'intermédiaire d'un objet, **l'enseignant peut proposer des activités sans raquette dans un premier temps.**

EXEMPLE

Activité sans raquette visant à acquérir de la précision sur les lancers

Le jeu de la forêt : deux équipes de 6 à 8 élèves sont réparties sur un demi-terrain de tennis sur lequel des raquettes sont posées sur leur manche (et constituent « une forêt »). Chaque élève a une balle en main et doit essayer de faire tomber le plus de raquettes possible en un temps limité.

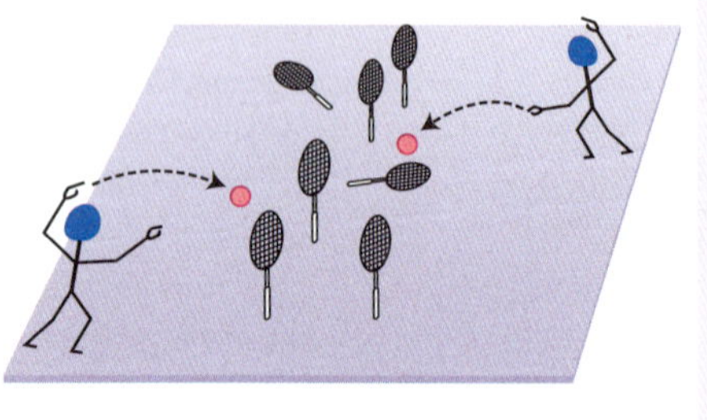

Dans un second temps, l'enseignant peut conduire les élèves à utiliser la raquette en situation d'échange tout d'abord pour aller progressivement, à mesure que les élèves grandissent et gagnent en maturité, vers le jeu et la confrontation avec un adversaire.

EXEMPLE

Activité avec raquette visant à apprécier les trajectoires de la balle

Les élèves sont répartis en deux groupes (ou quatre équipes sur deux terrains). Une équipe dispose de raquettes, l'autre n'a pas de matériel. Les attaquants (les élèves qui disposent de raquettes) envoient les balles dans le terrain adverse, les défenseurs doivent les rattraper avant qu'elles touchent le sol. Les défenseurs marquent un point pour chaque balle récupérée.

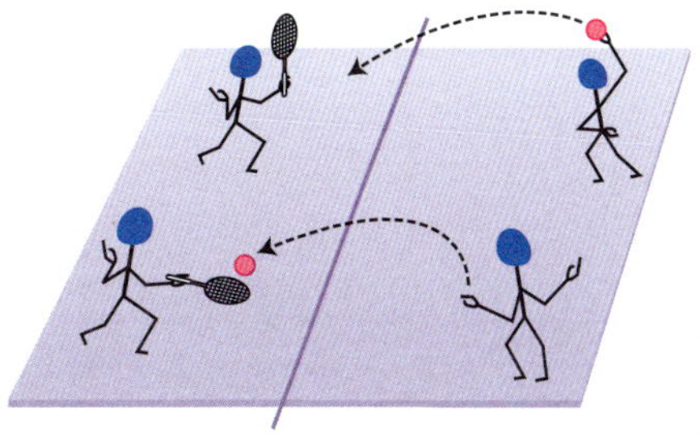

LE RUGBY

4. Certains de vos élèves refusent de participer aux activités de rugby que vous proposez dans le cadre d'une unité d'apprentissage en jeux sportifs collectifs au cycle 3. Que pourriez-vous mettre en place pour qu'ils s'approprient le projet, surmontent leurs appréhensions et construisent des apprentissages ?

Les problèmes auxquels se trouvent confrontés les élèves sont liés au contact corporel. Beaucoup ont peur de se blesser, de tomber ou de prendre des coups. Pour pallier ces difficultés qui ne doivent pas constituer d'obstacles à l'activité, il existe des moyens détournés permettant de faire progresser les élèves afin qu'ils construisent des compétences motrices en surmontant peu à peu leurs appréhensions et dépassent leurs préjugés.

Afin de familiariser les élèves avec le ballon et les faire entrer dans une activité collective, **l'enseignant proposera des jeux collectifs de maniement de balle** où il est nécessaire de faire des passes.

Pour ralentir la progression vers la cible et limiter les contacts, il est possible de mettre en place des situations de « rugby-flag » où les défenseurs empêcheront les attaquants de progresser vers la cible en leur arrachant un foulard accroché à la ceinture.

➤ **Le *rugby-flag*** ou rugby-foulard est un sport s'inspirant des règles du rugby mais ne nécessitant pas de contact.

Peu à peu, les élèves, pris par l'activité et le plaisir de jouer, finissent par vaincre leurs appréhensions et par accepter plus facilement le contact ou la chute.

Bien évidemment, l'enseignant devra veiller à encadrer ces activités en sécurisant les espaces dans lesquels les élèves évoluent (un terrain avec de l'herbe est plus adapté pour ne pas se blesser par exemple) et à faire respecter les règles de respect nécessaire au bon déroulement de l'activité.

L'ARBITRAGE

5. Comment faire varier le rôle des élèves et mettre en place un système d'arbitrage lors d'une unité d'apprentissage en jeux sportifs collectifs au cycle 3 ?

Les changements de rôle sont une des composantes importantes de la construction des apprentissages. **Familiariser les élèves à l'arbitrage permet de faciliter leur compréhension des règles d'un jeu** pour mieux les intégrer, tout en les conduisant à l'autonomie et à la prise d'initiatives dans une situation collective.

• **Dans un premier temps, la pratique de l'arbitrage suppose que les élèves** pratiquent l'activité mais **mènent également un travail sur la règle du jeu**. La compréhension de la règle et de ses variantes passe par la réflexion à partir de l'écrit. Il est possible d'effectuer des allers-retours entre la lecture d'une règle existante et l'écriture de variantes choisies pour résoudre des problèmes auxquels serait confronté le groupe. Ce passage par l'écrit permet par ailleurs de donner sa valeur de référence commune à la règle. Sa connaissance parfaite est un élément qui fait sens pour les élèves s'ils doivent occuper, à un moment ou à un autre de l'unité d'apprentissage, la place d'arbitre.

• **Dans un second temps, on peut proposer des situations de coarbitrage** avec le maitre qui étayera la tâche de l'élève-arbitre puis progressivement entre pairs ce qui permet la prise de décisions en collaboration. Ces situations sont particulièrement intéressantes au cycle 3 car elles mettent en œuvre des compétences liées à l'argumentation en situation et permettent d'autonomiser les groupes d'élèves.

• Enfin, lorsque les règles sont connues parfaitement et que les principes d'arbitrage sont intégrés, **il est tout à fait envisageable de laisser un élève arbitrer seul un jeu sportif**. Afin de faire accepter cette situation, le maitre veillera à travailler le respect de l'autre à travers les situations d'EPS et dans les autres domaines mais aussi à ne pas proposer ce rôle toujours aux mêmes élèves afin que tous puissent accéder à cet aspect du jeu qui permet de construire des apprentissages par un biais différent.

Souvent, les élèves qui éprouvent des difficultés de comportement et qui transgressent les règles imposées par l'école se voient valorisés dans ce type de situations et comprennent l'intérêt de respecter les règles lorsqu'ils deviennent responsables du cadre imposé par le jeu en arbitrant eux-mêmes. **Conduire les élèves à arbitrer leurs propres jeux, à s'autoévaluer ou s'interévaluer, permet d'apaiser le climat de classe de manière remarquable.**

CONNAISSANCE DU SYSTÈME ÉDUCATIF

1 Les valeurs fondamentales à l'école

COMPÉTENCES DE L'ENSEIGNANT

1. Faire partager les valeurs de la République

– Savoir transmettre et faire partager les principes de la vie démocratique ainsi que les valeurs de la République : la liberté, l'égalité, la fraternité ; la laïcité ; le refus de toutes les discriminations.

– Aider les élèves à développer leur esprit critique, à distinguer les savoirs des opinions ou des croyances, à savoir argumenter et à respecter la pensée des autres.

6. Agir en éducateur responsable et selon des principes éthiques

[...] – Apporter sa contribution à la mise en œuvre des éducations transversales, notamment l'éducation à la santé, l'éducation à la citoyenneté, l'éducation au développement durable et l'éducation artistique et culturelle.

– Se mobiliser et mobiliser les élèves contre les stéréotypes et les discriminations de tout ordre, promouvoir l'égalité entre les filles et les garçons, les femmes et les hommes.

– Contribuer à assurer le bien-être, la sécurité et la sûreté des élèves, à prévenir et à gérer les violences scolaires, à identifier toute forme d'exclusion ou de discrimination, ainsi que tout signe pouvant traduire des situations de grande difficulté sociale ou de maltraitance. [...]

Référentiel des compétences professionnelles des métiers du professorat et de l'éducation, JO du 18 juillet 2013.

www.education.gouv.fr/pid25535/bulletin_officiel.html?cid_bo=7306

1 Les valeurs de la République

L'école publique française repose sur un socle de valeurs républicaines qui trouve son fondement dans l'œuvre de **Condorcet** et dans **la Déclaration des droits de l'homme et du citoyen de 1789** :

- le caractère public de l'éducation,
- la liberté inséparable du respect de la loi,
- l'égalité – qui n'est pas l'égalitarisme – mais l'égalité des chances,
- la fraternité qui commence par le respect d'autrui quel qu'il soit et s'accomplit dans l'attachement à la communauté nationale.

L'école s'appuie sur ces valeurs fondamentales afin de mettre en œuvre l'idéal de la République : remplacer la naissance et l'appartenance à une catégorie sociale par le mérite.

1.1 La liberté

La liberté dans l'enseignement a deux facettes : elle correspond à la liberté pour l'enseignant de choisir une méthode d'enseignement mais aussi à la liberté pour les familles de choisir l'enseignement qui leur convient le mieux.

LIBERTÉ DE L'ENSEIGNEMENT

Cette liberté permet à l'enseignant, dans le respect des programmes, de choisir un enseignement en conformité avec ses idées et de privilégier les méthodes d'apprentissage qui lui paraissent les plus adéquates. Elle permet également une diversité du mode de formation des enseignants.

Liberté de choix des familles

La liberté de choix des familles, quant à elle, repose sur deux fondements :

– le respect des opinions philosophiques ou religieuses ;
– le fait que les familles sont en premier lieu responsables de l'éducation de leurs enfants.

Les familles doivent pouvoir choisir l'établissement qui portera au mieux leurs valeurs ou dont l'enseignement y répondra le mieux. C'est tout le sens de la coexistence entre le système public d'éducation et le système privé, établie par la **loi Debré** de 1959.

➤ **Loi Debré** p. 125

1.2 L'égalité

Égalité des chances

Il s'agit d'un des fondements de notre République. Cette valeur se décline dans l'Éducation nationale comme dans tous les services publics. L'école doit, non seulement traiter ses personnels et ses usagers dans le respect de l'égalité, mais elle doit contribuer à assurer l'égalité des chances au sein de la société.

Il s'agit également d'enseigner cette valeur. Les débats sur l'égalité au sein de l'Éducation nationale ne portent pas tant sur les méthodes pédagogiques que sur la capacité de cette institution à **donner une chance égale à tous les élèves sans considération de leur origine ethnique ou sociale**.

Égalité d'accès

Entre 6 et 16 ans, aucun établissement ne peut refuser l'inscription d'un élève.

Égalité de traitement

Aucune discrimination ne peut sanctionner les élèves. C'est d'ailleurs pour répondre à cette problématique que la politique des **zones d'éducation prioritaires (ZEP)** a été lancée en 1981 par la **loi Savary** pour lutter contre l'échec scolaire et les inégalités sociales à l'école. Elle a été définie à partir d'une idée simple : « donner plus à ceux qui ont moins ». Aujourd'hui, bien que régulièrement attaquées, ces dispositions permettent un rééquilibrage partiel au profit des élèves les plus démunis.

➤ **ZEP** (aujourd'hui REP), p. 184

Toutefois, dans le fonctionnement de l'école, force est de constater que, malgré une certaine volonté politique, **des inégalités majeures persistent** :

– l'accès à l'école des enfants porteurs de handicap pose encore de nombreux problèmes aussi bien au niveau des locaux que du matériel ou encore du personnel nécessaire pour les accueillir ;
– les enfants issus des milieux les plus défavorisés n'accèdent que difficilement aux filières d'excellence ;
– la réussite des filles et des garçons est encore fortement marquée par leur appartenance à un genre.

1.3 La fraternité

Cette valeur de la République traverse l'institution. L'ensemble des dispositifs pédagogiques et règlementaires vise à développer la conscience d'appartenance à notre nation. Créer des connaissances communes, traiter les élèves avec égalité, reconnaitre en chacun sa capacité à appartenir à la nation sont autant de biais qui développent la fraternité entre les citoyens.

2 La laïcité

La laïcité est le principe de séparation entre la société civile et la société religieuse. Ce fondement de la République française, déjà présent dans l'article 10 de la Déclaration des droits de l'homme et du citoyen en 1789, a été consacré par **la loi du 9 décembre 1905** séparant les Églises de l'État et réaffirmé dans la Constitution de la Vᵉ République de 1958. La laïcité implique en particulier la neutralité des institutions, donc de l'école à l'égard des confessions religieuses et de la liberté de l'enseignement.

Le principe de laïcité a été réaffirmé par **la loi du 15 mars 2004** sur le port de signes ou de tenues manifestant une appartenance religieuse dans les écoles, collèges et lycées publics et l'affichage de la charte de la laïcité dans toutes les écoles à la rentrée 2013.

2.1 Les enjeux de la laïcité à l'école

Différencier laïcité et religion

La laïcité ne s'oppose pas aux pratiques religieuses mais elle est le principe de fonctionnement choisi par notre République pour que ses citoyens puissent vivre ensemble, quels que soient leurs choix politiques, philosophiques ou religieux. **L'enseignement du fait religieux** est donc inscrit dans les programmes du 5 janvier 2012. Il permet aux élèves de CM1 d'étudier les liens existant entre la religion et la constitution de l'État.

Faire vivre un concept abstrait

La laïcité est transmise de façon transdisciplinaire ; elle doit être vécue par les élèves et pas seulement enseignée. L'objectif est de doter l'élève d'outils pour développer son esprit critique, lui permettre de se détacher des contingences, de prendre du recul par rapport à ce qu'il apprend ou lit. L'enseignant doit l'aider à adopter une position scientifique dans l'analyse des sources, à comprendre la subjectivité d'un point de vue, etc.

Préserver la laïcité, c'est donc protéger les élèves des pressions politiques, de l'intrusion non contrôlée du merchandising à l'école, du dérapage de certains personnels qui oublient parfois leur devoir de réserve.

Aborder un sujet sensible pour les familles

Tout l'enjeu se situe dans la capacité de l'école à faire comprendre aux familles que le respect des identités culturelles est réaffirmé mais qu'il existe une vigilance contre les dérives communautaristes. L'école doit alors organiser le dialogue autour du problème délicat des signes d'appartenance religieuse. La loi de 2004, interdisant le port de tout signe d'appartenance religieuse « ostentatoire », a réaffirmé la nature laïque de l'école et la nécessité pour tous les élèves de la respecter.

Les textes fondateurs

› Loi du 9 décembre 1905 concernant la séparation des Églises et de l'État

ARTICLE PREMIER. – La République assure la liberté de conscience. Elle garantit le libre exercice des cultes sous les seules restrictions édictées ci-après dans l'intérêt de l'ordre public.

LES TEXTES FONDATEURS

ART. 2. – La République ne reconnait, ne salarie ni ne subventionne aucun culte. En conséquence, à partir du 1er janvier qui suivra la promulgation de la présente loi, seront supprimées des budgets de l'État, des départements et des communes, toutes dépenses relatives à l'exercice des cultes. Pourront toutefois être inscrites auxdits budgets les dépenses relatives à des services d'aumônerie et destinées à assurer le libre exercice des cultes dans les établissements publics tels que lycées, collèges, écoles, hospices, asiles et prisons.

ART. 30. – Conformément aux dispositions de l'article 2 de la loi du 28 mars 1882, l'enseignement religieux ne peut être donné aux enfants âgés de six à treize ans, inscrits dans les écoles publiques, qu'en dehors des heures de classe.

Constitution du 4 octobre 1958

ARTICLE PREMIER. – La France est une République indivisible, laïque, démocratique et sociale. Elle assure l'égalité devant la loi de tous les citoyens sans distinction d'origine, de race ou de religion. Elle respecte toutes les croyances.

Loi du 15 mars 2004 encadrant, en application du principe de laïcité, le port de signes ou de tenues manifestant une appartenance religieuse dans les écoles, collèges et lycées publics

ARTICLE PREMIER. – Il est inséré, dans le code de l'éducation, après l'article L. 141-5, un article L. 141-5-1 ainsi rédigé :

ARTICLE L. 141-5-1. – Dans les écoles, les collèges et les lycées publics, le port de signes ou tenues par lesquels les élèves manifestent ostensiblement une appartenance religieuse est interdit.

Le règlement intérieur rappelle que la mise en œuvre d'une procédure disciplinaire est précédée d'un dialogue avec l'élève.

Complétée par la circulaire n° 2004-084 du 18 mai 2004

Les signes et tenues qui sont interdits sont ceux dont le port conduit à se faire immédiatement reconnaitre par son appartenance religieuse tels que le voile islamique, quel que soit le nom qu'on lui donne, la kippa ou une croix de dimension manifestement excessive. La loi est rédigée de manière à pouvoir s'appliquer à toutes les religions et de manière à répondre à l'apparition de nouveaux signes, voire à d'éventuelles tentatives de contournement de la loi.

Les convictions religieuses des élèves ne leur donnent pas le droit de s'opposer à un enseignement. On ne peut admettre par exemple que certains élèves prétendent, au nom de considérations religieuses ou autres, contester le droit d'un professeur, parce que c'est un homme ou une femme, d'enseigner certaines matières ou le droit d'une personne n'appartenant pas à leur confession de faire une présentation de tel ou tel fait historique ou religieux.

2.2 Exemples de mise en œuvre de l'enseignement de la laïcité et du fait religieux

AU CYCLE 1

La construction du temps permet une première approche de la laïcité lors de l'explicitation de la dimension religieuse de certaines fêtes rythmant notre calendrier.

AU CYCLE 2

Les arts visuels et la littérature [en particulier les contes traditionnels] participent à la connaissance du fait religieux.

AU CYCLE 3

- **L'éducation civique** permet de se familiariser avec la démocratie [visite de la mairie, rencontre avec les élus en particulier autour de la vie scolaire, des affaires culturelles, de l'éducation à l'environnement].
- **Les ateliers philosophiques** sont également un moyen de débattre avec les élèves autour de questions telles que : « Peut-on parler de religion en classe ? Peut-on changer de religion ? »
- Enfin, **l'étude de textes littéraires** permet de s'interroger sur les rapports entre l'école, la famille et l'État. Par exemple : *La Force du berger* d'Azouz Begag ; *Yakouba* de Thierry Dedieu ; *Les Philofables* de Michel Piquemal et Philippe Lagautrière.

RENFORCEMENT DU PRINCIPE DE LAÏCITÉ

Deux nouvelles mesures sont venues renforcer la mise en application du principe de laïcité à l'école :

– une heure d'enseignement de la morale laïque est instaurée depuis la rentrée 2015 ;

– une charte de la laïcité est affichée dans tous les établissements scolaires publics depuis septembre 2013.

➤ La charte de la laïcité à l'école : www.education.gouv.fr/cid73666/charte-de-la-laicite-a-l-ecole.html

3 La démocratie à l'école

La démocratie ne s'est pas imposée aux peuples, elle s'est patiemment construite en faisant reculer les modes de gouvernance basés sur la force. Elle est le reflet d'une certaine conception des rapports humains qui part du postulat qu'un homme en vaut un autre. À ce titre, chacun a le droit et la possibilité de s'exprimer et de participer à la vie publique à travers des élections.

Mettre en pratique les principes démocratiques en classe n'est pas facile, voire ambigu, car **la classe n'est pas un espace démocratique.** En effet, le maitre responsable de la classe n'est pas élu par les élèves, ni par leurs parents, ni par ses collègues. Il est recruté par l'État pour remplir une mission d'éducation : enseigner les programmes nationaux. C'est à lui qu'incombe en revanche le choix des méthodes pédagogiques, l'ordre des enseignements, le rythme de la classe. Et c'est aussi lui qui régule les interactions entre les élèves, édicte les règles, arbitre les conflits ; il est le médiateur de la société-classe. C'est pourquoi enseigner la démocratie demande à l'enseignant **un changement de posture** car c'est à ce titre seulement que les élèves pourront vivre et apprendre les principes de la vie démocratique.

3.1 Conseil d'élèves

De nombreuses écoles, dans le cadre de l'« éducation à la citoyenneté » du projet d'école, **ont mis en place des conseils d'élèves**. Ces conseils – non obligatoires – sont un outil pédagogique que chaque équipe enseignante peut ou non utiliser en fonction des objectifs d'apprentissage mis en place par chaque école autour du « Vivre ensemble ». L'ensemble des délégués – deux délégués élus pour chaque classe – se réunit selon une périodicité définie par les enseignants, qui peut parfois être fluctuante en fonction de la charge de travail des enseignants responsables de la bonne marche de ce conseil.

Les questions abordées par ce conseil ne sont en général pas encadrées par un cahier des charges visant à organiser la vie démocratique de l'école. **Les élèves abordent les problématiques qui les touchent** : les règles de vie en récréation, la répartition de la cour pour les jeux de ballons, les toilettes et la fourniture de papier… Mais cet exercice trouve ses limites dans la liberté d'action que les enseignants laissent aux élèves délégués pour gérer leurs demandes. Certaines ne sont pas réalisables (agrandissement de la cour, allongement du temps de récréation), d'autres ne correspondent pas à une demande légitime (empêcher les filles de traverser le terrain de foot) et d'autres enfin ne dépendent pas de l'école elle-même (réfection et nettoyage des toilettes).

Ces demandes sont parfois relayées par le conseil d'école, l'instance démocratique de l'école. L'ensemble des partenaires y est représenté : enseignants, représentants des parents d'élèves, représentants de la municipalité. Cette instance permet aux partenaires de construire et valider le projet d'école, d'organiser les activités (kermesse, sorties) au sein de l'école, mais aussi de traiter des questions de vie collective (goûter de la récréation par exemple).

➤ Conseil d'école, p. 181

3.2 Débats de classe

Les « débats de classe », parfois appelés « quoi de neuf » ou « débats philosophiques », sont organisés pour permettre aux élèves de régler des conflits ou de s'exprimer sur des questions de vie. Ce ne sont pas à proprement parler des extensions de la vie démocratique (puisque personne n'est élu), mais ils contribuent néanmoins à créer une atmosphère de classe propice au débat démocratique.

Pour faire vivre et apprendre les principes de la vie démocratique dans sa classe, **l'enseignant doit tout d'abord construire une relation de confiance avec ses élèves** afin de libérer leur parole. Il doit aussi, pour cadrer les débats, leur expliquer ses attentes et objectifs, et les informer des contraintes de sa mission. Il peut par exemple expliquer, à partir de documents officiels, qu'il est tenu de suivre un programme scolaire ; ainsi aucun élève ne réclamera plus d'EPS ou de musique puisqu'il en connait le volume horaire.

➤ Voir aussi **les méthodes Freinet et la pédagogie institutionnelle**, pp. 152-153

LES VALEURS AU PROGRAMME

L'enseignement disciplinaire des valeurs de la République, du fait religieux et de la démocratie est explicitement énoncé dans les nouveaux programmes de 2016, le socle commun de connaissances, de compétences et de culture et le BO spécial n° 6 du 25 juin 2015.

• **Au cycle 2**, par exemple, les élèves identifient les symboles de la République présents dans l'école. Ils connaissent quelques principes et valeurs fondateurs d'une société démocratique : la liberté, l'égalité, la laïcité, l'égalité de droit entre les femmes et les hommes. Enfin, les élèves apprennent à expliquer en mots simples la fraternité et la solidarité.

• **Au cycle 3**, les élèves reconnaissent les traits constitutifs de la République française, le fondement de la loi et les grandes déclarations des droits, la notion de citoyenneté nationale et européenne. Ils comprennent que la laïcité accorde à chacun un droit égal à exercer librement son jugement. Ils font la distinction entre croyances et opinions.

4 Repérer et combattre les discriminations

Toutes les formes de discrimination violent le principe républicain d'égalité car elles constituent une inégalité de traitement basée sur une intention de nuire. Elles sont également contraires au principe de laïcité car celui-ci ne nie pas les différences personnelles, mais affirme des valeurs communes au-delà des appartenances particulières.

4.1 Les différents types de discriminations

On peut distinguer **quatre grands types** de discriminations à l'école.

Handicap	Sexisme	Orientation sexuelle et homophobie	Racisme et xénophobie
◗ Scolarisation très partielle, voire exclusion de l'élève handicapé en raison de conditions matérielles insatisfaisantes. ◗ Stigmatisation de l'élève handicapé lors de certaines activités : sortie scolaire, pratique sportive. ◗ Poids de l'opinion des parents qui ont peur que la présence d'un élève handicapé nuise aux performances scolaires de la classe.	◗ Poids des stéréotypes amenant à penser que la différence des sexes induit des aptitudes et des intérêts différents. ◗ Interactions plus importantes des enseignants avec les garçons qu'avec les filles. ◗ Sous-estimation par les filles de leurs performances scolaires.	◗ Agression principalement verbale. ◗ Isolement de l'élève stigmatisé, sentiment de honte et mésestime de soi.	◗ Toute attitude de rejet et d'hostilité systématique liée à l'origine, la religion, la culture, l'apparence physique, le patronyme... ◗ Principalement injures racistes.

4.2 Comment réagir en classe face à des comportements discriminants ?

Il est nécessaire de réagir face à ces comportements contraires aux libertés fondamentales, aux droits des personnes, à l'égalité entre les femmes et les hommes. On peut adopter les mesures suivantes.

Rappeler les textes qui permettent de lutter contre ces discriminations

Ainsi, **la loi du 11 février 2005** affirme le droit pour chacun à une scolarisation en milieu ordinaire au plus près de son domicile, à un parcours scolaire continu et adapté.

LES TEXTES FONDATEURS

Loi du 11 février 2005 pour l'égalité des droits et des chances, la participation et la citoyenneté des personnes handicapées

ARTICLE 2. – À cette fin, l'action poursuivie vise à assurer l'accès de l'enfant, de l'adolescent ou de l'adulte handicapé aux institutions ouvertes à l'ensemble de la population et son maintien dans un cadre ordinaire de scolarité, de travail et de vie. Elle garantit l'accompagnement et le soutien des familles et des proches des personnes handicapées.

ARTICLE 19. – Tout enfant, tout adolescent présentant un handicap ou un trouble invalidant de la santé est inscrit dans l'école ou dans l'un des établissements mentionnés à l'article L. 351-1, le plus proche de son domicile, qui constitue son établissement de référence. Dans le cadre de son projet personnalisé, si ses besoins nécessitent qu'il reçoive sa formation au sein de dispositifs adaptés, il peut être inscrit dans une autre école ou un autre établissement mentionné à l'article L. 351-1 par l'autorité administrative compétente, sur proposition de son établissement de référence et avec l'accord de ses parents ou de son représentant légal. Cette inscription n'exclut pas son retour à l'établissement de référence. Elle est complétée, en tant que de besoin, par des actions pédagogiques, psychologiques, éducatives, sociales, médicales et paramédicales coordonnées dans le cadre d'un projet personnalisé prévu à l'article L. 112-2.

ART. L. 112-2. – Afin que lui soit assuré un parcours de formation adapté, chaque enfant, adolescent ou adulte handicapé a droit à une évaluation de ses compétences, de ses besoins et des mesures mises en œuvre dans le cadre de ce parcours, selon une périodicité adaptée à sa situation. Cette évaluation est réalisée par l'équipe pluridisciplinaire mentionnée à l'article L. 146-8 du code de l'action sociale et des familles. Les parents ou le représentant légal de l'enfant sont obligatoirement invités à s'exprimer à cette occasion.

En fonction des résultats de l'évaluation, il est proposé à chaque enfant, adolescent ou adulte handicapé, ainsi qu'à sa famille, un parcours de formation qui fait l'objet d'un projet personnalisé de scolarisation assorti des ajustements nécessaires en favorisant, chaque fois que possible, la formation en milieu scolaire ordinaire. Le projet personnalisé de scolarisation constitue un élément du plan de compensation visé à l'article L. 146-8 du code de l'action sociale et des familles. Il propose des modalités de déroulement de la scolarité coordonnées avec les mesures permettant l'accompagnement de celle-ci figurant dans le plan de compensation.

ART. L. 112-2-1. – Des équipes de suivi de la scolarisation sont créées dans chaque département. Elles assurent le suivi des décisions de la commission des droits et de l'autonomie des personnes handicapées, prises au titre du 2° du I de l'article L. 241-6 du code de l'action sociale et des familles.

Mettre en place des séquences d'apprentissage spécifiques

- **Éducation à la sexualité** : traiter de la sexualité permet de promouvoir l'idée de l'égalité entre les sexes ; il est possible de s'appuyer sur des documents tels que l'exposition « Le zizi sexuel », les albums de ZEP...
- **Enseignement de l'histoire** : séquences d'apprentissage autour de l'esclavage, du droit des femmes.
- **EPS** : proposer aux élèves de vivre certaines activités physiques et sportives dans les conditions du handicap (basket fauteuil/course avec guide).

Tisser un lien avec les parents d'élèves

Lors de l'accueil d'un enfant handicapé, faire intervenir une association ou le parent de l'enfant pour expliquer ce qu'est le handicap.

Travailler avec des partenaires extérieurs

Recourir à des associations agréées ou des programmes nationaux pour mettre en place des actions de prévention, par exemple contre le harcèlement à l'école...

EXEMPLES

- L'Union sportive de l'enseignement du premier degré (USEP) propose, à travers ses 10 000 associations d'écoles, de faire vivre les valeurs sportives, citoyennes et laïques aux élèves grâce à la mise en place de rencontres sportives et projets locaux (Jeune reporter à Paris, Chemin et Lecture dansés en Loire Atlantique, Mon Euro 2016 dans les Bouches-du-Rhône, Hisse et eau dans le Morbihan...).
- **Le concours « lire égaux » en CP/CE1** permet également de lutter contre les discriminations. Son objectif est de sensibiliser les garçons et les filles, dès leur plus jeune âge, à l'égalité entre les femmes et les hommes. Les classes sont appelées à rédiger le texte d'un album dont le message est la lutte contre les stéréotypes sexistes.
- **La Fédération des Œuvres Laïques** (FOL) propose des actions d'éducation à la différence par le biais de prêt de malles de livres, d'expositions itinérantes, de films documentaires, de jeux collectifs autour des thèmes du racisme, des différences culturelles, de l'égalité filles/garçons...

5 L'esprit critique

L'esprit critique est la démarche qui remet en question l'opinion ou le résultat d'une recherche. Au sein de l'école, il s'agit donc d'enseigner la capacité à interroger les résultats ou les faits présentés comme vrais.

5.1 Questionner les informations

Les enfants, inexpérimentés, croient aisément que les enseignants, leurs parents ou les médias (la télévision notamment) – tous trois dépositaires d'une certaine autorité – disent toujours la vérité. Hors l'école, la société leur donne d'ailleurs assez peu l'opportunité d'exercer leur sens critique. C'est donc dans le cadre de l'école que l'action de l'enseignant doit s'inscrire. Celui-ci doit enseigner aux élèves à questionner les informations qu'ils reçoivent, principalement celles données par les médias.

Qui ?	Qui est l'auteur de l'information ? En faveur de qui parle-t-il ? Contre qui ?
Quoi ?	Quelle est la nature de l'information : est-ce un article scientifique, un fait divers, une fiction ?
Quand ?	Quand se déroule l'action sur laquelle porte l'information ? Quelle est sa chronologie ? Quels sont les liens de causes à effets ?
D'où ?	D'où vient l'information ? Quelle est sa source ?
Comment ?	Comment l'information est-elle arrivée jusqu'à moi : par la parole, par les journaux (lequel), par la télévision… ?
Pourquoi ?	Pourquoi cette information m'est-elle transmise ? Quelles sont les motivations du (des) auteur(s) ?

5.2 Développer l'esprit critique en classe

C'est à travers l'étude de l'histoire, la géographie, l'éducation à la citoyenneté, l'histoire des arts, la littérature et les sciences que l'enseignant va entrainer ses élèves à développer un esprit critique.

En séances d'histoire, par exemple, l'enseignant veillera à :

- proposer des documents précis et référencés qui contextualisent les propos et problématisent les situations historiques ;
- étudier les enjeux matériels et les contradictions historiques pour comprendre le monde ;
- questionner les conséquences ;
- situer les évènements dans leurs contextes et leurs perspectives historiques ;
- repérer les auteurs ;
- développer des capacités à la pensée dialectique (raisonnement mettant en parallèle thèse et antithèse sur un sujet).

Certains dispositifs pédagogiques peuvent aider l'enseignant à formaliser cet enseignement :

- **les ateliers philosophiques** proposent des dilemmes comme celui-ci par exemple : « Pour sauver sa femme d'une mort certaine, un homme doit se procurer un médicament trop cher pour lui. Il décide de le voler. Qu'en pensez-vous ? » Ces débats permettent aux élèves d'apprendre à construire un argumentaire tout en tenant compte de celui de la partie adverse. L'ensemble de la classe peut ainsi réfléchir à des situations présentant des choix difficiles ;
- **les débats interprétatifs en littérature** permettent aux élèves de prendre conscience des enjeux et des contextes dans lesquels évoluent les personnages. Il s'agit alors d'expliciter à l'oral ce que l'auteur dit, ce qu'il veut dire et comment il le dit.

Mais c'est aussi dans **une posture quotidienne de la classe** que les élèves vont apprendre à développer leur esprit critique. L'étude de documents historiques, géographiques, économiques doit pousser l'enseignant à mettre en évidence les questions sous-jacentes à leur élaboration. De même, **l'enseignant doit apprendre aux élèves à questionner leurs propres résultats** (en mathématiques, par exemple) **et leur propre pensée.**

La laïcité à l'école

DOCUMENT 1 Vincent Peillon, préface de *Pour une pédagogie de la laïcité à l'école,* de Abdennour Bidar, La Documentation française, 2012.

DOCUMENT 2 Extrait des conclusions du Tribunal administratif de Montreuil, lecture du 22 novembre 2011.

DOCUMENT 3 Stéphanie Le Bars, « À Paris, des enfants jouent la foi pour apprendre la laïcité », *Le Monde*, 15 juillet 2013.

SITUATION PROFESSIONNELLE

Vous êtes enseignant en CM2 et prévoyez une sortie scolaire dans une église catholique afin d'illustrer une séquence d'enseignement en Histoire et Éducation civique et morale.

Vous prévenez les parents par le biais du cahier de correspondance. L'un d'entre eux vous informe qu'il ne souhaite pas que son enfant participe à cette sortie obligatoire et gratuite.

En prenant en compte cette situation, comment envisagez-vous d'enseigner le principe de laïcité dans votre classe ?

DOCUMENT 1 Pour une pédagogie de la laïcité à l'école

Préface de Vincent Peillon, ministre de l'Éducation nationale

Des médias aux travées des Assemblées, dans la bouche des commentateurs comme dans celles des femmes et des hommes politiques, dans les cénacles et les colloques, les tribunes, les textes des lois et les circulaires, la laïcité n'a sans doute jamais fait l'objet de tant d'attention. Sans doute n'a-t-elle jamais non plus été si contestée, ni dévoyée. Bien trop souvent, on la voit travestie, brandie comme une arme – paradoxe insupportable – au service de la division et de la dissension, quand son objet même est d'unir et de protéger. Bien trop souvent, elle est qualifiée d'inadaptée, d'insuffisamment moderne et ouverte, voire de liberticide, quand son existence est à la fois la meilleure garante de la liberté individuelle et le meilleur ciment d'une société qui dépasse ses différences pour construire ensemble son avenir.

Le problème majeur auquel la laïcité est aujourd'hui confrontée, écrit dans ces pages Abdennour Bidar, c'est, au-delà d'une contestation qu'il ne faut pas nier, l'ignorance ou l'incompréhension de son sens et de ses enjeux. Or, c'est à l'école – cette enceinte laïque et impartiale où l'élève construit sa personnalité et son rapport aux autres – que la laïcité doit d'abord être garantie ; c'est à l'école qu'elle doit se transmettre et s'enseigner aux citoyens en devenir. Parce qu'elle n'est pas une option religieuse ou idéologique parmi d'autres, mais le principe qui permet de les faire vivre toutes ensemble, la laïcité scolaire n'est pas optionnelle. Elle est au cœur des missions de l'École, c'est-à-dire au cœur des missions de chacun des personnels, agents de l'État et du service public de l'éducation, qui la font vivre et y enseignent. Le recueil Pédagogie de la laïcité, issu du partenariat entre le Haut Conseil à l'Intégration et le ministère de l'Éducation nationale, à la fois support de formation intellectuelle et boite à outils pratique, est donc un document essentiel. Pour garantir et transmettre, il faut en effet connaitre.

Ce recueil est bien davantage qu'une compilation de fiches : pédagogie à l'usage des personnels de l'éducation et à l'intention des élèves, comme le revendique son auteur, elle donne corps et sens à la laïcité à l'école. Par sa cohérence même, elle met en lumière le caractère structurant, constitutif de la laïcité. En déclinant cette cohérence dans de multiples documents de travail, répondant à des situations d'enseignement ou de vie scolaire réelles et précises, elle est à même d'impliquer l'ensemble des acteurs, professionnels et élèves, autour du principe, d'une éthique et d'une pratique partagés de la laïcité à l'école. Que ce soit en Histoire-Géographie, en Français ou en Sciences de la Vie et de la Terre, que ce soit dans les couloirs des établissements ou en sortie scolaire, la cohésion des équipes, leur capacité à produire en direction des élèves et de leurs familles un discours explicite, raisonné et – c'est fondamental – commun, est en effet indispensable. Ainsi, bien que chacun de ces documents soit autonome, on ne saurait que trop recommander la lecture du recueil dans son ensemble : comme toute pédagogie, celle de la laïcité a tout à gagner aux échanges, aux renvois entre disciplines, entre savoir et savoir-être.

Ce discours commun est la condition pour que tous s'approprient la laïcité, en mesurent le bien-fondé et la valeur, en comprennent les objectifs et en définitive la respectent. Ce respect, ce doit être celui de la laïcité et des règles – des contraintes parfois – qui en découlent. Ce doit être aussi, et peut-être surtout, le respect pour la laïcité, pour la promesse républicaine de liberté, d'égalité et de fraternité qu'elle rend possible.

Ce respect doit s'ancrer dans une culture de la laïcité, dans un contenu qu'on ne saurait résumer aux interdits qu'elle pose. La laïcité n'est pas une injonction qu'on pourrait assener en guise d'argument final face à une contestation ou lors d'un conflit. Son pouvoir de libérer les esprits des chaines qui les entravent et d'amener par la raison à la conscience de l'universel par-delà les particularismes, les différences et les religions, doit être formulé, expliqué, argumenté. Certes, nul n'est censé ignorer la loi, a fortiori un principe constitutionnel. Mais cette connaissance des règles, de leur histoire, de leur justification, les élèves n'y accéderont ni par les médias, ni sur internet, ni dans la rue ou leur famille : c'est à l'école d'y pourvoir.

Comprendre que se dépouiller de ses signes religieux à l'entrée de l'école n'est pas une entrave à la liberté, mais la condition de sa réalisation, ne va pas de soi. Comprendre que la laïcité n'est jamais dirigée contre l'individu, contre la religion et encore moins contre une religion particulière, mais qu'elle garantit l'égal traitement de tous les élèves, l'égale dignité de tous les citoyens, ne va pas de soi. Comprendre que la laïcité n'est en aucun cas l'intolérance ou l'exclusion, mais le fondement du respect mutuel et de la fraternité, ne va pas de soi. Par son souci permanent d'expliciter les concepts, de fournir des ressources, de les traduire en enseignement, cette Pédagogie de la laïcité fait un grand pas en direction de cette compréhension. Par le choix de s'adresser à tous et de ne jamais traiter de la laïcité par le prisme du rapport au religieux de telle ou telle catégorie de population, comme cela est aujourd'hui malheureusement trop fréquent, elle en fait un autre, peut-être aussi important.

L'ouvrage que vous tenez entre les mains constitue une brique solide de l'édifice de formation que nous avons encore à construire. Formation initiale et formation continue doivent être mobilisées afin que tous les enseignants, tous les personnels aient une connaissance précise, solide, rigoureuse de la laïcité qu'ils doivent enseigner à leurs élèves. Je m'y emploierai.

Vincent Peillon

DOCUMENT 2 Tribunal administratif de Montreuil (5e et 6e chambres réunies)

Vu la requête, enregistrée le 24 novembre par Mme X, demeurant… ; Mme X demande au tribunal d'annuler la disposition du règlement intérieur de l'école élémentaire Paul Lafargue à Montreuil, selon laquelle « les parents volontaires pour accompagner les sorties scolaires doivent respecter dans leur tenue et leurs propos la neutralité de l'école laïque » ;

Elle soutient que cette disposition est discriminatoire, dès lors qu'elle fonde un traitement différencié entre les parents d'élèves portant un voile et les autres ; qu'elle méconnait la loi n° 2008-496 du 27 mai 2008 portant diverses dispositions d'adaptation au droit communautaire dans le domaine de la lutte contre les discriminations ; qu'elle porte atteinte au principe de liberté religieuse ; qu'elle est dépourvue de base légale, dès lors que ni la loi du 15 mars 2004 encadrant, en application du principe de laïcité, le port de signe ou de tenues manifestant une appartenance religieuse dans les écoles, ni la circulaire d'application n° 2008-084 ne concernent les parents d'élèves ; que les parents d'élèves accompagnateurs sont des collaborateurs bénévoles ; que selon la Haute autorité de lutte contre les discriminations et pour l'égalité, cette qualité n'emporte pas reconnaissance du statut d'agent public qui seul impose une obligation de neutralité au regard du port d'une tenue manifestant une appartenance religieuse ;

Vu le règlement attaqué ;

Vu le mémoire en défense, enregistré le 1er août 2011, présenté par le recteur de l'académie de Créteil, qui conclut au rejet de la requête ;

Il soutient que l'accompagnateur des élèves lors des sorties scolaires par des parents d'élèves volontaires portant une tenue manifestant une appartenance religieuse contrevient au principe de laïcité ; que la Cour européenne des droits de l'homme a reconnu que le port d'un foulard a un effet de prosélytisme et que l'interdiction de porter un foulard faite à une enseignante intervenant auprès de jeunes enfants ne contrevient pas à l'article 9 de la Convention européenne des droits de l'homme et de sauvegarde des libertés fondamentales ; qu'en qualité d'accompagnateurs, les parents d'élèves se placent vis-à-vis des enfants dans une situation comparable à celle des agents publics ; que le rôle des parents accompagnateurs est assimilable à celui des agents publics en charge de l'organisation et de l'accompagnement des sorties scolaires ; que les délibérations de la Haute autorité de lutte contre les discriminations et pour l'égalité ne sont pas revêtues de l'autorité de la chose jugée ; qu'en outre, la participation des parents d'élèves aux sorties scolaires ne constitue pas un droit ; qu'il appartient au directeur d'établissement d'accepter cette participation ; que le contexte particulier de l'école Paul Lafargue, dans lequel l'adoption de la loi du 15 mars 2004 avait fait l'objet de nombreuses contestations, justifiait ce règlement. […]

DOCUMENT 3 Un atelier de Ménilmontant permet aux CM1-CM2 de réfléchir aux liens entre société et religion

***Le Monde*, 15 juillet 2013, par Stéphanie Le Bars**

L'ambiance est dissipée mais volontaire. Dans une salle au plafond bas et sans fenêtre de la maison de quartier de Ménilmontant, à Paris, Yamin, un CM2 du quartier, joue le rôle d'un écolier juif demandant à manger casher à la cantine de l'école. Énergique et volubile, Fanta, l'une de ses camarades de CM1, incarne dans la saynète suivante une élève hindoue absente de l'école un jour de contrôle pour cause de fête de Ganesh. À l'autre bout de la pièce, deux enfants figurent une discussion serrée entre un client de culture musulmane et un restaurateur marocain qui refuse de le servir durant le ramadan.

Avec leurs mots et un argumentaire travaillé quelques minutes avec Soufiane Torkmani, l'animateur du groupe, treize enfants aux origines et religions diverses déploient les grandes questions philosophico-politiques qui agitent régulièrement la société française sur la laïcité. À leur manière, ils tentent de répondre aux questions que soulève l'irruption du fait religieux dans la vie quotidienne.

Dans la négociation avec le restaurateur, Ousmane avance ses arguments sous l'œil attentif de Marine Quenin, responsable de l'association Enquête à l'origine de cet atelier. « Ce n'est pas parce que je suis marocain que je suis musulman. Sers moi ! Ce n'est pas parce que je mange que tu dois manger ! » défend le garçon. Le restaurateur finira par céder.

Yamin aura plus de mal à convaincre le directeur de l'école de lui prévoir « un repas casher à la cantine ». « Ça coûte trop cher et tout le monde n'est pas juif », avance l'écolier-directeur. Son équipe conclura que « tout le monde ne peut pas manger ce qu'il veut » mais le groupe reste divisé sur le droit de manger casher ou halal à l'école. « Pour moi, c'est non ; c'est une question d'égalité », estime Louis. « Ce n'est pas normal », rétorque Fanta, qui, dans la vraie vie, « ne peut même pas manger les raviolis de la cantine » ; « La viande, à la cantine, elle est trop pleine de sang », confirme un camarade.

L'animateur profite de chaque situation pour poser quelques questions et tester l'acquisition des notions abordées tout au long de ces séances hebdomadaires. « C'est quoi la discrimination ? » « C'est quand un Blanc dit des choses sur un Arabe », lance un enfant. « Ou l'inverse ! » corrige Soufiane Torkmani. « Tous les Arabes sont-ils musulmans ? » reprend le jeune homme. « Non, il y en a qui sont chrétiens, comme en Syrie », répond doctement le groupe avant de hisser « la Tunisie » au premier rang des pays musulmans. L'Indonésie leur est sortie de la tête.

« Naïveté et spontanéité »

Les enfants ont appris les fêtes et croyances des principales religions et ont intégré des notions sur la laïcité et l'athéisme. « Ça m'a aidé à comprendre les autres enfants, assure Fanta, 10 ans. Et comme ça, maintenant, je peux me mêler de ces sujets en connaissant de quoi je parle. » Elle assure déjà savoir qui, dans sa classe, est chrétien ou musulman, « à cause des absences le jour de l'Aïd ».

Quelque 140 enfants ont pu profiter de ces ateliers à Paris, Lille et Marseille au cours de l'année scolaire. « Pour nous, il s'agit d'aborder les religions par le biais de la connaissance et non de la croyance », précise Marine Quenin. « Le fait religieux relève du fait social, donc cela s'étudie, et on intervient dans des centres sociaux où existent de réels enjeux autour de la laïcité », précise Soufiane Torkmani, par ailleurs engagé dans l'association Coexister, qui travaille au dialogue interreligieux. Pour lui, les CM1-CM2 sont une cible idéale : « Ils sont encore dans la naïveté et la spontanéité, et moins dans les clichés et les préjugés. »

Les responsables d'Enquête souhaitent promouvoir les outils de formation à la laïcité et au fait religieux dans les écoles primaires, mais cette approche demeure balbutiante. L'association aurait bien participé aux ateliers auxquels la réforme des rythmes scolaires va donner naissance, mais elle manque encore de ressources humaines « pour le faire convenablement », regrette Marine Quenin.

L'an prochain, des enfants de Ménilmontant devraient profiter à nouveau de cet atelier. Pour l'heure, le groupe reprend en riant la partie de babyfoot interrompue, le temps d'une plongée dans le bain complexe de la laïcité.

1 Pour comprendre le sujet

Quelle est l'origine des documents ?

Les trois documents sont d'origines très diverses.

• **Document 1** : Il s'agit de la préface écrite par Vincent Peillon en 2012, alors ministre de l'Éducation nationale, pour un rapport du Haut Conseil à l'Intégration pour l'Éducation nationale. Le ministre, après un rappel rapide des fondements idéologiques de la loi sur la laïcité et de ses enjeux, présente le rapport d'Abdennour Bidar qui développe, outre des fiches pédagogiques pour aider les formateurs à traiter la question de la laïcité dans leur classe, une philosophie de la laïcité pour les établissements.

• **Document 2** : C'est un extrait du jugement du tribunal administratif de Montreuil à l'encontre de Mme X, qui souhaitait faire invalider le règlement intérieur de l'école de ses enfants à cause de la mention selon laquelle « les parents volontaires pour accompagner les sorties scolaires doivent respecter dans leur tenue et leurs propos la neutralité de l'école laïque ».

• **Document 3** : Cet extrait d'un article, publié le 15 juillet 2013 dans les colonnes du *Monde*, relate une expérience pédagogique menée à Paris par l'association « Coexister » qui vise à développer, auprès d'élèves de CM, la connaissance des religions.

Que disent les textes de lois ?

• **Les lois du 28 mars 1882 et du 30 octobre 1886**, renforcées par la loi de séparation de l'Église et de l'État, constituent l'un des principes phares de l'enseignement public français.

• **La loi du 18 mai 2004** impose le respect des libertés d'autrui et des principes républicains, en excluant le port « des signes de nature ostentatoire » ; en outre, elle rappelle qu'une personne ne peut se prévaloir d'une appartenance de nature ostentatoire pour refuser de se conformer aux règles applicables à tous.

Quelle est la place des parents à l'école ?

Selon les circulaires n° 92-196 du 3 juillet 1992 et n° 99-136 du 21 septembre 1999, les parents participant à l'accueil et à l'accompagnement d'un groupe d'élèves, pendant le temps scolaire, sont, au même titre que les enseignants, responsables des élèves dont ils ont la charge par délégation. Ils sont donc à ce titre sujets aux mêmes restrictions et aux mêmes obligations que les enseignants. Le principe de laïcité s'applique de la même façon.

S'ENTRAINER 1 **Avant de poursuivre votre lecture, construisez la problématique du sujet qui vous est proposé.**

Le candidat, capable de problématiser un enjeu d'enseignement à partir des textes et des questions, montrera au jury sa capacité à construire sa pensée.

S'ENTRAINER 2 **Listez et développez des séquences dans les disciplines propices à l'enseignement de la laïcité.**

Le candidat doit toujours garder en mémoire qu'il sera recruté pour enseigner, il doit donc montrer que ses réponses sont construites en relation avec des activités pédagogiques.

2 Problématique du sujet

Ces textes montrent que la question de la place de la religion dans l'institution scolaire traverse l'école publique française et que, loin de faire l'unanimité, elle est aujourd'hui attaquée parce que mal comprise. Le gouvernement est obligé, non seulement de rappeler à ses agents que la laïcité s'enseigne au même titre que d'autres valeurs républicaines, mais aussi de répondre à des accusations de partialité que certaines dispositions pourraient laisser imaginer.

3 Plan possible

1. Enjeux du principe de laïcité

• La liberté de conscience : l'école publique se construit sur la capacité de tolérance et de respect pour construire le « Vivre ensemble ».

• La stricte égalité des droits de tous les citoyens athées, agnostiques ou croyants s'impose sans discrimination.

• La loi commune recherche l'intérêt commun, elle prend donc en compte ce qui est universel, commun à tous les hommes.

Le principe de laïcité vise donc un espace de neutralité où l'universalité des citoyens est la garantie de la liberté de chacun.

2. Difficultés liées au respect de la laïcité

• Refus de l'enseignement de certaines connaissances scientifiques.

• Refus de participer à certaines activités (visite de monuments historiques liés au christianisme), aux séances de natation pour les filles, refus de partir en classe transplantée.

• Refus de manger de la viande.

• Volonté des familles d'afficher leur croyance religieuse par le port de signes ostentatoires.

• Difficultés de communication par peur d'une non-reconnaissance identitaire.

3. Solutions

• Le dialogue : l'explication, l'interconnaissance et la reconnaissance sont les maitres mots de la relation école/famille.

• L'écoute des réticences des familles favorise la compréhension.

• Le recours aux fédérations de parents d'élèves et aux ressources locales (école de la parentalité, mallette des parents, interprètes agréés…) renforce les connaissances des parents autour de la laïcité et développe le sentiment de partager des valeurs communes.

4. Activités pédagogiques à mener en classe

Cette problématique est l'occasion pour le candidat de montrer comment il envisage de mettre en œuvre cet enseignement à partir d'activités pédagogiques en référence avec le programme.

Laïcité et histoire

En France, le principe de laïcité est inscrit dans notre histoire depuis la Révolution française. C'est pour contrer le clergé, responsable à cette époque de la formation des jeunes esprits, et dans un souci d'émancipation du peuple qu'est créée une école par canton gratuite pour les garçons. L'école est donc laïque et gratuite, mais pas encore obligatoire et réservée aux garçons.

Les enjeux de cette lutte de pouvoir autour de l'instruction comme moyen de former des citoyens est à mettre en lumière auprès des élèves lors d'une séance d'analyse de documents. Les élèves sont mis en situation de recherche, par petits groupes, chaque groupe autour d'un thème spécifique et ayant, le cas échéant, une documentation ou des outils propres.

Les thèmes de recherche peuvent être :

- **l'éducation des filles** (consulter par exemple : Louise Labé, poète féministe du XVIe siècle).
- **la création des écoles gratuites et laïques** (consulter par exemple le *Rapport Condorcet*, rapport et projet de décret sur l'organisation générale de l'instruction publique, 1792).
- **l'organisation d'une école tenue par le clergé** (consulter par exemple : « L'Acte de fondation du collège des Oratoriens d'Angers (1624) », rapporté *in* Jean-François Solnon, *Source d'histoire de la France moderne XVIe-XVIIe-XVIIIe siècles*, Larousse, coll. Textes essentiels, 1994, 863 p., pp. 424-5).

Cette recherche doit permettre aux élèves de comprendre les enjeux de la laïcité liés au contexte historique de l'époque et de les mettre en perspective avec la loi de 1905 qui sépare définitivement l'État et l'Église en lui donnant la forme qu'on lui connait aujourd'hui.

Le rapport annexé à la loi n° 2005-380 d'orientation et de programme pour l'avenir de l'école du 23 avril 2005 souligne l'importance de cet enseignement dans les disciplines : « Il convient, dans le respect de la liberté de conscience et des principes de laïcité et de neutralité du service public, d'organiser dans l'enseignement public la transmission de connaissances et de références sur le fait religieux et son histoire. »

Les repères de progressivité parus dans le BO n°1 du 5 janvier 2012 permettent aux élèves de CM1 d'étudier les liens existant entre la religion et la constitution de l'État.

Laïcité et maitrise de la langue

La découverte, à travers la lecture d'une œuvre de jeunesse, d'une situation décrivant par exemple une culture religieuse spécifique ou une discorde pour une raison culturelle, permettra aux élèves d'appréhender, de questionner, de discuter et peut-être de comprendre le point de vue développé par l'auteur.

De nombreux albums traitent de la question des valeurs véhiculées par la laïcité : *Pourquoi ?* de Nikolaï Popov ; *Embrouilles chez les grenouilles* de Pierre Cornuel ; *Yakouba* de Thierry Dedieu.

Beaucoup de romans permettent également d'aborder, de façon parfois détournée, cette question avec les élèves. Par exemple : le *Journal* d'Anne Frank, *La Force du berger* d'Azouz Begag, mais aussi les romans dits « philosophiques » de Matthew Lipman qui ont été écrits pour permettre aux élèves de réfléchir sur ces sujets et enfin quelques planches de *Persepolis* par Marjane Satrapi.

Laïcité et sciences

« La construction de savoirs et de compétences, par la mise en œuvre de démarches scientifiques et technologiques variées et la découverte de l'histoire des sciences et des technologies, introduit la distinction entre ce qui relève de la science et de la technologie et ce qui relève d'une opinion ou d'une croyance » (Annexe 2, Programme d'enseignement du cycle de consolidation, – cycle 3 –, arrêté du 9-11-2015-JO du 24-11-2015).

Laïcité et vie collective

Aucune insulte qui ridiculiserait l'appartenance à un groupe spécifique, des croyances, des origines ou un sexe, ne saurait être tolérée dans l'enceinte de l'école qui doit demeurer un lieu d'épanouissement pour tous les enfants sans distinction. Rappeler également que les signes d'appartenance à une religion ne peuvent avoir leur place au sein de l'école puisqu'un traitement équitable et neutre des élèves doit y être garanti.

2 Le cadre règlementaire

COMPÉTENCES DE L'ENSEIGNANT

2. Inscrire son action dans le cadre des principes fondamentaux du système éducatif et dans le cadre règlementaire de l'école

– Connaitre la politique éducative de la France, les principales étapes de l'histoire de l'École, ses enjeux et ses défis, les principes fondamentaux du système éducatif et de son organisation en comparaison avec d'autres pays européens.

– Connaitre les grands principes législatifs qui régissent le système éducatif, le cadre règlementaire de l'École et de l'établissement scolaire, les droits et obligations des fonctionnaires ainsi que les statuts des professeurs et des personnels d'éducation.

Référentiel des compétences professionnelles des métiers du professorat et de l'éducation, JO du 18 juillet 2013.

www.education.gouv.fr/pid25535/bulletin_officiel.html?cid_bo=73066

1 Histoire du système éducatif français

L'école d'aujourd'hui est le fruit d'une construction historique intégrant idéaux politiques, réflexions pédagogiques et évolutions sociétales. Le système éducatif français s'est construit autour de l'importance croissante du rôle de l'État et de la mise en œuvre du principe fondamental de l'égalité d'accès à l'éducation.

Connaitre les apports des différentes périodes historiques dans la construction de l'école permet de comprendre ses continuités et ses ruptures.

➤ **Les valeurs de la République : l'égalité**, p. 103.

1.1 L'Ancien Régime

L'éducation relève de la sphère privée et dépend de l'origine sociale des élèves.

Les enfants de l'aristocratie bénéficient de l'enseignement d'un précepteur particulier.

L'Église détient le quasi-monopole de l'instruction pour les enfants de paysans et d'artisans en finançant et en gérant les « petites écoles ». L'enseignement consiste essentiellement dans l'apprentissage de la lecture de textes imprimés, l'écriture, le calcul, des travaux de couture et de dentelle pour les filles, l'étude du catéchisme, des prières et la récitation du chapelet. Le mode individuel est la seule modalité pédagogique utilisée : pendant qu'un élève reçoit l'enseignement du maitre, les autres attendent sans rien faire. Les filles et les garçons sont systématiquement séparés.

Les disparités territoriales sont importantes, le pouvoir central ne s'emparant qu'irrégulièrement de la question de l'instruction.

> [Nous, Louis le XIVe] Voulons, que l'on établisse autant qu'il sera possible des maitres et des maitresses dans toutes les paroisses où il n'y en a point, pour instruire tous les enfants du catéchisme et des prières qui sont nécessaires et nommément ceux dont les pères et mères ont fait profession de la religion prétendue réformée… comme aussi pour apprendre à lire et même à écrire à ceux qui pourraient en avoir besoin ; et que dans tous les lieux où il n'y aura point d'autres fonds, il puisse être imposé sur tous les habitants la somme qui manquera pour leur subsistance jusqu'à celle de 150 livres par an pour les maitres, et 100 livres pour les maitresses…
>
> Enjoignons à tous les pères et mères, tuteurs et autres personnes qui sont chargées de l'éducation des enfants, de les envoyer aux dites écoles et au catéchisme jusqu'à l'âge de quartorze ans et nommément les fils des anciens protestants…

Extrait des *Déclarations royales* des 13 décembre 1698 et 14 mai 1724.

Les méthodes utilisées par les Frères des écoles chrétiennes, créées par **Jean-Baptiste de La Salle**, préfigurent certains principes pédagogiques mis en œuvre sous la IIIe République. En effet, les enfants pauvres accueillis par les Frères sont scolarisés par niveau et reçoivent un enseignement simultané. Ils apprennent à lire dans la langue maternelle et non plus d'abord en latin. La scolarité est gratuite.

À l'aube de la Révolution, le système éducatif est largement dominé par l'enseignement de la religion, privilégie les garçons et reste inégalement réparti sur le territoire.

1.2 L'apport de la Révolution française

La question de l'éducation est un enjeu politique essentiel pour s'affranchir de l'Ancien Régime. En effet, la population française doit s'instruire pour pouvoir exercer son droit de vote à bon escient. L'éducation est par conséquent au centre de nombreux débats autour des questions suivantes :

- **le pouvoir de l'éducation** : comme les pouvoirs législatif et exécutif, l'éducation doit permettre de former des hommes forts, éclairés, vertueux qui participeront à la vie civique et politique ;
- **le rôle de l'État dans la politique éducative** : l'instruction doit être gratuite, publique et obligatoire, mais la liberté de créer des écoles et la liberté de choix des parents doivent être conservées. Elle doit être organisée égalitairement sur tout le territoire selon un découpage administratif ;
- **l'égalité filles/garçons** : un enseignement spécifique doit-il être mis en place selon le sexe ? Les révolutionnaires ne mettent pas fondamentalement en cause le principe de séparation des sexes à l'école pour des raisons de moralité. Cependant, s'ils reconnaissent que les filles doivent être instruites comme les garçons au nom de l'égalité, l'enseignement doit être adapté pour celles-ci afin de les préparer à la vie domestique et à la prise en charge de la famille ;
- **le contenu des enseignements et les modalités pédagogiques** : le français comme langue de scolarisation et l'adoption de références communes (système décimal, unités de poids et de mesures, calendrier révolutionnaire) permettent la diffusion d'un savoir « unique » ;
- **la place de la religion** : écoles privées et publiques peuvent-elles coexister ? Le modèle catholique peut-il inspirer l'école publique ?

De nombreux révolutionnaires présentent des projets éducatifs dont la plupart ne sont pas suivis de réalisations concrètes mais **posent les principes du système éducatif à venir** :

La Révolution française

13 déc. 1698 et 14 mai 1724 : *Déclarations royales*.	1791 : **Rapport Talleyrand.** Il envisage de rendre l'instruction gratuite, de créer une école par canton et de faire rémunérer les maitres par l'État.	1792 : **Rapport Condorcet.** L'école doit être laïque, gratuite, mais non obligatoire ; création du corps des instituteurs : ce dernier est chargé de représenter la Nation, la République dont il diffuse les idéaux.	1793 : **Plan d'éducation nationale** rédigé par Le Peletier de Saint-Fargeau, arrangé et défendu par Robespierre à la Convention : l'instruction ne saurait suffire à la « regénération » de l'espèce humaine, l'État doit se charger d'inculquer une morale républicaine en prenant en charge l'éducation en commun des enfants de 5 à 12 ans.	1793 : **Loi Bouquier.** La Convention déclare que l'instruction est gratuite et obligatoire pour tout enfant de 6 à 8 ans. 1794 : **Décret Lakanal.** L'instruction n'est plus obligatoire. Le décret garantit la liberté d'enseigner et institue une école pour 1 000 habitants.	1795 : **Loi Daunou.** La gratuité est abandonnée.

1.3 La naissance de l'école républicaine

De l'Empire à la Restauration, la question de l'école primaire reste accessoire et la situation est confuse. Les initiatives privées sont encouragées, l'Église renforce sa position et on assiste au retour des écoles payantes et des écoles de charité. Napoléon cherche à organiser prioritairement un enseignement secondaire centralisé et crée un corps d'enseignants, véritable élite intellectuelle.

Il faut attendre 1828 pour voir se créer, au seul bénéfice de l'enseignement public, **un ministère de l'Instruction publique**. Une ordonnance de 1830 tente d'organiser un système où chaque commune serait obligée d'ouvrir une école, de l'entretenir, de payer le maitre, de répondre aux demandes des indigents.

Ainsi, une partie des structures et statuts est déjà en place bien avant **les réformes Ferry** et le système s'étoffe progressivement jusqu'au début de la IIIe République.

Le XIXe siècle

1833 : **loi Guizot** (organisation de l'enseignement primaire) : création d'une école obligatoire par commune (mais pas sa fréquentation), édition de cinq manuels scolaires officiels, création de l'inspection primaire et d'une École normale par département.	1850 : création d'une école des filles dans les communes de plus de 800 habitants.	1867 : **loi Victor Duruy**. Création de l'enseignement primaire féminin.	Juin 1881 : **1re loi Ferry**. Instauration de la gratuité de l'enseignement primaire Mars 1882 : **2e loi Ferry**. Obligation de scolarité et laïcisation des programmes.	1886 : **loi Goblet**. Laïcisation des enseignants de l'école primaire.	1905 : **loi de séparation de l'Église et de l'État.**

L'École de Jules Ferry démocratise l'accès de tous à un enseignement primaire ayant pour ambition d'apprendre à lire et à écrire (donc de maitriser la langue de la Nation, facteur d'unité, au détriment des patois), à compter, d'acquérir quelques notions de base en histoire, géographie, leçons de choses et, essentiellement dans les milieux ruraux, de former les filles à l'économie ménagère et aux travaux manuels comme la couture, le tricot, le canevas, et les garçons aux travaux manuels tels que la vannerie, le modelage, la construction d'objet et l'utilisation d'outils. À cette mission d'instruction, s'ajoute le souci de former un citoyen pour le nouveau régime républicain, nanti des principes de la morale républicaine, en laïcisant fortement les principes de la morale chrétienne, et de lui inculquer un esprit patriotique, héritage de la Révolution, nécessaire à la reconquête de l'Alsace-Lorraine.

1.4 L'évolution de l'école d'aujourd'hui

À LA FIN DE LA SECONDE GUERRE MONDIALE

En 1944, l'idée d'une réforme de l'enseignement est présente, à la fois pour rompre avec la période précédente, mais aussi pour tenir compte des orientations du programme du Conseil national de la Résistance.

Le plan Langevin-Wallon, élaboré à cette époque, ne sera jamais mis en œuvre, mais il a cependant longtemps constitué une référence :

- il réaffirmait un enseignement gratuit, laïque et obligatoire jusqu'à l'âge de 18 ans ;
- il proposait un seul corps d'enseignants de la maternelle à l'université, ce qui sera réalisé en 1989 par la loi Jospin ;

– il envisageait le collège unique, ce qui sera réalisé par la réforme Haby en 1975 ;
– il définissait des horaires respectant le rythme chrono-biologique des enfants : 2 h/jour de 7 à 9 ans, 3 h/jour de 9 à 11 ans, 4 h/jour de 11 à 13 ans et 5 h/jour de 13 à 15 ans ;
– il proposait de créer un corps de psychologues scolaires.

Le principe directeur de ce plan est **une éducation populaire accessible à tous** tout au long de la vie.

Des années 1950 aux années 1970

Le système éducatif se caractérise par un accueil massif des élèves. À partir de 1945, le baby-boom contraint l'État à des efforts considérables de reconstruction dans les régions dévastées et de constructions nouvelles pour accueillir un nombre croissant d'enfants, d'abord au niveau primaire (sous la responsabilité des communes, mais il faut pourvoir les postes d'enseignants) et puis au niveau collège (entre 1965 et 1975, 2 354 collèges seront ouverts, soit un par jour ouvrable !). C'est le début de ce qu'on appellera la « massification » du système éducatif qui pose des problèmes de recrutement et de formation des maitres.

Des années 1980 aux années 1990

À partir de 1981, la gauche au pouvoir affiche sa priorité budgétaire pour l'éducation concrétisée par la création de postes d'enseignants et la mise en place de nouvelles réformes.

- **1982** : **création des ZEP** (zones d'éducation prioritaire).
- **1989** : **loi d'orientation sur l'éducation, dite loi Jospin** :
  – un droit à l'éducation inscrit dans la loi, une mission réaffirmée : « former l'homme, le travailleur, le citoyen » ;
  – le souci de centrer le processus éducatif sur l'élève, de promouvoir l'égalité des chances et la réduction des inégalités géographiques, d'élever le niveau de formation initiale ;
  – la scolarisation à 2 ans possible (3 ans étant l'âge normal), mais l'obligation scolaire restant fixée à 6 ans ;
  – la formation des maitres transformée (création des IUFM en 1991) ;
  – les parents d'élèves considérés comme des partenaires de la communauté éducative.
- **1991** : **création des 3 cycles** de la maternelle à l'école élémentaire.

➤ **ZEP** (aujourd'h
REP), p. 184

➤ **Les cycles
de l'école primai**
p. 179

Depuis 2000

L'école est confrontée à un nouveau défi : faire mieux avec des moyens financiers nécessairement limités. Elle doit donc augmenter son efficacité – accueillir, accompagner et faire réussir tous les élèves tout en prenant en compte les changements sociétaux. Ces priorités se retrouvent dans les textes règlementaires récents.

- **Loi de 2004** : en application du principe de laïcité, le port de signes ou de tenues manifestant une appartenance religieuse est interdit dans les écoles, collèges et lycées publics.
- **Loi de 2005 d'orientation et de programme pour l'avenir de l'école, dite loi Fillon**, qui met en œuvre des priorités pour élever le niveau de formation des jeunes Français :

➤ **Laïcité**, p. 104

– faire réussir tous les élèves ;
– redresser la situation de l'enseignement des langues ;
– mieux garantir l'égalité des chances ;
– favoriser l'insertion professionnelle des jeunes et l'emploi.

La loi engage la modernisation de l'Éducation nationale et met en place l'objectif de 80 % d'une classe d'âge obtenant le baccalauréat et 50 % atteignant le premier niveau de l'enseignement supérieur.

- **Loi de 2005 pour l'égalité des droits et des chances, la participation et la citoyenneté des personnes handicapées**. Elle affirme le droit pour chacun à une scolarisation en milieu ordinaire au plus près de son domicile et à un parcours scolaire continu et adapté. Les parents sont de plus étroitement associés à la décision d'orientation de leur enfant et à la définition de son projet personnalisé de scolarisation (PPS).
- **décret n° 2015-372 du 31-3-2015**. Il institue le nouveau socle commun de connaissances, de compétences et de culture.
- **2015** : publication des nouveaux programmes pour l'école maternelle.
- **2016** : publication des nouveaux programmes pour les cycles 2 à 4 et mise à disposition de documents d'accompagnement institutionnels.

➤ **Scolarisation des enfants handicapés**, p. 154

➤ **Socle commun de connaissances, de compétences, et de culture**, p. 157

2 L'organigramme de l'Éducation nationale

Le ministère de l'Éducation nationale comprend :
– un ensemble de directions, services et bureaux, qui constitue l'administration centrale du ministère ;
– des inspections générales ;
– des organismes rattachés.

L'Éducation nationale dispose de services déconcentrés dans les régions et les départements :
– rectorats ;
– directions des services départementaux de l'Éducation nationale ;
– centres de documentation pédagogique et lieux d'informations et de conseils sur l'orientation, la formation et les métiers, y compris pour les adultes.

L'action des services départementaux de l'Éducation nationale se déploie dans trois domaines principaux :
– la scolarité des élèves (vie scolaire et action éducative) ;
– la gestion des personnels travaillant dans les écoles et les établissements publics (personnel et ressources humaines) ;
– la définition, l'attribution et le contrôle des moyens délégués (établissements et organisation scolaire).

Ministère de l'Éducation nationale

Échelon national

IGEN- Inspection générale de l'Éducation nationale

DGESCO- Direction générale de l'enseignement scolaire

Organismes rattachés au ministère de de l'Éducation nationale

Service sous autorité conjointe du ministère de l'Éducation nationale et du ministère de l'Enseignement supérieur et de la Recherche

- **IGAENR**- Inspection générale de l'administration de l'Éducation nationale et de la Recherche
- **SG**- Secrétariat général
- **DREIC**- Délégation aux relations européennes et internationales et à la coopération
- **DGRH**- Direction générale des ressources humaines
- **DELCOM**- Délégation de la communication
- **DAF**- Direction des affaires financières
- **SAAM**- Service de l'action administrative et de la modernisation
- **DAJ**- Direction des affaires juridiques
- **STSI**- Service des technologies et des systèmes d'information
- **DEPP**- Direction de l'évaluation de la prospective et de la performance

Échelon académique

Recteur- Nommé par décret par le président de la République sur désignation en conseil des ministres

Dasen- Directeur académique des services de l'Éducation nationale - nommé par décret par le président de la République sur proposition du ministre de l'Éducation nationale

IEN- Inspecteur de l'Éducation nationale, recruté par concours puis affecté par l'administration

PE- Professeur des écoles recruté par concours puis affecté par l'administration

HCE- Haut Conseil à l'Éducation

DIO- Délégué à l'informatique et à l'orientation

Échelon de la circonscription

IEN- Inspecteur de l'Éducation nationale

- **Conseiller pédagogique**- Adjoint de l'IEN recruté par certification à la formation
- **Directeur d'école**- Recruté par entretien sur liste d'aptitude
- **Membre du réseau**- Recruté par certification à l'enseignement adapté
- **Coordonnateur REP**- Recruté par entretien pour la politique de la ville en zone ECLAIR- (Écoles, collèges et lycées pour l'ambition, l'innovation et la réussite) RRS (réseau de réussite scolaire)
- **PE**- Professeur des écoles

3 Les lois qui régissent le système éducatif

L'Éducation nationale est régie par des principes fondamentaux faisant partie de la constitution de la République, de la Déclaration des droits de l'homme et du citoyen et par la loi.
L'ensemble des lois, règles et décrets en vigueur dans l'Éducation nationale est réuni dans **le code de l'éducation**.

➤ **Code de l'éducation.**
www.legifrance.gouv.fr/affichCode.do?cidTexte=LEGITEXT000006071191

3.1 Les grandes lois en vigueur

- **La loi pour la reformation de l'école du 8 juillet 2013.**

C'est une loi qui doit moderniser l'Éducation nationale et harmoniser les pratiques européennes à travers le socle commun de connaissances et de compétences. Elle doit mieux faire respecter les valeurs de la République, organiser les établissements et les enseignements et gérer le système éducatif.

➤ **Loi pour la refondation de l'école**, p. 131

- **La loi d'orientation n° 89-486 du 10 juillet 1989 (dite « loi Jospin »)** fait de l'éducation la première priorité nationale. Elle a modifié et complété la législation sur le système éducatif, en réorganisant les rythmes scolaires ainsi que les cycles d'apprentissage.

➤ **Loi Jospin,** p. 122

- **Les lois de décentralisation** ont transféré aux communes, aux départements et aux régions les charges de fonctionnement et d'équipement des locaux scolaires, et ont fait des collèges et lycées des établissements publics locaux d'enseignement (voir ci-contre).

➤ **Lois de décentralisation :** loi n° 83-663 du 22 juillet 1983, modifiée par la loi n° 85-97 du 25 janvier 1985 ; loi n° 2004-809 du 13 août 2004.

➤ **Collectivités territoriales,** p. 186

3.2 Les lois plus anciennes toujours en vigueur

- **La réforme Berthoin** de 1959 fait passer la scolarité obligatoire de 14 ans à 16 ans.
- **La loi Debré n° 59-1557 du 31 décembre 1959** reconnait « l'enseignement privé » en tant que partie d'une pluralité d'établissements.
- **La loi Goblet du 30 octobre 1886** permet la laïcisation des personnels des écoles publiques et fixe l'organisation générale de l'école primaire.
- **Les lois de la IIIe République ou « lois Ferry » :** la loi du 16 juin 1881 établit la gratuité absolue de l'enseignement dans les écoles primaires. Les lois des 28 mars 1882 et 30 octobre 1886 définissent et organisent l'enseignement primaire obligatoire pour les garçons et les filles, et instaurent la laïcité.
- **La loi Guizot du 28 juin 1833** impose aux communes d'ouvrir et d'assurer une partie du fonctionnement d'une ou plusieurs écoles primaires, et aux départements d'entretenir une école normale d'instituteurs.
- **La loi Falloux du 15 mars 1850** fonde la liberté de l'enseignement en autorisant de façon limitée l'aide publique aux établissements privés.

LES PLANS POUR L'ÉDUCATION

Afin de mettre en œuvre plus progressivement les réformes, l'État propose très régulièrement des « plans » pour l'éducation. Il s'agit d'impulsions que l'État engage sans pour autant faire une loi mais qui donnent des axes de travail pour les enseignants.

› **Le plan de rénovation de l'enseignement des sciences et de la technologie du 15 juin 2000** qui, en partenariat avec « la main à la pâte », relance l'enseignement des sciences et en fait une priorité nationale.

› **Le plan pour les arts et la culture à l'école en 2001** qui installe des financements pour des partenariats avec des artistes.

› **Le plan « agir contre l'illettrisme »** dont le ministre Vincent Peillon a fait une priorité pour l'année 2013.

4 Le métier d'enseignant : des droits et des devoirs

Le professeur des écoles est un fonctionnaire et son statut est régi par celui de la fonction publique. En tant que représentant de l'État, il s'exprime et agit au nom et dans l'intérêt de ce dernier. Le service public d'éducation a cependant un caractère propre.

4.1 Les droits des fonctionnaires

La liberté d'opinion

Tout comme les fonctionnaires ont **un devoir de neutralité** envers les usagers, l'État ne peut exercer de distinction entre ses agents selon leurs opinions politiques, syndicales, religieuses ou philosophiques, ou encore selon leur origine, leur orientation sexuelle, leur âge, leur état de santé ou toute autre appartenance à un groupe. **Ce droit permet aux fonctionnaires de s'exprimer librement** dans le cadre privé et de militer dans la sphère de leur choix.

➤ **Obligation de neutralité**, p. 127

Le droit de faire grève

Comme tous les salariés (hormis quelques cas spécifiques tels que les militaires), le fonctionnaire a le droit de faire grève. Cependant, **ce droit est règlementé.**

Un préavis de grève doit être déposé par une organisation syndicale de représentation nationale à l'issue de négociation avec l'État et 5 jours francs au moins avant la grève. Les enseignants du premier degré, exerçant en école maternelle ou élémentaire, doivent de plus **déclarer leur intention de grève 48 heures avant**. Cette déclaration ne les lie pas définitivement puisqu'ils peuvent choisir d'y renoncer. En revanche, les enseignants qui feraient grève sans s'être déclarés, s'exposeraient à des sanctions.

Cette disposition, votée le 23 juillet 2008, a été proposée par Xavier Darcos, alors ministre de l'Éducation nationale. Elle permet de mettre en place **le service minimum d'accueil (SMA)** dans les écoles. Les municipalités ont alors 48 heures pour organiser la prise en charge des élèves lorsque le seuil d'intention de grève atteint au moins 25 % dans une école.

Le droit syndical

Les fonctionnaires peuvent librement créer des organisations syndicales, y adhérer et y exercer des mandats. Les organisations syndicales de fonctionnaires sont associées aux négociations relatives aux évolutions des rémunérations, aux conditions et à l'organisation du travail, au déroulement des carrières et aux promotions, à la formation continue, à l'action et à la protection sociale, à l'hygiène, à la sécurité et à la santé au travail, à l'insertion professionnelle des personnes handicapées, à l'égalité professionnelle entre les hommes et les femmes.

Le droit à la protection

Dans le cas de poursuites pénales, à l'occasion de faits qui n'ont pas le caractère d'une faute personnelle, l'administration de tutelle est tenue d'accorder sa protection aux fonctionnaires mis en cause. De plus, ils doivent être protégés contre les menaces, violences ou outrages qui interviendraient dans l'exercice de leur métier et ont droit à la réparation du préjudice subi.

Le droit à la formation professionnelle

Les fonctionnaires peuvent bénéficier de **12 mois de congé de formation** durant l'ensemble de leur carrière ainsi que d'**un droit individuel à la formation**. De plus, chaque année, les enseignants du premier degré bénéficient de **18 heures de formation. Cette formation obligatoire** est généralement effectuée en session de 3 heures, organisée par l'inspecteur de la circonscription et mise en œuvre par les formateurs (conseiller pédagogique, maitre formateur, professeur d'ESPE…).

➤ **ESPE** : école supérieure du professorat et de l'éducation.

Le droit à la communication du dossier administratif individuel

Tout fonctionnaire peut se faire communiquer ce dossier qui doit comporter toutes les pièces intéressant la situation administrative de l'intéressé.

Le droit à une rémunération

Les fonctionnaires ont droit, après service fait, à une rémunération comprenant **le traitement, l'indemnité de résidence, le supplément familial de traitement et les prestations familiales.**

Ils ont en outre droit aux **congés statutaires** incluant des congés annuels, congés de maladie, congés de maternité, congés de formation professionnelle, congés pour validation des acquis de l'expérience, congés pour bilan de compétences, congés pour formation syndicale.

Le droit de retrait

Les fonctionnaires ont droit à **des conditions d'hygiène et de sécurité sur leur lieu de travail.** Confrontés à un danger grave et imminent pour leur vie, leur santé ou celle des usagers, **les fonctionnaires ont le droit de retrait,** c'est-à-dire d'arrêter leur travail et, si nécessaire, de quitter les lieux pour se mettre en sécurité. L'employeur ou les représentants du personnel doivent en être informés. Ce droit de retrait est un droit protégé.

4.2 Les obligations des fonctionnaires

L'obligation de neutralité

Elle s'impose à l'enseignant et le contraint à **ne pas exprimer ses opinions religieuses, politiques et/ou philosophiques** devant des élèves et leurs parents. Il ne peut pas non plus se servir de sa fonction comme d'un instrument de propagande ou de prosélytisme quelconque. De même, il doit respecter les opinions, les croyances des usagers qu'elles soient politiques, religieuses ou philosophiques. Cette obligation s'impose dans le cadre du principe d'égalité des usagers.

L'OBLIGATION DE SERVICE

Les fonctionnaires et agents non titulaires de droit public doivent consacrer l'intégralité de leur activité professionnelle aux tâches qui leur sont confiées. Cette obligation implique **assiduité** et **ponctualité**. Cependant, les fonctionnaires ou agents non titulaires peuvent être autorisés à exercer une activité lucrative dans la mesure où elle est compatible avec les fonctions qui leur sont confiées et n'affecte pas leur exercice.

LE SERVICE HORAIRE DES ENSEIGNANTS

Organisation de la semaine scolaire des enseignants :

- 24 heures d'enseignement hebdomadaire ;
- 9 demi-journées réparties sur les lundi, mardi, mercredi, jeudi et vendredi ;
- une journée ne doit pas excéder 5 h 30 de classe et une demi-journée ne peut excéder 3 h 30 ;
- une pause méridienne d'au moins de 1 h 30.

De plus, les enseignants doivent mettre en œuvre **des activités pédagogiques complémentaires** (APC) à hauteur de **36 heures sur l'année** concernant :

- une prise en charge des élèves en difficulté ;
- une aide au travail personnel ;
- une mise en œuvre d'activités prévues par le projet d'école ou la mise en œuvre du projet éducatif territorial.

Les enseignants doivent également inclure dans leur service :

- 24 heures de concertation consacrée notamment à l'identification des besoins des élèves, à l'organisation des APC et à l'accueil des parents ;
- 18 heures d'animations pédagogiques (aussi appelées formations de proximité) ;
- 24 heures de travaux d'équipe (conseil de cycle, conseil de maitres, liaison CM2/6e) ;
- 6 heures de conseil d'école.

L'OBLIGATION DU SECRET PROFESSIONNEL ET L'OBLIGATION DE SIGNALEMENT

Les fonctionnaires sont tenus au secret professionnel et ils doivent par ailleurs faire preuve de discrétion professionnelle concernant tous les faits, informations ou documents dont ils ont connaissance dans l'exercice de leur fonction.

Cependant, cette disposition visant à protéger les intérêts matériels et moraux des particuliers peut être, dans certains cas, levée lorsqu'il s'agit de prouver son innocence, ou lorsque la personne intéressée a donné son autorisation.

De plus, elle est obligatoirement levée (**obligation de signalement**) lorsqu'il s'agit de :

- dénoncer des crimes ou délits dont le fonctionnaire a connaissance dans l'exercice de ses fonctions ;
- transmettre des pièces ou documents aux autorités de justice agissant en matière criminelle ou correctionnelle ;
- témoigner en justice.

la réponse souhaitée et les stimuli présentés, à l'aide de renforçateurs positifs ou négatifs.

L'approche béhavioriste trouve rapidement ses limites. En effet, cette théorie ne prend en compte que les éléments observables « scientifiquement », excluant de fait les émotions, l'attachement, le contact physique qui font partie de la psychologie humaine. De plus, elle ne prend pas en compte les conceptions et les processus mentaux et peine à expliquer certains comportements sociaux.

Le socioconstructivisme

L'apprentissage est centré sur les processus mentaux interactifs (« ce qui se passe dans la tête »). Il est le fruit d'interactions entre l'élève et son environnement. En effet, **l'élève apprend lors de conflits socio-cognitifs** où le langage occupe une place privilégiée :

- l'élève doit prendre conscience des réponses différentes apportées par les autres ;
- il doit coordonner les points de vue afin de pouvoir formuler une réponse commune en dépassant les différences et contradictions ;
- il doit reconnaitre des fonctions différentes aux objets, aux actions selon le contexte (école, famille, société).

La théorie du conflit socio-cognitif a joué, depuis trente ans, un rôle central dans les théories sur l'apprentissage. Il constitue indiscutablement un facteur de développement des connaissances mais il n'est pas suffisant. **Pour provoquer les apprentissages, il doit en effet être accompagné d'une déstabilisation de la connaissance erronée pour produire une reconstruction cognitive**, déstabilisation qui ne peut avoir lieu qu'avec l'aide d'un médiateur : l'enseignant.

2.2 L'acte d'enseigner

La relation pédagogique se définit ainsi :

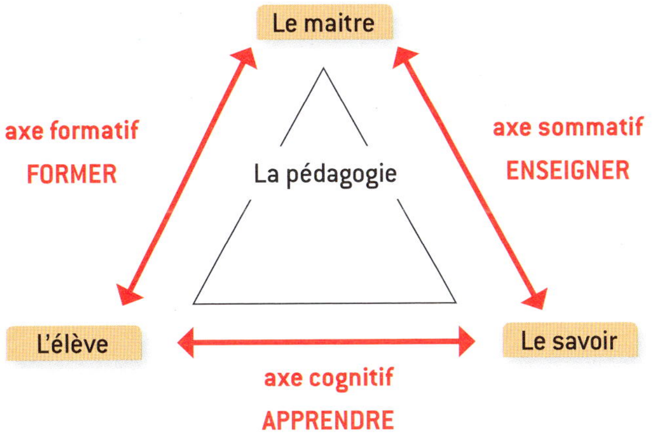

L'acte d'enseigner n'est pas seulement défini par des méthodes pédagogiques. Le triangle didactique schématise les interactions qui existent entre les trois pôles de la relation pédagogique : le savoir, le maitre, l'élève. Ces trois éléments ont une même importance et dégagent trois processus différents de la relation scolaire. En positionnant sa pratique sur ce triangle, on peut identifier les grands courants pédagogiques :

➤ Les différents courants pédagogiques, p. 152

- sur l'axe « former » se situent **les pédagogies dites traditionnelles** ;

– sur l'axe « enseigner » **les pédagogies dites institutionnelles** qui privilégient la parole de l'élève ;
– sur l'axe « apprendre » **les pédagogies de type Freinet**, les pédagogies par objectifs ou pédagogies différenciées.

Faire preuve d'autorité, de discipline, sanctionner

L'autorité de l'enseignant se définit comme le pouvoir de se faire obéir des élèves. Elle n'implique pas de recourir à la menace ou à la contrainte, mais se fonde sur la légitimité de la demande adressée aux élèves par l'enseignant.

La relation d'autorité est une relation de pouvoir, hiérarchique et morale. Elle n'est fondée ni sur la tradition, ni sur le charisme de l'enseignant, ni sur son seul statut, mais nécessite d'associer l'adhésion pleine des élèves. Finalement, c'est la confiance accordée par les élèves à leur maitre qui assoit définitivement l'autorité de ce dernier. Pour obtenir cette confiance, l'enseignant développe **une autorité éducative basée sur la compétence et la référence.**

➤ **Le cadre des sanctions**
www.circulaire.legifrance.gouv.fr/pdf/2009/04/cir_986.pdf

La circulaire du 6 juin 1991 fixe **le cadre des sanctions pouvant être prises par les enseignants** à l'encontre des élèves. Les règlements départementaux en vigueur découlent de ce texte.

LES SANCTIONS

Extrait de la circulaire du 6 juin 1991

❯ **À l'école maternelle** : l'école joue un rôle primordial dans la scolarisation de l'enfant : tout doit être mis en œuvre pour que son épanouissement y soit favorisé. C'est pourquoi aucune sanction ne peut être infligée. Un enfant momentanément difficile pourra, cependant, être isolé pendant le temps, très court, nécessaire à lui faire retrouver un comportement compatible avec la vie du groupe. Il ne devra à aucun moment être laissé sans surveillance. [...]

❯ **À l'école élémentaire** : le maitre ou l'équipe pédagogique de cycle doit obtenir de chaque élève un travail à la mesure de ses capacités. En cas de travail insuffisant, après s'être interrogé sur ses causes, le maitre ou l'équipe pédagogique de cycle décidera des mesures appropriées.

Tout châtiment corporel est strictement interdit.

Un élève ne peut être privé de la totalité de la récréation à titre de punition.

Les manquements au règlement intérieur de l'école, et, en particulier, toute atteinte à l'intégrité physique ou morale des autres élèves ou des maitres peuvent donner lieu à des réprimandes qui sont, le cas échéant, portées à la connaissance des familles.

Il est permis d'isoler de ses camarades, momentanément et sous surveillance, un enfant difficile ou dont le comportement peut être dangereux pour lui-même ou pour les autres. [...]

Évaluer

Il s'agit d'un processus qui permet de recueillir des informations permettant de juger de la quantité et de la valeur des connaissances acquises par les élèves. Les enseignants évaluent leurs élèves afin de définir leur niveau de compétences.

Les évaluations existent sous plusieurs formes (QCM, Q-sort, grille d'objectifs...) **et avec des objectifs différents** :
– évaluation diagnostique en début de séance ;
– évaluation formative pour permettre à l'enseignant de savoir comment ajuster ses enseignements ;
– évaluation formatrice pour associer les élèves et leur donner des repères ;
– évaluation sommative pour mesurer les apprentissages.

➤ **QCM** : questionnaires à choix multiples.

➤ **Q-sort** : technique qui permet à des individus ou des groupes de se situer par rapport à un choix de propositions variées et disparates sur un thème.

L'évaluation en France revêt une dimension très particulière, ce qui explique qu'elle soit régulièrement remise en question. En effet, le système éducatif français, historiquement très compétitif, utilise l'évaluation pour classer les élèves et les orienter vers des filières plus ou moins prestigieuses. La forte prégnance des notes qui hiérarchisent les connaissances éloigne les élèves d'un épanouissement et d'un accomplissement personnel. La remise en cause des évaluations en France tient à la sélectivité qu'elles entrainent et à la démobilisation qu'elles engendrent chez les élèves en difficulté.

Le **contrat de confiance** repose sur la démarche suivante : le professeur des écoles donne, une semaine avant le contrôle, une liste de questions à réviser avec les réponses. Une séance est organisée entre cette distribution et le jour du contrôle. Les élèves qui ont des questions peuvent les poser et comprendre ce qui leur pose encore problème. Le contrôle a lieu. Le contrat de confiance présente l'intérêt de faire travailler davantage les élèves et de changer le statut de l'enseignant.

➤ **Dossier sur l'évaluation et le traitement de l'erreur**, p. 167

➤ **La pédagogie de contrat**, p. 153

➤ **Le contrat de confiance**, http://eduscol.education.fr/experitheque/fiches/fiche8708.pdf

Différencier

La différenciation pédagogique est la volonté de l'enseignant d'adapter sa pratique – c'est-à-dire « sa pédagogie » – **aux caractéristiques d'un ou plusieurs élève(s)** afin de permettre à tous les élèves de réussir les apprentissages. Elle peut consister à ajuster la somme des exercices d'entrainement en fonction des capacités des élèves, mais l'enseignant peut aussi agir sur différents aspects de son enseignement comme le récapitule le schéma suivant :

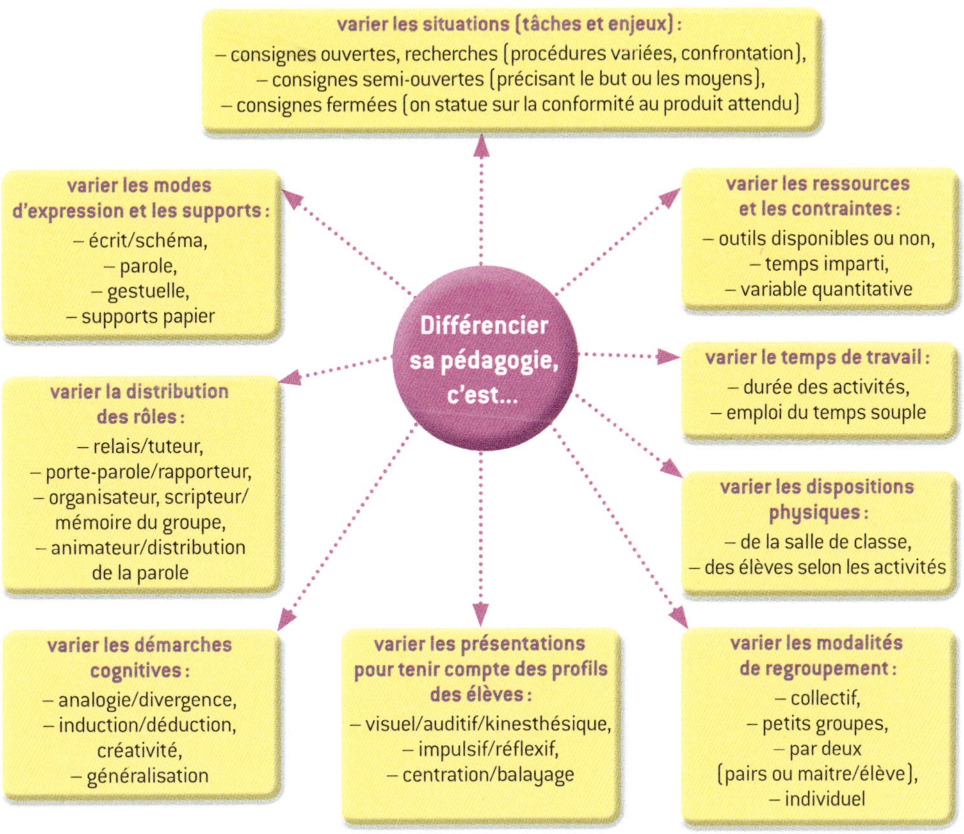

Exemples de différenciation pédagogique

- **Au cycle 1**

– **Construire les premiers outils pour structurer sa pensée,** *séquence : reproduire un modèle avec des formes géométriques.*

L'enseignant peut varier les ressources et les contraintes en proposant de reproduire la configuration sur le modèle ou non, varier les modalités de regroupement en faisant travailler les élèves en autonomie ou par paire.

– **EPS,** *séquence : transporter des objets.*

L'enseignant peut différencier la situation par une consigne ouverte (« Transportez tous les objets de la caisse A vers la caisse B le plus vite possible ») ou semi-ouverte (« Transportez un seul objet à la fois » ou « Transportez tous les objets sans vous déplacer »). Il peut également varier le temps imparti.

- **Au cycle 2**

– **Production d'écrit au CP.**

Après l'étude des premières pages de l'album *7 souris dans le noir* de Ed Young, l'enseignant demande aux élèves d'écrire l'un des chapitres. Il aura préparé à cet effet un document sur lequel une souris parle (à l'aide d'une bulle) et l'enfant devra écrire ce que dit la souris. Grâce à ses connaissances, il pourra écrire sans difficulté « C'est un », puis devra composer le mot suivant qui lui sera personnel. Pour écrire ce mot, l'enseignant prévoit des outils d'aide :

  – liste de syllabes étudiées en classe ;
  – liste de mots dans laquelle l'élève pourra piocher le mot qu'il souhaite ;
  – imagier dans lequel l'enfant pourra retrouver le mot qu'il souhaite écrire.

- **Au cycle 3**

– **Langue vivante étrangère,** *séquence sur les questions lexicales.*

L'enseignant veillera à accompagner le groupe d'élèves le plus fragile pendant que le groupe le plus à l'aise travaillera en autonomie sur les mêmes questions lexicales.

2.3 Les différents courants pédagogiques

LES PÉDAGOGIES DITES TRADITIONNELLES/FRONTALES

Ce terme recouvre toutes les pédagogies qui ne s'inspirent pas d'un courant particulier. Cela renvoie donc à un ensemble très hétérogène pouvant aller de la caricature du cours magistral jusqu'à une pratique plus souple mais non définie dans un cadre théorique, leur caractéristique commune étant la relation autoritaire entre le formé et le formateur.

LES TECHNIQUES FREINET DE L'ÉCOLE NOUVELLE

Persuadé que les difficultés des élèves à apprendre s'expliquent par une transmission du savoir qui passe essentiellement par la parole, **Célestin Freinet a cherché à rendre les élèves plus actifs**. Il invente alors la coopérative scolaire, les textes libres, utilise l'imprimerie et la correspondance scolaire. Ses techniques se sont fait connaitre par le biais de congrès et ont laissé une empreinte importante dans les courants pédagogiques du xxe siècle.

➤ **Pédagogie Freinet**
www.icem-pedagogie-freinet.org/

La pédagogie institutionnelle

En 1958, **Fernand Oury propose le terme de « pédagogie institutionnelle » pour qualifier les orientations nouvelles du mouvement Freinet**. La classe fonctionne de façon autogérée et la résolution des conflits est assurée par les élèves eux-mêmes, à travers des instances de décision et de concertation. Les « lois » de la classe sont élaborées par les élèves, et chacun est ainsi conscient de la nécessité de devoir les respecter.

Les techniques pédagogiques les plus utilisées sont : le conseil de classe, l'imprimerie, le texte libre, les ceintures de comportement, les ceintures de compétences, la monnaie, la paye, le marché, les amendes, l'individualisation de la formation (fichiers autocorrectifs, cahiers de conseil, les métiers, le « quoi de neuf », la bibliothèque de classe, l'atelier d'écriture...).

On retrouve, dans ce mouvement, la volonté de mettre en œuvre une vie scolaire véritablement démocratique, d'entraide et de responsabilité de tous les membres de cette société qu'est l'école.

➤ La démocratie à l'école, p. 107

La pédagogie de projet

Ce type de pédagogie est associé à John Dewey ou à Ovide Decroly. Il s'agit de permettre aux élèves de concevoir un projet qui les intéresse et par le biais duquel ils vont pouvoir construire des connaissances. Le maitre veille toutefois à ce que l'ensemble des projets réalisés par les élèves leur permette de suivre le curriculum national.

La pédagogie par objectifs

Il s'agit de définir des comportements observables (objectifs), **de les évaluer et de modifier les stratégies de réponses** quand les résultats ne sont pas satisfaisants. La pédagogie par objectifs consiste à décliner une séance d'apprentissage en sous-objectifs de savoir, savoir-faire et savoir être que l'enfant doit atteindre. Malgré un engouement évident dans les années 1970, la pédagogie par objectifs n'a pas transformé les conditions d'apprentissage car elle est surtout adaptée aux apprentissages techniques.

La pédagogie de contrat

À la suite du courant de la pédagogie différenciée (qui cherche à identifier les processus individuels de l'apprentissage), **l'élève s'associe plus étroitement au processus d'apprentissage** en définissant lui-même le niveau de difficulté et la quantité d'aide dont il aura besoin pour répondre à la consigne.

3 Scolariser tous les élèves

La notion de « scolarisation des élèves à besoins éducatifs spécifiques » est récente. Elle nécessite d'adapter l'offre éducative à la diversité des élèves, en particulier par le biais de **parcours individualisés** et de travailler avec des **partenaires extérieurs** à l'école.

La nouvelle règle est de proposer pour ces élèves une inclusion en classe ordinaire et non une scolarisation dans des dispositifs ou des organismes adaptés.

3.1 Scolarisation des enfants en situation de handicap

Les élèves porteurs d'un handicap peuvent être soit scolarisés dans une unité localisée pour l'inclusion scolaire (ULIS), soit dans une classe ordinaire.

La scolarisation des élèves en situation de handicap a été renforcée par **la loi du 11 février 2005** affirmant pour chacun le droit à la scolarisation en milieu ordinaire et à un parcours scolaire continu et adapté. Tous les enseignants peuvent être amenés à accueillir dans leur école, dans leur classe, un élève en situation de handicap.

➤ **Guides « Scolariser les élèves handicapés »**
eduscol.education.fr/cid47791/guides-scolariser-les-eleves-handicapes.html.

Les différents types de handicaps

Troubles des fonctions motrices (dyspraxies, troubles praxiques)	Il s'agit d'un trouble de l'apprentissage gestuel (mains, bouche, yeux). La déficience motrice se traduit par la perte ou l'altération d'une structure ou d'une fonction physiologique ou anatomique (l'élève ne peut automatiser certains gestes). Elle peut occasionner un retard en graphisme, écriture et dessin (dysgraphie), des difficultés en lecture, des troubles de la structuration spatiale, des difficultés en calcul (dyscalculie).
Troubles envahissants du développement (TED)	Ils regroupent des syndromes variés qui se caractérisent tous par une atteinte qualitative et précoce du développement des interactions sociales et de la communication verbale, la présence de comportements répétitifs et d'intentionnalités restreintes, et un traitement sélectif et séquentiel des informations et des afférences sensorielles que l'élève coordonne parfois avec difficulté. Le trouble le plus connu est l'autisme.
Troubles spécifiques du langage	Les troubles spécifiques du langage oral et écrit sont : – la dysphasie : trouble structurel, primaire et durable de l'apprentissage et du développement du langage oral ; – la dyslexie : difficultés sur la reconnaissance de mots (exactitude et/ou fluidité), l'orthographe et le décodage.
Troubles des fonctions auditives	La déficience auditive ou surdité induit pour l'élève des difficultés pour l'apprentissage de la langue orale car la mauvaise perception sonore entraine une mauvaise compréhension.
Troubles des fonctions visuelles	Les élèves malvoyants et aveugles ont des difficultés de prise d'information visuelle et de transcription écrite de leurs connaissances dans la plupart des disciplines.

Les unites localisées pour l'inclusion scolaire (ULIS)

Les élèves porteurs d'un handicap peuvent être scolarisés dans des unités localisées pour l'inclusion scolaire (ULIS) après orientation par la Commission des droits et de l'autonomie des personnes handicapées (CDAPH) et dans le cadre du projet personnalisé de scolarisation (PPS) de l'élève. Les ULIS sont des dispositifs ouverts, c'est-à-dire que les élèves sont aussi accueillis dans leur classe de référence pour certains apprentissages en fonction de leurs capacités. Elles constituent une des modalités de mise en œuvre de l'accessibilité pédagogique. L'ULIS-école permet l'accueil dans une école primaire ordinaire d'un petit groupe d'enfants (douze au maximum) présentant des troubles compatibles.

CATÉGORISATION DES TROUBLES

- TFC : troubles des fonctions cognitives ou mentales ;
- TSLA : troubles spécifiques du langage et des apprentissages ;
- TED : troubles envahissants du développement (dont l'autisme) ;
- TFM : troubles des fonctions motrices ;
- TFA : troubles de la fonction auditive ;
- TFV : troubles de la fonction visuelle ;
- TMA : troubles multiples associés (pluri-handicap ou maladie invalidante).

Ces dénominations ne constituent pas une nomenclature administrative. Elles permettent à l'autorité académique de réaliser une cartographie des ULIS en mentionnant les grands axes de leur organisation et offrent à l'ensemble des partenaires une meilleure lisibilité. La constitution du groupe d'élèves d'une ULIS ne se construit pas sur une homogénéité absolue des élèves, mais sur une compatibilité de leurs besoins et de leurs objectifs d'apprentissage, condition nécessaire à une véritable dynamique pédagogique (circulaire n° 2015-129 du 21-8-2015).

LA SCOLARISATION DANS UNE CLASSE ORDINAIRE

Un élève en situation de handicap peut être scolarisé dans une classe dite ordinaire. L'enseignant prend alors en compte certains points afin d'adapter son enseignement à cet élève tout en favorisant la réussite de tous.

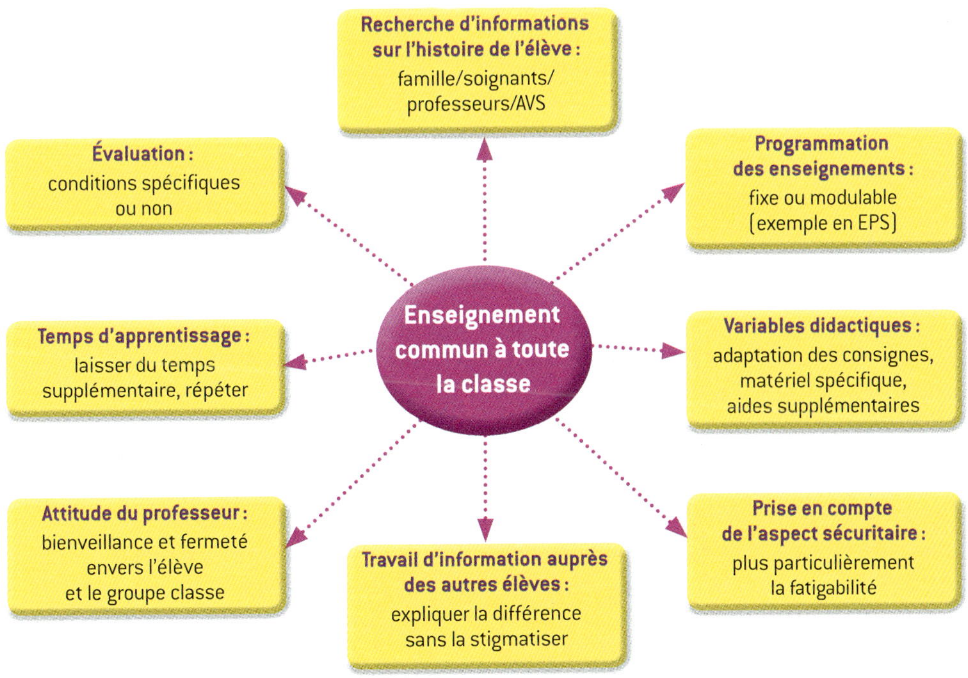

3.2 Scolarisation des enfants du voyage et des élèves allophones

La circulaire sur la scolarisation et la scolarité des enfants issus de familles itinérantes et de voyageurs du 2 octobre 2012 rappelle que **le droit à la scolarisation s'applique aux enfants du voyage** comme à tous les élèves et détaille les dispositifs particuliers qui les concernent. L'objectif est d'améliorer la scolarisation en mater-

➤ **Allophone :** qui parle une autre langue que celle de la communauté dans laquelle il évolue, ici le français.

nelle et de favoriser la réussite des élèves à l'école élémentaire en insistant notamment sur la compétence « Comprendre, s'exprimer en utilisant la langue française à l'oral et à l'écrit » du domaine 1 du Socle commun de connaissances, de compétences et de culture. Les enfants du voyage sont accueillis principalement en classe ordinaire, parfois dans des unités pédagogiques spécifiques.

Les élèves allophones sont scolarisés en unité pédagogique pour élèves allophones arrivants (UPE2A), dispositif ouvert orienté vers l'inclusion en classe ordinaire. C'est le degré de connaissance de la langue française de l'élève, plus que sa nationalité étrangère ou le fait qu'il soit un enfant de migrant, qui guide le choix d'un parcours scolaire adapté. Après un accueil de la famille et une évaluation initiale de l'élève (acquis scolaires antérieurs), l'élève intègre une classe ordinaire et bénéficie du suivi d'un enseignant spécialisé. L'acquisition de la langue française est régulièrement évaluée. En classe, l'enseignant adapte son enseignement en privilégiant l'apprentissage du français oral et en s'appuyant sur l'EPS et la découverte du monde. Il peut également développer le tutorat et le travail de groupe pour favoriser l'intégration de l'élève.

Les centres académiques pour la scolarisation des élèves allophones nouvellement arrivés et des enfants issus de familles itinérantes et de voyageurs (CASNAV) informent, forment et diffusent des outils pédagogiques pour les enseignants du premier degré.

3.3 Scolarisation des élèves hautement perturbateurs

L'évolution de la société, des pratiques éducatives des parents, du statut de l'enfant, des attentes envers l'école ont conduit l'institution scolaire à s'intéresser depuis peu aux élèves présentant des troubles de la conduite et du comportement. **Le terme « élève hautement perturbateur » regroupe une multiplicité de situations.** Pour décrire ces manifestations, on parle souvent d'agressivité, d'indocilité, de tendance à la manipulation, de difficile contrôle des émotions, d'instabilité extrême, d'actes de destruction qui résistent aux rappels, à l'injonction, au changement de méthode ou d'interlocuteur.

Quelles pistes pour l'enseignant ?

- Observer les comportements de manière factuelle avec le moins d'interprétation possible.
- Structurer et rassurer par la mise en place d'un emploi du temps régulier, des activités ritualisées, le recours à des supports visuels.
- Établir la liste des comportements acceptables et inacceptables.
- Enseigner les comportements sociaux acceptables.

Il est indispensable pour l'enseignant de ne pas rester isolé mais de pouvoir s'appuyer sur l'équipe éducative, les RASED. Il peut également faire appel à la mission départementale de suivi des élèves au comportement hautement perturbant.

➤ **RASED** : réseau d'aides spécialisées aux élèves en difficulté, p. 183

3.4 Scolarisation des élèves intellectuellement précoces (EIP)

La question de la précocité intellectuelle intéresse depuis peu l'Éducation nationale. Assimilée pendant longtemps à la réussite scolaire alors que, paradoxalement, de nombreux élèves en échec scolaire sont des élèves intellectuellement précoces, elle est aujourd'hui prise en charge spécifiquement. En effet, **les élèves intellectuellement précoces doivent bénéficier de réponses individualisées** dans le cadre de la personnalisation des parcours scolaires. C'est pourquoi chaque académie possède un référent EIP, interlocuteur privilégié des parents et de la communauté éducative.

L'élève intellectuellement précoce manifeste la capacité de réaliser, dans un certain nombre d'activités, des performances que ne parviennent pas à accomplir la plupart des enfants de son âge (mémoire importante, traitement rapide des informations, curiosité, aisance à l'oral).

Dans la classe, l'enseignant peut proposer à ces élèves :

– l'adaptation du rythme d'apprentissage et non une charge de travail supplémentaire ;
– la possibilité de suivre certains apprentissages dans une autre classe ;
– un travail réflexif sur les méthodes de travail ;
– des activités liées à leurs centres d'intérêt et motivations (exposé) ;
– une place dans la vie de la classe (délégué, responsabilités).

3.5 Scolarisation des élèves en difficulté

Ces élèves sont accueillis dans **une section d'enseignement général professionnel adapté (SEGPA)**. C'est une structure spécialisée pour les élèves de **12 à 16 ans** en difficultés graves et persistantes. L'enseignement y est en partie assuré par des enseignants du premier degré, mais également par des PLC (professeur de lycée et collège) et des PLP (professeur de lycée professionnel). Le programme du collège y est adapté et, à partir de la cinquième, des enseignements pré-professionnels sont dispensés. L'objectif de cette section est d'amener les élèves à l'obtention d'une qualification au moins de niveau 5 (CAP).

4 Les outils de construction des apprentissages

Pour construire les apprentissages, l'enseignant dispose de différents outils : les documents officiels obligatoires, les manuels, les supports et cahiers des élèves, les affichages et les technologies usuelles de l'information et de la communication (TUIC).

4.1 Les documents officiels

Pour construire les apprentissages, le professeur des écoles utilise les documents institutionnels obligatoires nationaux. À la rentrée 2016, la répartition par cycles est modifiée :

Cycle 1, cycle des apprentissages premiers : PS, MS, GS
Cycle 2, cycle des apprentissages fondamentaux : CP, CE1, et CE2
Cycle 3, cycle de consolidation : CM1, CM2 et classe de 6^{e}

Les nouveaux programmes et socle commun 2016 ont été mis en place pour l'école élémentaire.

> **Socle commun de connaissances, de compétences et de culture**
> http://eduscol.education.fr/cid86943/nouveau-socle-commun-pour-2016.html

LE SOCLE COMMUN DE CONNAISSANCES, DE COMPÉTENCES ET DE CULTURE

À partir de la rentrée 2016, un nouveau socle commun est mis en œuvre. Ce cadre de référence présente les connaissances, compétences, valeurs et attitudes que les élèves doivent maitriser à la fin de la scolarité obligatoire. Il est organisé autour de 5 domaines :

– les langages pour penser et communiquer ;
– les méthodes et outils pour apprendre ;
– la formation de la personne et du citoyen ;
– les systèmes naturels et les systèmes techniques ;
– les représentations du monde et l'activité humaine.

➤ **Les programm de 2016**
www.education.gouv.fr/cid95812/au-bo-special-du-26-novembre-201 programmes-d-enseignement-de-ecole-elementaire-et-du-college.html

Les programmes de 2016

- **En élémentaire**

Pour les cycles 2 et 3, ils indiquent les connaissances à acquérir pour chaque année du primaire (documents d'accompagnement à venir sur EDUSCOL).

Les nouveaux programmes d'enseignement de l'école et du collège assurent l'acquisition des connaissances et des compétences fondamentales. Ils déclinent et précisent les objectifs définis par le nouveau socle commun de connaissances, de compétences et de culture (voir ci-dessus les 5 domaines mentionnés) :

- **Cycle des apprentissages fondamentaux (CP-CE1-CE2)**

Domaines disciplinaires	Durée annuelle	Durée hebdomadaire moyenne
Français *	360 heures	10 heures
Mathématiques	180 heures	5 heures
Langue vivante	54 heures	1 heure 30
EPS	**108 heures**	**3 heures**
Arts plastiques et visuels, éducation musicale	72 heures	2 heures
Questionner le monde, enseignement moral et civique**	90 heures	2 heures 30
Total	864 heures	24 heures

* Français : 10 heures hebdomadaires consacrées à des activités quotidiennes d'oral, de lecture et d'écriture qui prennent appui sur l'ensemble des champs disciplinaires.
** Enseignement moral et civique : 36 heures annuelles, soit 1 heure hebdomadaire dont 0 h 30 consacrée à des situations pratiques favorisant l'expression orale.

- **Cycle de consolidation (CM1-CM2-6e)**

Domaines disciplinaires	Durée annuelle	Durée hebdomadaire moyenne
Français *	288 heures	8 heures
Mathématiques	180 heures	5 heures
Langue vivante	54 heures	1 heure 30
EPS	**108 heures**	**3 heures**
Sciences et technologies	72 heures	2 heures
Arts plastiques et visuels, éducation musicale, histoire des arts	72 heures	2 heures
Histoire et géographie, enseignement moral et civique **	90 heures	2 heures 30
TOTAL	864 heures	24 heures

* Français : 12 heures hebdomadaires consacrées à des activités d'oral, de lecture et d'écriture qui prennent appui sur l'ensemble des champs disciplinaires.
** Enseignement moral et civique : 36 heures annuelles, soit 1 heure hebdomadaire dont 0 h 30 est consacrée à des situations pratiques favorisant l'expression orale.

- **En maternelle**

La durée de la semaine scolaire des élèves à l'école maternelle est fixée à 24 heures. Les nouveaux programmes de la maternelle ont été mis en œuvre à la rentrée 2015 (voir p. 163).

4.2 Les manuels

L'enseignant du premier degré choisit ensuite librement les manuels et supports qu'il utilisera avec ses élèves. Il bénéficie de la liberté pédagogique dans la mise en œuvre des programmes nationaux.

Choisir un manuel n'est pas une démarche facile. L'enseignant doit trouver une cohérence entre les partis pris des auteurs du manuel et ses propres choix pédagogiques. Le professeur des écoles doit prendre en compte et évaluer :

– la conformité des contenus par rapport aux programmes nationaux ;
– l'adéquation entre la démarche pédagogique proposée et la sienne ;
– la possibilité offerte ou non de faire travailler les élèves en autonomie ;
– la richesse du fond documentaire et iconographique, la clarté de la présentation.

4.3 Les supports ou cahiers des élèves

Les supports ou cahiers sont une composante essentielle du travail des enfants. Voici quelques exemples de ces différents types de supports utilisés en classe par les enseignants.

À L'ÉCOLE MATERNELLE

Pour les supports présentés, le but est de montrer aux familles, le plus régulièrement possible, la progression du travail de la classe et les progrès des enfants.

Supports	Intérêts
Le cahier de vie On y trouve la trace des activités que les élèves ont vécues au sein de la classe. Il peut être collectif ou individuel, quotidien ou hebdomadaire, sous forme de photos ou de textes. Il a pour but de resserrer les liens entre l'école et la famille.	– Rend le travail des enfants lisible et les parents complices (affichage par exemple dans le couloir, les parents pourront ainsi découvrir le travail de leur enfant lorsqu'ils le conduisent en classe). – Valorise l'écrit et met l'enfant en situation de lecteur. – Rassemble différents types d'écrits. – Apprend à mémoriser des évènements et rythme le temps. – Développe le désir de communiquer des élèves. – Crée une culture collective.
Le cahier de travail Il regroupe les traces du travail de l'élève et peut être distinct du cahier de vie.	– Rend lisible le travail de l'enfant auprès de sa famille. – Apprend aux enfants à parler de leur travail à l'école.
Le cahier de correspondance Il permet de communiquer avec les familles et peut être distinct du cahier de vie.	Permet de rédiger des informations accessibles pour toutes les familles, y compris celles non lectrices (utiliser de préférence des logos : par exemple, un arbre pour les sorties, le signe € pour les prix, la date doit être facile à repérer…).

Piste de Réflexion : comment permettre aux enfants dont les parents ne s'investissent pas dans le cahier de vie ou de travail, d'en faire cependant un outil d'apprentissage ?

Au cycle 2

Supports pour les élèves	Intérêts
Le cahier de lecteur Il regroupe l'ensemble des textes que les élèves auront étudiés au cours de l'année.	– Regroupe l'ensemble des textes. – Permet de retrouver à tout moment un texte étudié.
Le porte-vues ou lutin Il est utilisé individuellement pour classer les outils dont les élèves ont besoin (alphabet, modèle d'écriture, mots outils, règles...).	– Protège les documents. – Peut être conçu pour un travail de cycle. – Outil difficile à manipuler qui demande un apprentissage de la part des élèves. – Doit être mis en relation avec les outils collectifs de la classe.
Le cahier du soir Il est utilisé pour noter les devoirs que l'élève aura à faire chez lui.	– Facilite la constitution du cartable le soir. – Un seul cahier fait la navette.
Le classeur Il est possible d'introduire le classeur en début de CE1 pour identifier les différents domaines d'apprentissages, les différencier et les mettre en relation.	Un travail méthodologique est nécessaire ainsi qu'un travail technique : comment ouvrir et fermer un classeur ? À quoi servent les intercalaires ? Comment les différencier ?... Beaucoup d'inconvénients en apparence, mais aussi un avantage majeur : faire prendre conscience aux élèves qu'ils grandissent, qu'ils sont capables de s'organiser...

Piste de Réflexion : que pensez-vous de la multiplicité des supports pour les élèves ?

Au cycle 3

Supports	Intérêts
Le cahier de brouillon Il permet aux élèves d'effectuer leur recherche.	– Dédramatise la trace écrite (c'est un cahier que les parents ne voient pas et qui n'est pas corrigé de façon formelle par l'enseignant). – Permet aux élèves d'organiser leur recherche. – Permet de ne pas perdre de temps en présentation.
Le cahier du jour Il regroupe les exercices d'application, trace de ce qui se passe dans la classe.	– Fait l'objet d'une présentation rigoureuse (cahier corrigé par l'enseignant). – Permet de communiquer avec les parents.
Le cahier de leçons Il regroupe les leçons de français et de mathématiques, plus rarement celles de culture humaniste ou de sciences expérimentales.	– Fait l'objet d'une présentation rigoureuse, avec des repères de couleurs pour chaque discipline : cela peut aller de deux (pour les deux grands domaines d'étude) à une segmentation plus précise (vocabulaire, grammaire, orthographe, nombres et calcul, géométrie, grandeurs et mesures, organisation et gestion des données). – Permet aux parents de voir l'avancement des apprentissages de leur enfant. – Certains enseignants pensent que la présentation soignée permet « aux élèves de mieux apprendre ».
Le classeur Il permet de regrouper les leçons selon différentes entrées (champs disciplinaires, domaines d'étude...).	– Permet aux élèves de ne transporter que les feuilles dont ils ont besoin, mais aussi d'enrichir et de compléter leur travail, ce qui en fait un outil de cycle très riche. – Permet à l'enseignant de ne garder qu'une feuille pour en différer la correction.

4.4 Les affichages

Les affichages servent de témoin et de mémoire de la vie de la classe. Les élèves doivent pouvoir s'y référer pour retrouver une information concernant l'organisation de la classe ou une notion étudiée. Ils sont un complément indispensable aux supports individuels des élèves et aux manuels car ils accrochent le regard et influencent les attitudes et habitudes des élèves.

Ils doivent être construits le plus souvent possible avec les élèves afin d'en faciliter l'appropriation et l'utilisation réelle.

Enfin, les affichages ont une fonction civique. Préparer des affiches en équipe ou en grand groupe apprend à respecter le travail des autres et à coopérer, et favorise ainsi un climat de classe plus agréable.

On distingue trois types d'affichages :

L'affichage didactique et pédagogique	L'affichage institutionnel	L'affichage esthétique
• **Planifie les apprentissages et met en mots les projets de la classe.** Il permet à l'élève de structurer sa représentation des apprentissages qui vont être mis en œuvre au cours de l'année et à l'enseignant de vérifier l'avancée de sa planification des apprentissages (programmation et progressions par domaines et par périodes). • **Sert de mémoire de la vie de la classe.** Les différents écrits témoignent des apprentissages déjà réalisés : synthèse de leçons, règles, liste de poésies, exposés, écrits intermédiaires... • **Permet de montrer les avancées du groupe classe**, de rapporter des conclusions, de faire état des étapes de construction des savoirs.	• **Regroupe les différents documents nécessaires à l'organisation du travail de la classe :** – l'emploi du temps, – les plannings d'occupation des différents lieux (BCD, gymnase, salle informatique...), – la liste des élèves répartis par âge, – les programmations et progressions, – le règlement intérieur, – les consignes de sécurité. • **Doit être communiqué, expliqué et partagé avec les élèves.** Ce n'est pas qu'un outil de planification de l'enseignant mais un véritable outil de compréhension des apprentissages.	**C'est le « musée » de la classe.** Il regroupe les réalisations des élèves, des reproductions d'œuvres d'art, des apports culturels (biographies, frise chronologique....).

4.5 Les technologies usuelles de l'information et de la communication (TUIC)

Les TICE (techniques de l'information et de la communication pour l'enseignant) sont devenues les TUIC car **les techniques usuelles de l'information et de la communication font partie du domaine 1 « Les langages pour penser et communiquer » du nouveau socle commun de connaissances, de compétences et de culture entré en vigueur à la rentrée 2016.**

Il s'agit d'un champ d'enseignement relativement récent. Les élèves sont amenés non seulement à travailler avec des outils (*hardware*) tels que des ordinateurs, des vidéoprojecteurs, des tableaux numériques... mais aussi avec des logiciels (*software*). Ces outils audiovisuels et informatiques doivent être mis au service des apprentissages des élèves.

➤ **TUIC**
eduscol.education.fr/numerique/textes/reglementaires.

L'enseignement du code informatique est également encouragé depuis la rentrée 2016. Les nouveaux programmes l'introduisent dès le cycle 1, des préconisations, ressources et comptes rendus d'expériences sont mis à disposition pour les enseignants sur les sites institutionnels.

➤ **Rapport de l'académie des Sciences**
www.reseau-canope
fr/actualites/
actualite/apprendre
le-code-a-lecole.htm

Le plan numérique

Il organise l'utilisation du numérique à l'école autour de 3 axes :
– l'équipement des classes en matériel numérique ;
– la formation au numérique des enseignants ;
– la conception et la diffusion de ressources numériques pédagogiques.

Dès la rentrée 2016, le livret scolaire numérique devrait être mis en place progressivement du CP à la 3ᵉ. Cet outil permettrait d'harmoniser les pratiques d'évaluation et de rendre compte, sous un format normalisé et unique, des acquis des élèves. Ce livret numérique comprendrait :

À la fin de chaque trimestre, un bulletin détaillant, au recto, le niveau des élèves par matière et, au verso, les appréciations générales et les projets menés.

À la fin de chaque cycle (CE2, 6ᵉ, 3ᵉ), une fiche dressant un bilan global sur les 8 champs d'apprentissage du socle (langue française à l'oral et à l'écrit ; langages mathématiques, scientifiques et informatiques ; représentations du monde et activité humaine ; langues étrangères et régionales ; systèmes naturels et systèmes techniques ; formation de la personne et du citoyen ; langages des arts et du corps ; méthodes et outils pour apprendre) grâce à un indicateur simple : **maitrise insuffisante, fragile, satisfaisante ou très bonne.**

Les attestations suivantes : l'attestation de prévention et secours civiques de niveau1 (PSC1), les attestations scolaires de sécurité routière de premier et second niveau (ASSR1, ASSR2, AER), l'attestation scolaire « savoir-nager » (ASSN).

➤ **Le plan numérique**
http://ecolenumeriq
education.gouv.fr/

➤ **Livret scolaire numérique**
http://www.educatic
gouv.fr/pid285/
bulletin_officiel.
html?cid_bo=10072

4.6 Les devoirs et leçons

La question de **savoir si les enseignants doivent donner des devoirs à la maison** est sujet à polémique compte tenu du contexte contradictoire suivant :

– les devoirs écrits sont interdits à l'école élémentaire depuis 1956. La circulaire du 6 septembre 1994 sur l'organisation des études dirigées rappelle : « Dans ces conditions, les élèves n'ont pas de devoirs écrits en dehors du temps scolaire. À la sortie de l'école, le travail donné par les maitres aux élèves se limite à un travail oral ou des leçons à apprendre. » Aucun texte ne demande aux enseignants de prescrire un travail écrit aux élèves après la journée de classe ;
– cependant, les parents les réclament et une grande partie des enseignants les estiment indispensables.

Face à cette double contradiction, il s'avère utile de se poser les bonnes questions. Elles devraient permettre à chaque enseignant de se positionner :

– Si les devoirs à la maison sont un moyen de liaison école/famille, ils développent également des inégalités liées à la capacité/possibilité ou non des parents à accompagner leurs enfants dans leurs devoirs. Comment alors, à l'école élémentaire, mettre en place la pratique pédagogique de donner des devoirs à faire à la maison sans creuser les inégalités ?

– Le processus d'apprentissage doit être mené entièrement sur le temps scolaire. Mais les exercices faciles et répétitifs, nécessaires pour renforcer les apprentissages, doivent-ils être faits en classe ou à la maison ?
– Comment tenir compte en classe des devoirs faits à la maison si certains élèves ne les ont pas réalisés ?
– L'autonomie des élèves face à une tâche est-elle à construire en classe ou à la maison ?
– Quels objets du savoir peuvent être appris à la maison ? *(Il s'agit principalement des oraux de toute nature et des référents méthodologiques.)*

5 La maternelle : une école spécifique

L'école maternelle est une école à part entière, avec ses programmes propres, et ceci malgré son statut particulier puisqu'elle n'est pas obligatoire. La quasi-totalité des enfants de 3 à 5 ans y est cependant scolarisée.

Permettre de vivre une première expérience scolaire réussie est l'objectif majeur de l'école maternelle. Sa mission principale est de donner envie aux enfants d'aller à l'école pour apprendre, affirmer et épanouir leur personnalité. Cette première scolarisation permet aux enfants entre 3 et 6 ans d'apprendre et de vivre ensemble. L'école maternelle contribue ainsi à l'égalité des chances et à la réussite de tous les élèves à l'école élémentaire.

Longtemps considérée comme un modèle efficace dans l'accueil et l'éducation des jeunes enfants, l'école maternelle française subit depuis quelques années des critiques sur son efficacité : activités proposées plus proches de l'animation que de l'enseignement, apprentissages trop formels et abstraits, primarisation de la Grande Section, scolarisation à mi-temps en Petite Section...

La loi de refondation de l'école réaffirme la place fondamentale de l'école maternelle dans le parcours scolaire de chaque élève.

Les nouveaux programmes mis en œuvre à la rentrée 2015 et les ressources d'accompagnement éditées par le ministère de l'Éducation nationale déclinent les objectifs et les bonnes pratiques pédagogiques à mettre en œuvre sur les trois années de scolarisation désormais regroupées dans un cycle unique fondamental (cycle 1 : cycle des apprentissages premiers).

L'école maternelle doit être une école :

• Qui s'adapte aux jeunes enfants (nécessité d'un accueil spécifique, réaffirmation du partenariat école-famille, prise en compte du développement de l'enfant, mise en place d'une évaluation bienveillante et positive).

• Qui organise des modalités spécifiques d'apprentissage (importance du jeu et de situations d'apprentissage vécues, nécessité de mise en œuvre de situations problèmes, valorisation des procédures par automatisation et mémorisation).

• Qui permet aux enfants d'apprendre et de vivre ensemble (construction du sens de l'école, développement de la personnalité et du vivre ensemble).

Les enseignements sont organisés en **cinq domaines d'apprentissage** :

- mobiliser le langage dans toutes ses dimensions
- agir, s'exprimer, comprendre à travers l'activité physique

- agir, s'exprimer, comprendre à travers les activités artistiques
- construire les premiers outils pour structurer sa pensée
- explorer le monde

Chacun de ces cinq domaines est essentiel au développement de l'enfant et doit trouver sa place dans l'organisation du temps quotidien.

5.1 Connaitre le jeune enfant

Pour comprendre les spécificités de l'école maternelle, il est nécessaire de connaitre les enfants accueillis et leur façon de percevoir le monde afin de proposer une pédagogie adaptée.

Les besoins du jeune enfant doivent également être pris en compte (voir tableau ci-contre) :

– besoins moteurs : bouger, jouer, manipuler ;
– besoins physiologiques : être propre, boire, manger, dormir, s'aérer ;
– besoins affectifs : développer l'estime de soi, être reconnu et respecté, être en sécurité ;
– besoin d'apprendre : parler/communiquer, découvrir, comprendre.

5.2 La pédagogie à l'école maternelle

L'école maternelle possède une pédagogie propre dont les principes fondamentaux sont développés dans le nouveau programme pour la maternelle de 2015. Il s'agit de concilier deux approches pédagogiques :

– une approche développementale visant le développement global de l'enfant ;
– une approche plus académique visant l'acquisition de connaissances et de compétences.

Quatre modalités pédagogiques sont à privilégier :

1. Apprendre en jouant

Depuis Pauline Kergomard, nous savons que l'enfant se construit par le jeu. Jouer à l'école maternelle, c'est d'abord prendre de la distance avec la réalité. À travers les jeux dits « symboliques », l'enfant commence par se sentir bien à l'école pour être ensuite prêt à entrer dans la réalité de la classe et apprendre à vivre avec les autres (respect des règles, respect des autres, affirmation de soi). Les jeux dans la cour de récréation témoignent du respect de nombreuses règles implicites ou explicites. Les jeux à règles sont progressivement mis en place à l'école : jeux de société, de rythme, jeux mathématiques, jeux collectifs en EPS, jeux phonologiques... Le jeu permet également à l'enfant à la fois de choisir de s'engager dans l'action, mais également de décider librement des modalités d'action. Il procure à l'enfant un plaisir qui peut être immédiat ou différé.

Le jeu peut être :

- Ludique (il permet d'apprendre à explorer et contrôler ses émotions. Il développe la motivation et la curiosité) ;
- Éducatif (il permet de structurer sa pensée, de comprendre des notions, de développer des connaissances et habitudes) ;
- Pédagogique (il génère un apprentissage précis).

LE MONDE ENFANTIN EST UN MONDE OÙ TOUT EST CONFONDU

ÉGOCENTRISME
Confusion de soi et du monde.
L'enfant perçoit le monde à son image, sans être capable de dépasser son propre point de vue.

SYNCRÉTISME
Confusion des objets entre eux et en eux-mêmes.
L'enfant perçoit un monde **global** (non-distinction des objets entre eux) et **confus** (imprécision de chaque objet en lui-même).

ARTIFICIALISME ENFANTIN
L'enfant considère les évènements naturels comme provoqués par une volonté mythique ou humaine, à l'image de ses propres actes volontaires.
NON-DISTINCTION DU NATUREL ET DE L'ARTIFICIEL

RÉALISME ENFANTIN
L'enfant ne distingue pas en l'objet ce qui est essentiel et ce qui n'est qu'apparence passagère.
L'enfant accorde à l'apparence une réalité qu'elle ne possède pas.

FINALISME ENFANTIN
L'enfant considère les évènements naturels comme provoqués dans un but déterminé à l'avance, à l'image de ses propres actes intentionnels.
NON-DISTINCTION DU BUT ET DE LA CONSÉQUENCE

ANIMISME ENFANTIN
L'enfant considère le monde comme animé, comme il l'est lui-même.
NON-DISTINCTION DU VIVANT ET DE L'INANIMÉ

2. Apprendre en réfléchissant et en résolvant des problèmes

En situation de recherche, l'enfant entre dans le partage des connaissances et des compétences par le questionnement, l'émission d'hypothèses, l'expérimentation et la validation. Il se constitue avec et par ses pairs un capital de connaissances évolutif et un répertoire d'expériences : – Comment assembler des feuilles de papier ? – Comment poussent les plantes ? – De quoi ai-je besoin pour mettre la table pour 4 poupées ?... La verbalisation permet alors à l'élève d'affiner sa pensée, de s'interroger et de comprendre pour conceptualiser. L'expérimentation lui permet enfin d'acquérir de l'autonomie.

3. Apprendre en s'exerçant

Le temps de l'apprentissage n'est pas linéaire, il doit donc être suffisamment long pour permettre à tous les enfants de progresser et toujours comporter une phase d'appropriation et de stabilisation des connaissances d'une durée conséquente puis une phase de réinvestissement des compétences acquises.

4. Apprendre en se remémorant et en mémorisant

Les apprentissages proposés par l'enseignant mettent l'enfant en action (le travail sur fiches est à ce titre peu recommandé). Ces actions permettent à l'élève d'éprouver, d'expérimenter le réel, de se construire un répertoire moteur de base qu'il va mémoriser et auquel il pourra faire appel :

– il transvase dans le coin eau ;

– il fait rouler, couler, gratte, caresse la peinture avec différents outils et sur différents supports ;

– il trie, compare, range, dénombre des petits objets pour réaliser des collections ;

– il scande, frappe, inverse, joue avec les syllabes ;

– il teste, découvre, s'interroge sur les différents états de la matière...

Une évaluation repensée, bienveillante et positive, accompagne cette pédagogie spécifique à l'école maternelle. Cette évaluation ne mesure pas les manques et n'est pas normative ; elle doit au contraire rendre compte du cheminement positif de chaque enfant en s'appuyant sur les réussites et les progrès individuels. Le carnet de progrès ou le carnet de suivi est l'outil à privilégier.

Évaluation et traitement de l'erreur

DOCUMENT 1 *Suivi et évaluation des apprentissages des élèves à l'école maternelle*, Ministère de l'Éducation nationale, de l'Enseignement supérieur et de la Recherche, pp 1-2, Eduscol, http://eduscol.education.fr/ressources-maternelle

DOCUMENT 2 Éveline Charmeux, « Ne pas faire de l'erreur un échec », © *Cahiers pédagogiques* n°494, janvier 2012.

DOCUMENT 3 J.-P. Astolfi, « Typologie des erreurs des élèves », in *L'Erreur, un outil pour enseigner*, ESF, 2008.

SITUATION PROFESSIONNELLE

En fin d'année, lors d'une évaluation individuelle, une élève de grande section écrit le mot PIRATE sans E. L'enseignante lui explique qu'il manque un E à la fin du mot. L'élève argumente : « Je n'ai pas écrit le E car on ne l'entend pas. »

Comment utilisez-vous les réponses de l'élève pour l'évaluer et rendre compte de sa maîtrise du principe alphabétique ?

DOCUMENT 1 Suivi et évaluation des apprentissages des élèves à l'école maternelle

Assurer la continuité pédagogique avec la scolarité obligatoire

La loi n° 2013-595 du 8 juillet 2013 d'orientation et de programmation pour la refondation de l'école de la République a souligné la place fondamentale de l'école maternelle comme première étape pour garantir la réussite de tous les élèves au sein d'une école juste pour tous et exigeante pour chacun.

Les élèves de l'école maternelle suivent désormais un cycle d'enseignement à part entière, le cycle des apprentissages premiers, pour lequel un nouveau programme, publié au BO spécial n° 2 du 26 mars 2015, entre en vigueur à la rentrée 2015.

Le cycle des apprentissages premiers a une identité propre : centré sur le développement affectif, social, sensoriel, moteur et cognitif de l'enfant, il établit les fondements éducatifs et pédagogiques sur lesquels s'appuient et se développent les apprentissages de l'élève pour l'ensemble de sa scolarité. Il vise à prévenir les difficultés, réduire les inégalités et inscrire chaque enfant dans un parcours de réussite.

Pour faciliter la continuité du parcours scolaire des élèves lors du passage à l'école élémentaire, il est nécessaire que les enseignants du cycle des apprentissages premiers puissent **transmettre** aux enseignants du cycle suivant, cycle des apprentissages fondamentaux, **un état des acquis** de leurs élèves **à l'issue de la scolarité à l'école maternelle**.

À l'école maternelle, le suivi des apprentissages et la communication autour des progrès des élèves passent par deux outils :

– un carnet de suivi des apprentissages, renseigné tout au long du cycle ;

– une synthèse des acquis de l'élève, établie à la fin de la dernière année du cycle 1.

Un carnet de suivi des apprentissages : rendre compte des progrès de l'élève, à son rythme, tout au long du cycle 1

Évaluer les apprentissages des élèves

L'évaluation régulière des acquis des élèves est un acte pédagogique à part entière. Cette nécessité d'évaluer les progrès des élèves et d'en rendre compte s'impose à tous les enseignants, y compris à l'école maternelle. Mais, au regard du très jeune âge des élèves, une grande souplesse est nécessaire dans la mise en œuvre de cette évaluation pour permettre aux enseignants d'adapter leurs pratiques aux spécificités locales et aux divers contextes d'exercice qu'ils peuvent rencontrer.

L'évaluation des apprentissages des élèves à l'école maternelle est mise en œuvre selon des **modalités définies en conseil de cycle** et qui prennent en compte les principes énoncés dans le programme de l'école maternelle en vigueur.

« *L'**évaluation** constitue un **outil de régulation dans l'activité professionnelle des enseignants** ; elle n'est pas un élément de prédiction ni de sélection. Elle repose sur une **observation** attentive et une interprétation de ce que chaque enfant dit ou fait. Chaque enseignant s'attache à **mettre en valeur**, au-delà du résultat obtenu, **le cheminement de l'enfant** et **les progrès** qu'il fait **par rapport à lui-même**. Il permet à chacun d'identifier ses réussites, d'en garder les traces, de percevoir leur évolution. Il est attentif à ce que l'enfant peut faire seul, avec son soutien (ce que l'enfant réalise alors anticipe souvent sur ce qu'il fera seul dans un avenir proche) ou avec celui des autres enfants. Il tient compte des différences d'âge et de maturité au sein d'une même classe.*

« *Adaptée aux spécificités de l'école maternelle, **l'évaluation est mise en œuvre selon les modalités définies au sein de l'école**. Les enseignants **rendent explicites pour les parents** les démarches, les attendus et les modalités d'évaluation propres à l'école maternelle.* » (BO spécial n° 2 du 26 mars 2015, *L'école maternelle : un cycle unique, fondamental pour la réussite de tous, paragraphe 1.4*).

À l'école maternelle, les écarts d'âge entre les enfants, donc de développement et de maturité, ont une grande importance et influent sur le rythme des acquisitions. Les différences inter individuelles doivent être prises en compte pour que chacun progresse au mieux et se développe harmonieusement.

Tout regard évaluatif doit veiller à ne pas générer de « norme précoce » ; ainsi, il convient de **s'attacher autant aux procédures et processus** que l'enfant met en œuvre dans ses apprentissages **qu'à l'appréciation des résultats** de son action.

Quelques principes :

• L'évaluation doit être conçue comme permettant de réguler les enseignements, de manière dynamique et positive. Elle est raisonnablement constitutive de la démarche denseignement, le temps consacré à l'évaluation ne devant pas amputer celui denseignement.

• Le suivi des acquis doit permettre d'objectiver les progrès réalisés par chaque enfant, de donner à voir ses réussites : il convient de penser des critères, des observables raisonnables et pertinents.

• Il doit également donner les moyens d'identifier des points d'alerte et de repérer des difficultés spécifiques, sans, bien sûr établir de « diagnostic ».

DOCUMENT 2 Ne pas faire de l'erreur un échec

Ne pas faire des apprentissages un chemin de croix et de chaque erreur un stigmate, certes. Mais pas si simple, c'est bien une conception du monde, en tout cas de la pédagogie et de ses pratiques, qui est en jeu.

« *Si l'on n'apprend pas à échouer, on échoue à apprendre.* » (Tal Ben-Shahar)

Pour adapter cette formule, rapportée par Bruno Koeltz dans le *Nouvel Observateur*, nous pourrions dire : « Si l'on n'a pas commis d'erreurs en apprenant, c'est une erreur de croire qu'on a appris. » Accepter de n'être pas parfait, et apprendre à se tromper pour mieux avancer, joli pied de nez aux injonctions officielles, qui font de l'erreur l'ennemi à abattre en matière d'éducation ! [...]

Repentir

Ce n'est pourtant pas d'aujourd'hui que l'importance de l'erreur en matière d'apprentissage a été soulignée et démontrée. Innombrables sont les exemples et analyses qui prouvent la nécessité de s'être trompé pour mieux comprendre et retenir. Cela n'empêche que, même si l'on est séduit, voire convaincu par cette affirmation, ses implications sur la conception du travail en classe ne vont pas de soi, si bien qu'il n'est pas évident de la mettre en pratique.

Pourquoi l'erreur est-elle en général sanctionnée en classe ? Le but est généralement de « culpabiliser » l'erreur, comme le montre l'emploi du terme de « faute ». On pense en effet que la honte de cette faute va pousser, grâce au repentir, les élèves à mieux travailler. Raisonnement aux relents vaguement religieux, auquel des connaissances élémentaires en psychologie ôtent toute crédibilité.

En fait, ce désir de culpabiliser est renforcé et justifié par trois données des pratiques de classe, dont on ne sait si elles sont les causes ou les conséquences de ce désir... En classe, on n'a pas le temps, et il faut des résultats rapides. Ce qu'aggrave encore le discours actuel qui est à peu près ceci : « *Moins on perd de temps à apprendre, plus vite on sait* » – et plus vite on est « *rentable* ». Donc, tout ce qui ralentit les résultats, comme la réflexion, la recherche, le tâtonnement, le travail d'équipe, est soigneusement déconseillé, pour ne pas dire interdit. On n'a droit qu'à un seul essai. Du coup, les essais en question sont conçus pour être facilement corrigés : on donne aux élèves des exercices à faire, qui ne peuvent avoir qu'une seule solution, installant ainsi l'affreux système binaire : c'est bon ou c'est mauvais. Si la solution trouvée n'est pas la bonne, c'est forcément une « faute », que l'on ne peut que punir. Et surtout, ces exercices sont donnés aux élèves individuellement, si bien que la solution est de leur seule responsabilité. Si la solution est mauvaise, c'est évidemment de leur « faute ».

Du temps

Comment éviter les conséquences désastreuses de ces pratiques sur les apprentissages des enfants ? D'abord sur le problème du temps. Contrairement aux propos officiels, aucun apprentissage ne peut se faire vite. Célestin Freinet aimait à rappeler plaisamment, que, même quand on est très pressé, il est inutile et dangereux de tirer sur les fleurs pour qu'elles poussent plus vite. De même, si l'on veut des élèves solidement équipés d'un savoir efficace, il est nécessaire qu'ils aient du temps pour le construire : expérimenter, analyser, reprendre, tâtonner ; bref, voir que ça ne va pas, comprendre pourquoi et recommencer, échanger avec les pairs et leurs idées différentes, chercher de la documentation, etc.

Du complexe

Ensuite, celui des activités proposées. Ce n'est pas avec des exercices que l'on peut obtenir le résultat évoqué. Les exercices n'ont jamais rien enseigné : ils ne peuvent servir qu'à fixer certaines découvertes, mais jamais à les provoquer – et encore à condition qu'ils soient ludiques, jamais évalués ni notés. Ce sont plutôt des problèmes auxquels il faut confronter les élèves, car on apprend quand on se heurte. Des problèmes aux solutions plurielles, que l'on adoptera selon des critères d'efficacité et de rentabilité, par rapport à la situation problématique proposée. Il faut aussi que ces situations-problèmes soient valorisantes, donc complexes, mais vécues en petits groupes solidaires, pour partager les difficultés qu'entraine leur complexité.

Du collectif

Enfin, sur la question du travail individuel. Conception quasi sacrée du travail scolaire en France, il a pour effet de laisser l'élève seul responsable de ce qu'il produit. Or, surtout pour des enfants jeunes, ce qui apparait comme un échec personnel au regard des autres est très difficile à supporter. Elle installe une image dévalorisée de soi qui paralyse les apprentissages ultérieurs. Pour que les enfants deviennent capables d'assumer personnellement la responsabilité de ce qu'ils ont fait, il faut qu'ils aient pu d'abord la partager. C'est une des nombreuses raisons de la nécessité de faire travailler les enfants en groupes solidaires, y compris pour les tâches de projet. On sait bien, par exemple, qu'il est prudent d'éviter que la responsabilité de la nourriture des poissons rouges de la classe ne soit confiée à un seul enfant : si l'un de ces pensionnaires tombe malade, ce sera insupportable pour l'enfant. C'est dans le groupe que l'on apprend à être soi et à affronter seul les difficultés. On n'apprend rien seul, et surtout pas à fonctionner seul. À ces conditions essentielles, il faut ajouter celles qui correspondent à l'ambiance de la classe.

Du sentiment

Chaque fois que l'enseignant manifeste sa colère, ou même simplement sa déception devant les erreurs d'un élève, il interdit toute prise en compte positive de cette erreur. Il ajoute à la déception personnelle de l'enfant qui n'a pas réussi la culpabilité d'avoir déçu le maitre, sentiment destructeur. On retrouve ici une vieille erreur (pas positive, celle-là, et affreusement coriace) des enseignants. Erreur que nous avons tous commise et qui empoisonne notre métier : celle qui consiste à réagir affectivement aux résultats des élèves en manifestant sa joie personnelle devant une réussite ou sa tristesse devant un échec. Entendons-nous bien : il n'est nullement question de bannir toute expression des sentiments en classe. Ils sont indispensables, bien sûr, même si l'on doit tout de même s'en méfier, car on n'est pas toujours maitre de ceux que nous inspirent les élèves et les raisons pour lesquelles certains nous agacent, tandis que d'autres sont aimés davantage sont rarement claires, et encore plus rarement justes. Ce qu'il faut comprendre ici, c'est que les sentiments de sympathie n'ont rien à voir avec les performances des élèves. Les élèves doivent se sentir appréciés de la même manière, qu'ils réussissent ou non. Quand il y a réussite, c'est toute la classe qui est satisfaite, et quand elle n'y est pas, c'est tous ensemble qu'on analyse ce résultat, pour y trouver des solutions et pour progresser : et c'est aussi agréable, car c'est la règle du jeu !

Qui ne s'est pas trompé ?

Il faut enfin ajouter à ces conditions l'image que l'enseignant donne de sa relation personnelle à l'erreur. Comme le dit Tal Ben-Sahar, il faut accepter de n'être pas parfait, y compris aux yeux des élèves : savoir reconnaitre ses propres erreurs et savoir évoquer celles qu'on a commises étant élève. Loin de risquer d'être dévalorisé à leurs yeux, on y grandit, au contraire, et surtout, on se rapproche d'eux et on les rassure : ils commettaient des erreurs en classe et ils s'en sont sortis, c'est donc qu'il y a de l'espoir ! Mettre tout cela en place n'a rien de très facile. Pas étonnant que l'échec scolaire soit si tenace : c'est là qu'il trouve son plus fécond terreau. Le problème, c'est que la solution requiert des enseignants une formation importante qui ne se limite ni aux contenus d'enseignement, ni même à leur pédagogie : être enseignant demande un travail sur soi, qui ne peut que très difficilement se faire tout seul.

Éveline Charmeux

Professeure honoraire et militante pédagogique

DOCUMENT 3 Typologie des erreurs des élèves

Nature de l'erreur	Analyse	Médiations et remédiations
Erreurs relevant de la rédaction et de la compréhension des consignes	→ Difficulté de compréhension des consignes orales ou écrites. → Difficulté de lecture des énoncés et des textes. → Difficulté dans la compréhension du vocabulaire spécifique employé par chaque discipline ou du sens particulier des mots utilisés. → Incapacité à déceler les questions qui n'ont pas toujours une forme interrogative ou qui n'apparaissent pas clairement dans un énoncé. → Incapacité à savoir quel type de réponse est attendu.	→ Travail spécifique sur la compréhension, la sélection, la formulation des consignes : • Travailler sur les verbes utilisés dans les consignes (ex. : indiquer, analyser, expliquer, conclure, interpréter…) • Travailler sur des manières multiples de donner des consignes à partir d'un même support • Analyser, critiquer et reformuler des consignes • Faire distinguer ce qui, dans un énoncé, est vraiment utile et essentiel • Traduire des consignes injonctives sous forme d'un texte narratif • Établir la correspondance entre une série de consignes et une série de réponses • Choisir la « bonne question » ou rédiger des consignes correspondant à une réponse donnée • Analyser un ensemble de réponses à partir de la question posée. → Analyse de la lisibilité des textes ou énoncés donnés en adoptant le point de vue de l'élève. → Avant de se lancer dans la tâche, faire anticiper les étapes qui seront nécessaires à la réalisation de la tâche (planification des actions nécessaires). → Donner des critères de réussite de la tâche, utiles à la vérification de ce que l'on a produit (liste d'indicateurs d'auto-évaluation, d'autorégulation).
Erreurs résultant d'habitudes scolaires ou d'un mauvais décodage des attentes	→ Réponses non adaptées à la situation et non logiques (ex. : l'âge du capitaine). → Résolution erronée mais utilisant des règles plaquées sans réflexion (ex. : orthographe). → Absence de réponse par peur de se tromper. → Difficultés liées à des obstacles épistémologiques et psychologiques non prises en compte lors de l'apprentissage (ex. : 5,43 > 5,7).	→ Expliciter les règles scolaires et clarifier le contrat didactique avec les élèves : l'élève doit savoir ce que l'on attend de lui. → Prendre en compte les obstacles qui peuvent gêner la construction d'une nouvelle notion et favoriser l'apprentissage par situation-problème complexe. → Travailler sur la représentation de l'erreur qui doit être considérée comme témoin des processus intellectuels en cours (donc perçue comme « normale » dans un processus d'apprentissage, car conséquence d'une hypothèse) et non comme une faute à sanctionner. → Faire construire par les élèves les règles à appliquer et analyser comment et quand les appliquer afin de connaitre les limites de validité de la règle ou de la loi.

Erreurs témoignant des représentations des élèves	→ Les enfants construisent depuis l'enfance des systèmes cohérents d'explication et de représentation du monde qui sont parfois très résistants aux efforts d'enseignement. → Les mots ont parfois des sens différents dans la langue courante que celui utilisé dans certaines disciplines (ex. : sommet en géométrie, le soleil se lève à l'est...).	→ Prendre en compte les représentations des enfants (les faire surgir : faire dessiner, poser des questions, demander d'expliquer un schéma, faire discuter une autre conception, faire raisonner par la négative, faire surgir ou provoquer une contradiction apparente, faire jouer des jeux de rôle...), les identifier et tenter de les comprendre (par comparaison, par la discussion) avant de mener une séquence. → Favoriser dans la classe le débat d'idées, les interactions entre pairs pour provoquer des conflits sociocognitifs, afin de résoudre en commun la tâche dans la coopération.
Erreurs liées aux opérations intellectuelles impliquées	→ Certains concepts sont longs et difficiles à construire (ex. : soustraire, diviser) et demandent un effort d'abstraction et des opérations logiques difficiles pour l'enfant. → Certains enfants utilisent des modes de résolution non adaptés à la situation.	→ Faire représenter préalablement ce qui est demandé (dessin, mime, reformulation orale...). → Ne pas réduire trop vite certains apprentissages à la connaissance de mécanismes et d'automatismes de base mais prendre le temps de se référer aux sens, permettre la recherche par des chemins divers (ex. : utilisation des opérations en mathématique, apprentissage de la lecture). → Accepter de prendre le temps que les enfants construisent les notions sans juger trop rapidement qu'ils ne les ont pas acquises. → Faire analyser les différences entre des exercices d'apparence proches, mais qui mettent en jeu des compétences logico-mathématiques diverses.

Erreurs portant sur les démarches adoptées	→ Certaines productions d'élèves ne sont pas conformes aux attentes en regard de ce qui a été travaillé auparavant. Elles sont parfois jugées comme des erreurs alors qu'elles manifestent la diversité des procédures possibles pour résoudre un problème ou répondre à une question posée.	→ Accepter la diversité des procédures pour résoudre un problème donné sans attendre ni exiger un type de réponse ou de résolution bien précis et canonique. → Faire expliciter aux élèves leurs procédures (comment ils s'y sont pris et pourquoi ils ont fait comme ça). → Analyser collectivement les différentes procédures utilisées, proposer à tous de les appliquer, faire comparer leurs avantages et désavantages pour favoriser les évolutions individuelles. Et pour cela : • Favoriser, par le jeu des interactions entre élèves, les conflits sociocognitifs car ils permettent des progrès intellectuels. • Favoriser la métacognition (revenir sur le travail déjà effectué pour le réexaminer mentalement) pour dégager des procédures qui permettront l'identification et l'appropriation de savoirs et savoir-faire mis en œuvre par d'autres élèves. • Favoriser la recherche et les explications entre pairs.
Erreurs dues à une surcharge cognitive (ou affective) au cours de l'activité	→ Les élèves n'arrivent pas à comprendre et à mémoriser tout ce qu'on leur a présenté ou dit précédemment. → L'élève, dans une situation proche de celle dans laquelle il a préalablement réussi, semble paniqué, n'arrive plus à mobiliser ce qu'il sait ou sait déjà faire.	→ Les élèves n'arrivant pas à fixer leur attention sur tous les aspects de la tâche à réaliser en même temps, mieux vaut les inciter à des centrations successives sur des sous-tâches, plus facilement gérables (ex. : correction d'un texte). → Permettre aux élèves de structurer et relier les nouveaux savoirs à des réseaux de savoirs existants, par exemple sous forme de schémas heuristiques, plutôt que de faire mémoriser des savoirs sous forme linéaire. → Éviter les situations stressantes dans lesquelles l'élève va « perdre ses moyens ». → Permettre aux enfants de se préparer mentalement à toute situation qui peut avoir un aspect déstabilisant (ex. : bilan).

1 Pour comprendre le sujet

Quelle est l'origine des documents ?

• **Document 1** : Il s'agit d'un document institutionnel qui accompagne les nouveaux programmes pour le cycle 1 mis en place à la rentrée 2015. Il rappelle les fondamentaux de l'évaluation en maternelle : bienveillance, progressivité et positivité. Ce document décrit également les outils d'évaluation à utiliser à la maternelle : carnet de suivi des apprentissages et synthèse des acquis des élèves en fin d'école maternelle.

• **Document 2** : ce document, issu des *Cahiers pédagogiques*, est écrit par Éveline Charmeux, professeure honoraire de l'IUFM de Toulouse. Sa vie de militante, d'engagement pour les valeurs de la République et de formatrice, font d'elle une fervente défenseuse de l'École.

Dans cet article, elle se positionne fermement pour une prise en compte de l'erreur en tant qu'étape essentielle et incontournable du processus d'apprentissage. Pour elle, l'erreur doit pouvoir s'exprimer en classe, voire y être valorisée pour ce qu'elle montre du processus de réflexion dans lequel l'élève se trouve. Elle replace également l'erreur dans le contexte scolaire, en excluant la « faute » individuelle qui « déçoit » l'enseignant et qui ne permet donc pas la prise en compte positive de l'erreur. Une erreur commise par un élève doit pouvoir être confrontée au groupe et trouver sa place dans la construction du savoir. L'enseignant doit l'accueillir comme une information du niveau de compréhension de ses élèves.

• **Document 3** : c'est une grille de compréhension des typologies d'erreurs que les élèves peuvent faire. Elle est proposée par Jean-Pierre Astolfi, universitaire français, spécialiste de la didactique des sciences.

Jean-Pierre Astolfi recense les erreurs les plus communes des élèves, les analyse et propose des remédiations. Ce document fournit une aide précieuse aux enseignants qui peuvent s'appuyer sur cette grille pour aider leurs élèves. Elle donne à comprendre certains processus d'apprentissage et met en lumière tous les malentendus pédagogiques que l'on peut rencontrer dans une classe.

Que disent les textes officiels sur l'évaluation et la notation ?

• **Sur l'évaluation** : Le référentiel de compétences des métiers du professorat et de l'éducation (BO n° 30 du 25 juillet 2013) indique que l'enseignant doit acquérir et développer la compétence P5 : Évaluer les progrès et les acquisitions des élèves – C'est-à-dire :

– En situation d'apprentissage, repérer les difficultés des élèves afin mieux assurer la progression des apprentissages.

– Construire et utiliser des outils permettant l'évaluation des besoins, des progrès et du degré d'acquisition des savoirs et des compétences.

– Analyser les réussites et les erreurs, concevoir et mettre en œuvre des activités de remédiation et de consolidation des acquis.

– Faire comprendre aux élèves les principes de l'évaluation afin de développer leurs capacités d'auto-évaluation.

– Communiquer aux élèves et aux parents les résultats attendus au regard des objectifs et des repères contenus dans les programmes.

– Inscrire l'évaluation des progrès et des acquis des élèves dans une perspective de réussite de leur projet d'orientation.

L'évaluation constitue donc une obligation de service pour le professeur des écoles.

Des grilles de références sont toujours disponibles pour aider les enseignants à définir des modalités d'évaluation. Ces documents précisent les observables, la mise en œuvre et les critères d'évaluation positive.

• **Sur la notation** : en 1969, dans la circulaire IV-69-1 du 6 janvier 1969, le législateur a tenté de changer les pratiques évaluatives en remplaçant l'échelle de notation de 0 à 20 par une échelle d'appréciation globale en cinq points (A à E ou 1 à 5) et a proscrit les classements. La préoccupation du législateur était alors que l'élève puisse mesurer ses progrès sur un plan individuel et moins anxiogène.

Où en sommes-nous aujourd'hui ?

Avec la mise en place des cycles d'apprentissage à l'école, une réflexion pédagogique a été construite autour des outils de communication des acquis des élèves, réservés à la fois aux enseignants, aux élèves et aux parents. La forme importe peu, il s'agit surtout de transmettre une liste des compétences travaillées dans le cycle et le niveau de compétences acquis par l'élève. **L'évaluation devient alors plus formatrice** pour l'élève et l'ensemble de la communauté éducative « s'engage dans une forme dynamique de l'évaluation, constitutive d'une pédagogie qui apprend à réussir dans un contexte de solidarité, et non plus de compétition ».

Depuis la rentrée 2016, deux nouveaux outils d'évaluation institutionnels sont mis en place :

La synthèse des acquis des élèves en fin d'école maternelle

Ce bref document permet de relever ce que l'élève sait faire et indique le cas échéant ses besoins à prendre en compte pour l'aider au mieux dans la suite de son parcours scolaire. L'établissement de cette synthèse relève de la responsabilité de l'équipe pédagogique du cycle, elle ne donne pas lieu à la passation préalable d'épreuves spécifiques d'évaluation.

Le document de synthèse des acquis scolaires renseigné par l'équipe pédagogique du cycle 1, est transmis à l'école élémentaire lors de l'admission de l'élève en 1re année du cycle 2, et communiqué aux parents ou au responsable légal de l'élève.

Le nouveau livret scolaire du CP à la 3e

Le livret scolaire est simplifié et unifié dans un document unique comprenant :

– À la fin de chaque trimestre, un bulletin détaillant : au recto, le niveau des élèves par matière et au verso, les appréciations générales et les projets menés.

– À la fin de chaque cycle (CE2, 6e, 3e), une fiche dressant un bilan global sur les 8 champs d'apprentissage du socle (langue française à l'oral et à l'écrit ; langages mathématiques, scientifiques et informatiques ; représentations du monde et activité humaine ; langues étrangères et régionales ; systèmes naturels et systèmes techniques ; formation de la personne et du citoyen ; langages des arts et du corps ; méthodes et outils pour apprendre) grâce à un indicateur simple : **maitrise insuffisante, fragile, satisfaisante ou très bonne**.

– À la fin de la scolarité obligatoire, les parents disposeront d'un dossier simple d'une trentaine de bulletins.

S'ENTRAINER 1 **Avant de poursuivre votre lecture, construisez la problématique du sujet.**
Le candidat, capable de problématiser un enjeu d'enseignement à partir des textes et des questions, montrera au jury sa capacité à construire sa pensée.

S'ENTRAINER 2 **À partir de votre réflexion sur la correction du travail d'un élève, vous dégagerez des critères pour rendre à l'évaluation son caractère formateur.**
Le candidat doit toujours garder en mémoire qu'il sera recruté pour enseigner, il doit donc montrer que ses réponses sont construites en relation avec des activités pédagogiques.

2 Problématique du dossier

L'évaluation et la notation scolaires sont fortement ancrées dans l'histoire du système éducatif français. En effet, notre système est historiquement construit sur l'élitisme et la recherche de classement, élitisme parce que seule la haute bourgeoisie accédait au lycée et classement car c'était le principe selon lequel l'école « triait » les élèves.

Aujourd'hui, la scolarisation obligatoire de 6 à 16 ans est caractérisée par un tronc commun. Tous les élèves suivent le même cursus et doivent acquérir les mêmes connaissances, quelle que soit leur origine sociale ou culturelle. Mais, malgré quelques tentatives du législateur, les pratiques d'évaluation ont peu évolué. Les enseignants, portés par plus d'un siècle de pratique, peinent à changer leurs habitudes. Les résistances ne viennent toutefois pas uniquement de ces derniers. Les parents, forts de leur expérience, demandent eux aussi à l'école de leur fournir des repères auxquels ils sont habitués.

Face à cette pression d'une demande de normes scolaires, **comment amener les élèves à progresser sans stigmatiser leurs erreurs mais en s'appuyant au contraire sur celles-ci pour progresser ?**

3 Plan possible

1. Une évaluation ou des évaluations ?

Il existe de nombreuses formes d'évaluation. Chacune comporte ses propres objectifs, ses contraintes et ses formes de mise en œuvre. Son application n'est ni neutre ni anodine. Elle donne à voir la façon dont chaque enseignant perçoit son rôle au sein de la communauté de la classe.

<u>Évaluation diagnostique</u> : proposée au début d'une séquence d'enseignement, elle permet aux enseignants de prendre connaissance des représentations des élèves.

<u>Évaluation sommative</u> : proposée en fin de séquence d'enseignement, elle permet d'évaluer ce que les élèves ont appris. Elle a pour but de sanctionner (négativement ou positivement) un apprentissage en vue d'un classement ou d'une sélection.

<u>Évaluation formative</u> : proposée en cours de séquence d'enseignement, elle permet de mesurer l'évolution des connaissances des élèves et de sérier les caractéristiques de leurs erreurs, et informe l'enseignant du degré d'atteinte des objectifs fixés. Selon les résultats obtenus, l'enseignant peut alors poursuivre ou revoir la construction de sa séquence.

<u>Évaluation formatrice</u> : proposée en cours de séquence d'apprentissage, elle est construite par les élèves eux-mêmes qui en définissent les critères afin d'évaluer leurs connaissances, de savoir où ils en sont et ce qu'il leur reste à apprendre. La pratique de cette évaluation est une véritable prise de position idéologique de la part de l'enseignant puisqu'elle place les élèves au cœur du dispositif d'évaluation.

2. Le traitement de l'erreur

Encore souvent appelée « faute », l'erreur reste fortement empreinte d'une certaine idéologie religieuse qui pousse la communauté éducative à la rejeter. En réalité, l'erreur donne à comprendre un fonctionnement cognitif ou un état des connaissances des élèves. C'est pour cette raison que l'enseignant doit créer les conditions nécessaires pour que les élèves se sentent autorisés à se tromper.

1. **Créer un climat de classe où l'erreur n'est pas stigmatisante** :
   – favoriser les prises de parole et inciter les élèves à justifier leur réponse ;
   – ne pas porter de jugement, ne pas valider ou invalider les réponses des élèves lorsqu'ils les présentent ;
   – mettre en place le travail de groupe afin de favoriser les interactions ;
   – reconnaitre que lorsque les élèves échouent, c'est à l'enseignant de changer.

2. **Évaluer les élèves pour mesurer leurs progrès** :
   – identifier les critères de réussite et les partager avec les élèves ;
   – évaluer positivement (on oublie les dictées traumatisantes où chaque erreur vaut la perte d'un point) ;
   – choisir des modalités d'évaluation innovantes (évaluation par synthèse, évaluation par contrat, évaluation de groupe...).

3. **Analyser les erreurs des élèves pour en faire des objectifs de remédiation** : le document 3 fournit de nombreuses explications et propose les remédiations possibles.

3. L'évaluation, un outil pour les apprentissages

L'évaluation ne doit pas rester un but en soi, ni un passage obligé quinze jours avant la remise des bulletins aux familles. C'est pourquoi l'enseignant doit construire une véritable réflexion autour de cette question. Le document 1, qui est un document institutionnel, permet d'éclairer les modalités d'évaluation :

– définir les objectifs de l'évaluation à court terme et à long terme ;
– définir en amont les critères de réussite avec les élèves ;
– varier les modalités d'évaluation pour les élèves ;
– varier les temps d'évaluation ;
– commenter les travaux des élèves plutôt que les noter, c'est-à-dire faire apparaitre les réussites, montrer les erreurs et aider les élèves à en comprendre les causes, proposer des pistes de remédiation et, quoi qu'il arrive, encourager l'élève qui ne fait pas exprès de ne pas réussir ;
– aider les élèves à prendre conscience de leurs progrès et leur laisser du temps pour progresser.

4 Travailler en partenariat

COMPÉTENCES DE L'ENSEIGNANT

5. Accompagner les élèves dans leur parcours de formation

[...] – Participer aux travaux de différents conseils (conseil des maitres, conseil de cycle, conseil de classe, conseil pédagogique, etc.), en contribuant notamment à la réflexion sur la coordination des enseignements et des actions éducatives. [...]

10. Coopérer au sein d'une équipe

– Inscrire son intervention dans un cadre collectif, au service de la complémentarité et de la continuité des enseignements comme des actions éducatives.

– Collaborer à la définition des objectifs et à leur évaluation.

– Participer à la conception et à la mise en œuvre de projets collectifs, notamment, en coopération avec les psychologues scolaires ou les conseillers d'orientation psychologues, le parcours d'information et d'orientation proposé à tous les élèves.

11. Contribuer à l'action de la communauté éducative

– Savoir conduire un entretien, animer une réunion et pratiquer une médiation en utilisant un langage clair et adapté à la situation.

– Prendre part à l'élaboration du projet d'école ou d'établissement et à sa mise en œuvre.

– Prendre en compte les caractéristiques de l'école ou de l'établissement, ses publics, son environnement socio-économique et culturel, et identifier le rôle de tous les acteurs.

– Coordonner ses interventions avec les autres membres de la communauté éducative.

12. Coopérer avec les parents d'élèves

– Œuvrer à la construction d'une relation de confiance avec les parents.

– Analyser avec les parents les progrès et le parcours de leur enfant en vue d'identifier ses capacités, de repérer ses difficultés et coopérer avec eux pour aider celui-ci dans l'élaboration et la conduite de son projet personnel, voire de son projet professionnel.

– Entretenir un dialogue constructif avec les représentants des parents d'élèves.

13. Coopérer avec les partenaires de l'école

– Coopérer, sur la base du projet d'école ou d'établissement, le cas échéant en prenant en compte le projet éducatif territorial, avec les autres services de l'État, les collectivités territoriales, l'association sportive de l'établissement, les associations complémentaires de l'école, les structures culturelles et les acteurs socio-économiques, en identifiant le rôle et l'action de chacun de ces partenaires.

– Connaitre les possibilités d'échanges et de collaborations avec d'autres écoles ou établissements et les possibilités de partenariats locaux, nationaux, voire européens et internationaux.

– Coopérer avec les équipes pédagogiques et éducatives d'autres écoles ou établissements, notamment dans le cadre d'un environnement numérique de travail et en vue de favoriser la relation entre les cycles et entre les degrés d'enseignement.

Référentiel des compétences professionnelles des métiers du professorat et de l'éducation, JO du 18 juillet 2013.

www.education.gouv.fr/pid25535/bulletin_officiel.html?cid_bo=7306

1 Le fonctionnement de l'école, un projet collectif

Bien que les enseignants soient seuls face à leur classe, ils ne travaillent pas pour autant seuls. **Ils font partie d'une équipe pédagogique** composée des collègues ayant la charge des autres classes de l'école, mais aussi des collègues des RASED et du directeur. **L'école est également inscrite dans un réseau Éducation nationale,** avec les autres écoles du secteur et avec l'équipe de circonscription. Enfin **l'école est inscrite dans un territoire au sein d'une collectivité**. L'enseignant doit donc travailler avec de multiples partenaires ayant chacun leurs prérogatives et leurs modalités d'intervention.

L'école primaire (école maternelle et école élémentaire) **possède une organisation propre au sein de l'Éducation nationale**. Elle respecte les principes et valeurs républicains (cf. chap. 1) et met en œuvre les programmes nationaux et recommandations ministérielles (cf. chap. 3).

1.1 Une organisation en cycles

L'école primaire est organisée en trois cycles pédagogiques.

La loi du 8 juillet 2013 a permis de mettre en place à la rentrée 206 de nouveaux cycles en posant le principe de l'unité de l'école maternelle, qui doit constituer un cycle à part entière, et celui d'une meilleure continuité pédagogique entre l'école et le collège, par la création d'un cycle associant le CM2 et la classe de 6ᵉ. Ces nouveaux cycles seront progressivement mis en place :

- le cycle 1 : cycle des apprentissages premiers, correspond aux trois niveaux de l'école maternelle : petite section, moyenne section et grande section ;
- le cycle 2 : cycle des apprentissages fondamentaux, correspond aux trois premières années de l'école élémentaire : CP, CE1 et CE2 ;
- le cycle 3 : cycle de consolidation, correspond aux deux années de l'école élémentaire qui suivent le cycle des apprentissages fondamentaux et à la première année du collège : CM1, CM2 et 6ᵉ ;
- le cycle 4 : cycle des approfondissements, correspond aux trois dernières années du collège et de la scolarisation obligatoire : 5ᵉ, 4ᵉ, et 3ᵉ.

1.2 Les différentes instances de l'école primaire

L'école primaire n'est pas un établissement public d'enseignement. Aussi ne possède-t-elle ni conseil d'administration, ni chef d'établissement, mais **des instances de concertation pédagogique, d'aide aux apprentissages et de décision particulière**. La tenue de ces instances consultatives et décisionnaires est organisée dans **le volant horaire des 108 heures.**

La tenue des instances relève de la circulaire *« personnels enseignants du premier degré, obligations de service »* parue au BO du 21 février 2013.

➤ **Le service horaire des enseignants,** p. 128

Le projet d'école

Inscrit dans la loi d'orientation de 1989, **le projet d'école** est obligatoire dans chaque école. Il se déroule sur une période de 3 ans et fait l'objet d'un réexamen annuel. Il est construit par les équipes pédagogiques et présenté lors du conseil d'école.

- **Ses objectifs sont :**
  - de répondre aux besoins particuliers des élèves dans le respect des objectifs nationaux, c'est-à-dire de mettre en relation les objectifs nationaux et la situation locale ;
  - de mettre en cohérence les actions des différents partenaires dans et hors l'école ;
  - d'améliorer l'efficacité de l'école.
- **Deux principaux types d'enjeux lui sont fixés :**
  - **enjeux pédagogiques** : mieux construire les apprentissages fondamentaux, enrichir les références culturelles et artistiques des élèves, donner une place plus large aux savoir-faire et aux objectifs méthodologiques, lier les situations d'apprentissage aux réalités de l'environnement, développer l'interdisciplinarité et la transdisciplinarité ;
  - **enjeux éducatifs** : favoriser l'autonomie en donnant des responsabilités, développer les liens avec les familles, articuler les activités scolaires et les activités post et périscolaires.
- **La construction du projet d'école se fait en plusieurs étapes :**
  - analyse de la situation initiale de l'école, des besoins particuliers des élèves, des conditions matérielles et de l'environnement de l'école ;
  - définition des objectifs en vue de réaliser des actions concrètes ;
  - choix de stratégies (description des actions) ;
  - organisation dans l'espace et dans le temps ;
  - coordination entre les différents partenaires ;
  - réalisation et mise en œuvre ;
  - évaluations intermédiaires des actions tout au long du projet ;
  - évaluation finale : est-ce que les objectifs ont été atteints pour les élèves (améliorations souhaitées) et pour l'équipe pédagogique (fonctionnement de l'équipe, implication, capacité d'adaptation...) ?

EXEMPLES DE PROJET D'ÉCOLE

› En maternelle : Développer les compétences langagières par la mise en place d'activités dans chaque classe et en ateliers décloisonnés, prioritairement pour les enfants de grande section et les enfants en difficulté. Les différentes pratiques sont mises en commun dans un fichier ressources afin d'élaborer une programmation langagière cohérente et fonctionnelle sur l'ensemble du cycle et faciliter la liaison cycle 1-cycle 2.

› Au cycle 2 : Privilégier la démarche d'investigation afin de développer l'esprit critique par la mise en place d'un classeur « scientifique » pour le cycle qui permettra de consigner des textes de différents types : explicatifs (comptes rendus d'expérience, dessins d'observation), prescriptifs (notices...), poétiques, documents autour des sciences soit personnels, soit en partenariat avec des associations....

› Au cycle 3 : Ouvrir les élèves sur le monde qui les entoure, en particulier sur les environnements naturel et culturel, en passant de l'espace perçu (ce que les élèves connaissent et comprennent de leur environnement immédiat : l'école, le quartier, la ville) à l'espace institutionnalisé (l'environnement organisé et construit par l'homme) à travers l'étude de l'environnement et des créations de l'homme (architecture, éducation artistique, développement durable).

Le conseil d'école

➤ Conseil des élèves, p. 107

Le conseil d'école, créé par décret en 1990, est une instance qui réunit les différents acteurs de l'établissement primaire pour prendre les grandes décisions relatives à la vie de l'école. Il se réunit au moins 6 heures par an.

- **Le conseil d'école est composé** :
  - du directeur de l'école, qui le préside ;
  - de l'inspecteur de l'Éducation nationale (IEN) qui en est membre de droit ;
  - de l'ensemble des maitres affectés à l'école (y compris les enseignants des RASED) ;
  - du maire et/ou du conseiller municipal chargé des affaires scolaires ;
  - des représentants élus des parents d'élèves en nombre égal à celui des classes de l'école ;
  - du délégué départemental de l'éducation (DDEN), nommé pour 4 ans par le DASEN et chargé de visiter les écoles.

➤ **DASEN** : directeur académique des services de l'Éducation nationale.

- **Le conseil d'école a pour missions** :
  - d'adopter le projet d'école proposé par les équipes pédagogiques ;
  - d'organiser la semaine scolaire ;
  - de voter le règlement intérieur ;
  - de donner son avis sur les questions relatives au fonctionnement de l'école ;
  - d'accorder l'organisation d'activités complémentaires éducatives, sportives ou culturelles.
- **Le conseil de l'école émet également un avis sur** :
  - les activités périscolaires ;
  - les actions pédagogiques ;
  - les conditions de fonctionnement matériel et financier de l'école et l'utilisation des moyens ;
  - l'intégration d'enfants handicapés ;
  - les classes de découverte ;
  - la restauration et l'hygiène scolaires.

Le conseil des maitres et le conseil de cycle

Le conseil des maitres et le conseil de cycle sont des temps de concertation obligatoire inscrits dans les obligations de service. Ils représentent au total 48 heures par année scolaire. La répartition se fait selon les indications données par l'IEN et les besoins définis par le directeur de l'école. Ces heures sont dédiées lors de la réflexion pédagogique.

- **Le conseil des maitres** est constitué de l'ensemble des membres de l'équipe pédagogique. Il aide au bon déroulement des enseignements en suscitant au sein de l'équipe pédagogique toutes initiatives destinées à améliorer l'efficacité de l'enseignement dans le cadre de la réglementation et en favorisant la bonne intégration dans cette équipe des maitres nouvellement nommés dans l'école, des autres maitres qui y interviennent, ainsi que la collaboration de tout autre intervenant extérieur.
- **Le conseil de cycle** est, lui, constitué des membres de l'équipe pédagogique exerçant dans un cycle. Il est présidé par un membre choisi en son sein. Lorsqu'une école élémentaire compte trois ou quatre classes, le conseil des maitres de cycle ras-

semble tous les maitres de l'école. Le conseil des maitres de cycle fait le point sur la progression des enfants dans l'acquisition des diverses compétences définies pour ce cycle. C'est lui qui formule les propositions concernant le passage des élèves d'un cycle à l'autre ou leur maintien dans le cycle.

Le directeur d'école

Le directeur d'école veille au bon fonctionnement de l'école élémentaire ou maternelle dont il a la responsabilité. Il est avant tout un enseignant. Suivant la taille de l'école, il consacre une partie plus ou moins importante de son temps de travail à sa mission de direction. Par exemple, le directeur à la tête d'une école primaire de moins de 9 classes n'a que 4 jours libérés par mois pour en assurer la direction.

Au cours de l'année, il veille à la cohérence pédagogique des différentes actions menées dans les classes, au respect des réglementations en vigueur et participe à la vie de l'école : mise en place du projet d'école, relation avec les parents d'élèves, etc.

1.3 La circonscription

En l'absence de statut d'établissement public, le niveau d'encadrement le plus proche des maitres est celui de l'inspection de l'Éducation nationale.

Chaque école est donc rattachée à une circonscription (ville ou regroupement de villes). À la tête de chaque circonscription est placé **un inspecteur de l'Éducation nationale (IEN)** chargé de veiller à l'application des orientations définies aux niveaux national, académique et départemental. Il conseille et inspecte les enseignants du premier degré et participe à leur formation. Il est secondé pour cela par **des conseillers pédagogiques**. Il assure le lien entre **la direction académique des services de l'Éducation nationale**, qu'il représente dans sa circonscription, et les écoles. À ce titre, il est l'interlocuteur privilégié des directeurs d'écoles et des maires. Il peut également être amené à rencontrer les parents.

➤ **Organigramme de l'Éducation nationale**, p. 124

1.4 Le conseil école-collège CEC

Le conseil école-collège a pour objectif de renforcer la continuité pédagogique entre les premier et second degrés. Il est entré en vigueur à la rentrée 2014.

Sa mission est essentiellement pédagogique : il mène des actions pédagogiques, à tout niveau, sur l'ensemble des cycles, en coopération avec les instances locales. Les projets qu'il élabore concernent les enseignements, les enseignants et les enseignés du premier et du second degrés, c'est-à-dire les acteurs tout autant que les contenus du système éducatif. Il ne se limite pas à assurer la liaison entre la classe de CM2 et celle de 6e, désormais associées au sein du cycle 3 (CM1, CM2, 6e) et il a en charge tous les élèves de l'école primaire (c'est-à-dire maternelle et élémentaire) et tous les élèves du collège.

La composition du CEC est équilibrée entre le premier et le second degré, la présidence conjointe premier et second degré est assurée par le principal du collège et l'inspecteur de l'Éducation nationale chargé de circonscription du premier degré. Les rencontres sont régulières, au moins deux fois par an et l'organisation souple, permet la réflexion, la construction et la mise en œuvre de projets communs.

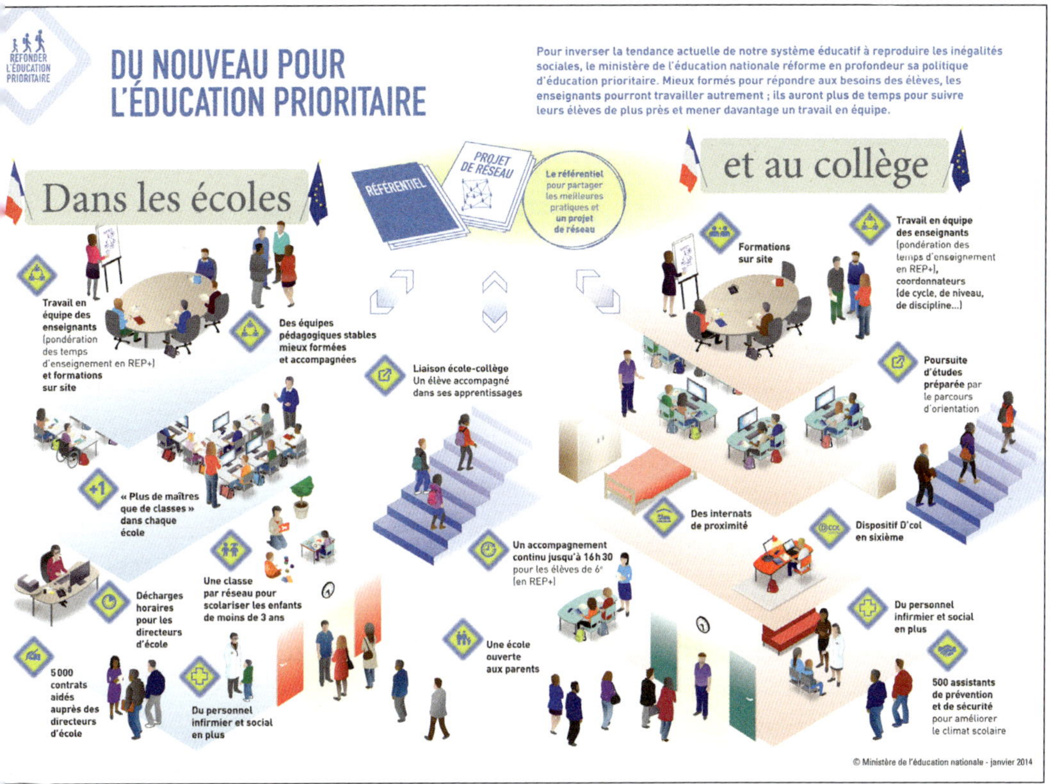

2 Les dispositifs d'aides pour la réussite des élèves

L'objectif de chaque enseignant est de faire réussir tous ses élèves. Il met alors en œuvre un enseignement dont il s'assure, grâce à des mises en œuvre variées et à des dispositifs de différenciation pédagogique intégrés aux apprentissages, qu'il permet à tous les élèves de progresser. Cependant, ces dispositifs en classe peuvent s'avérer insuffisants. L'institution a alors prévu la possibilité de **recourir à des aides spécifiques**, soit pour soutenir individuellement les élèves (RASED/PPRE), soit pour faire bénéficier l'école tout entière de la force d'un réseau.

➤ **Différenciation pédagogique**, p. 151

2.1 Les RASED

Les réseaux d'aides spécialisées aux élèves en difficulté (RASED) peuvent intervenir à tout moment de la scolarité à l'école primaire. Ils permettent de remédier à des difficultés que les aides apportées par le maitre ne parviennent pas à résoudre. Ils visent également à prévenir l'apparition ou la persistance de ces difficultés chez des élèves dont la fragilité a été repérée. Selon les besoins des élèves, l'aide proposée peut être à dominante pédagogique ou rééducative.

Les RASED ont pour mission de fournir des aides spécialisées à des élèves en difficulté dans les classes ordinaires des écoles primaires. Les membres des RASED interviennent à la demande des enseignants dans les classes ou en dehors des classes. Ce sont :

- **des enseignants spécialisés** chargés des aides à **dominante pédagogique**, les « maitres E » (difficultés d'apprentissage) ;

– **des enseignants spécialisés** chargés des aides à **dominante rééducative**, les « maitres G » (difficultés d'adaptation à l'école) ;
– **des psychologues scolaires** chargés des bilans et suivis psychologiques, et des relations avec les services extérieurs (soins...).

2.2 Les programmes personnalisés de réussite éducative (PPRE)

Il **s'agit d'un plan coordonné d'actions** conçu pour répondre aux besoins des élèves lorsqu'il apparait qu'ils risquent de ne pas maitriser les connaissances et les compétences du socle commun. Il est proposé et élaboré par l'équipe pédagogique, et discuté avec l'élève et ses parents.

2.3 L'éducation prioritaire

La politique d'éducation prioritaire a pour objectif de corriger l'impact des inégalités sociales et économiques sur la réussite scolaire par un renforcement de l'action pédagogique et éducative dans les écoles et les établissements des territoires qui rencontrent les plus grandes difficultés sociales. Le classement en zones d'éducation prioritaire (ZEP) s'est fait sur des critères sociologiques et économiques. Ces zones ont pu accompagner, dans les années 1980, le développement du collège unique et l'accès au baccalauréat d'un plus grand nombre de jeunes.

➤ **L'égalité**, p. 103

L'**éducation prioritaire** cherche à réduire en partie les inégalités sociales ; elle se voit aujourd'hui dotée de moyens supplémentaires (en matériel et en personnels). Elle repose sur deux niveaux d'identification :

- Les réseaux d'Éducation Prioritaire renforcée (REP+) constitués de 350 établissements,
- Les réseaux d'Éducation Prioritaire constitués de 739 établissements.

Les spécificités de l'éducation prioritaire dans le premier degré :

– une pondération du temps d'enseignement pour favoriser le travail d'équipe. 18 demi- journées dans le premier degré ;
– des dispositifs spécifiques : « plus de maitre que de classe » et au moins « une classe scolarisant les moins de trois ans par réseau » ;
– une revalorisation des indemnités.

➤ **Les réseaux d'éducation prioritaire :** http://eduscol.education.fr/pid25830/refondation-de-l-education-prioritaire.html

3 Les parents

Les parents sont les premiers partenaires de l'école primaire. Ils sont et demeurent en toute occasion responsables de la scolarité de leur enfant. C'est à eux que revient le droit de décider de son avenir. L'école doit les accompagner au mieux, en leur donnant l'ensemble des informations afin qu'ils puissent prendre une décision éclairée.

3.1 Des partenaires de la classe

Tous les parents doivent pouvoir rencontrer le directeur et l'enseignant de la classe de leur enfant au moins deux fois par an.
Dès la rentrée, le directeur organise une réunion de présentation de l'école suivie par

un accueil dans la classe de l'enfant. L'enseignant s'y présente, explicite sa méthode de travail, détaille le matériel des élèves et explique aux parents les modalités du partenariat qu'il souhaite construire avec eux. C'est en général à cette occasion que sont abordées les questions de communication (cahier de correspondance), les modalités de rencontres, ainsi que la façon dont les parents vont pouvoir accompagner leur enfant (l'enseignant veillera à évoquer les modalités d'accompagnement qu'il souhaite voir adopter par les parents, comme demander à son enfant ce qu'il a fait dans sa journée scolaire et ce qu'il a appris).

Ces rencontres permettent de tenir les parents informés régulièrement des résultats scolaires et du comportement de leurs enfants. Elles s'organisent en général autour du livret scolaire.

Comment favoriser les rencontres avec les parents ?

- **Se rendre disponible** : de nombreux parents n'oseront pas prendre rendez-vous, mais essayeront d'aborder l'enseignant à la sortie de l'école dans un moment moins formel.
- **Faire venir les parents** : ne pas hésiter à provoquer des rencontres autour d'objets ne concernant pas les enfants directement (expositions de travaux, présentation de spectacles, évènements sportifs ou culturels).
- **Associer les parents** : pour nombre d'évènements de la classe, les parents pourraient être plus largement associés, en participant à leur élaboration et/ou à leur accompagnement.

➤ **Conseil d'école**, p. 181

3.2 Des partenaires de l'école

Les parents d'élèves participent au conseil d'école par l'intermédiaire de leurs représentants élus chaque année par l'ensemble des parents d'élèves. Il y a autant de représentants de parents d'élèves au conseil d'école que de classes dans l'école. Cela représente environ 221 000 représentants de parents d'élèves pour l'ensemble des écoles maternelles et élémentaires.

La place des parents à l'école s'est renforcée au fil des années. L'objectif est de construire une école accueillante et bienveillante pour les familles, dans une perspective de coéducation.

➤ **Circulaire sur la place des familles**
www.education.gouv.fr/pid25535/bulletin_officiel.html?cid_bo=74338

Les fédérations de parents d'élèves

Il existe deux fédérations majoritaires de parents d'élèves dans l'enseignement public : la fédération des parents d'élèves de l'enseignement public (PEEP) et la fédération des conseils de parents d'élèves de l'enseignement public (FCPE). Mais il n'est pas rare de voir se former des listes indépendantes.

Tous les ans, avant la fin de la septième semaine de l'année scolaire (soit vers la mi-octobre), les parents d'élèves élisent leurs représentants aux conseils d'école.

➤ **Les différentes commissions de l'EN**
www.education.gouv.fr/cid50506/les-parents-a-l-ecole.html

3.3 Des usagers du service public

Les fédérations de parents d'élèves sont également associées aux différents échelons du système éducatif, en participant à des commissions de niveau national, académique ou départemental.

Voici deux commissions qui concernent l'enseignement du premier degré et dans lesquelles les parents d'élèves sont représentés.

Les commissions d'appel

Elles sont chargées d'examiner les divergences de vue sur l'orientation, entre les familles et le conseil des maitres (premier degré) ou le chef d'établissement et l'équipe pédagogique (second degré). Dans le premier degré, 4 représentants des parents (sur 14 membres) sont nommés par le DASEN sur proposition des associations de parents.

➤ **DASEN**, p. 18

Le conseil départemental de l'Éducation nationale (CDEN)

Il a un rôle consultatif. **Il est compétent pour tout ce qui se rapporte à la carte scolaire départementale** du premier degré (écoles primaire et maternelle) et à la scolarisation des élèves dans les collèges. Il comprend 7 représentants des parents.

4 Les collectivités territoriales

➤ **Réforme des rythmes scolaire**
p. 133
dossier p. 137

La réforme sur les rythmes scolaires mise en place dès la rentrée 2013 rend visible de façon évidente les liens existant entre l'Éducation nationale et les collectivités territoriales. Ce nécessaire travail de partenariat, accompli dans l'intérêt et le respect des besoins de l'élève, pose de nombreuses questions.

Historiquement les relations entre l'Éducation nationale et les collectivités territoriales commencent à la fin du XIXe siècle avec la décentralisation de l'enseignement. Depuis la loi Guizot du 29 juin 1833, **les communes ont la charge des écoles primaires** : elles doivent les créer et les entretenir. Selon l'expression de l'époque, cette compétence se limite au « matériel », l'enseignement – c'est-à-dire le « spirituel » – relevant de la compétence de l'État sur qui repose la charge de rémunérer les enseignants. Les compétences des collectivités locales en matière d'enseignement public sont ensuite renforcées par les lois de décentralisation des années 1980.

4.1 La commune

Pour le premier degré, **la commune est le partenaire privilégié de l'Éducation nationale.**

La commune est propriétaire des écoles

➤ **Équipement numérique**
www.education.g
fr/archives/2012/
refondonslecole/
wp-content/
uploads/2012/07/
guide_l_ecole_
numerique_un_en
du_territoire.pdf

La commune assure la construction, les grosses réparations, l'équipement, l'entretien et le fonctionnement de l'école, et prend en charge un certain nombre de dépenses (les manuels scolaires ne constituent pas une dépense obligatoire pour les communes). Un effort particulier est demandé aux communes ces dernières années pour **l'équipement numérique** afin de permettre l'entrée de l'école dans l'ère du numérique.

La commune organise la restauration scolaire

La restauration scolaire n'est pas une dépense obligatoire pour les communes. La responsabilité de la cantine relève de la collectivité locale à partir du moment où elle l'a mise en place. Les modes d'organisation varient selon la taille des communes. Le service est assuré par le personnel communal ou peut être délégué à une association (association de parents d'élèves, association familiale…) ou à une société de restauration. Dans ce cas, la mairie passe généralement une convention ou un contrat avec le prestataire associatif ou commercial.

La commune gère le personnel non enseignant

Elle gère en particulier **les agents territoriaux spécialisés des écoles maternelles** (ATSEM).

Les ATSEM sont des fonctionnaires territoriaux et assistent les enseignants dans les classes maternelles. Ils sont placés sous l'autorité du directeur d'école pendant leur temps de service dans les locaux scolaires.

La commune établit la sectorisation scolaire

L'instruction étant obligatoire pour les enfants de 6 à 16 ans, le maire est chargé de faire respecter cette obligation scolaire, en liaison avec la direction académique. Ainsi chaque année, à la rentrée scolaire, la mairie dresse la liste de tous les enfants de la commune soumis à l'obligation scolaire. Elle délivre ensuite un certificat d'inscription précisant dans quelle école est affecté l'enfant.

La commune prend en charge le service minimum d'accueil

Depuis la loi de 2008, en cas de grève des enseignants d'une école primaire publique, les élèves scolarisés bénéficient gratuitement, pendant le temps scolaire, d'**un service d'accueil organisé par la commune**. L'État verse une compensation financière à la collectivité territoriale organisatrice.

➤ **Loi de 2008**, p. 126

4.2 Une approche plus globale de l'enfant

Le projet éducatif territorial

Aujourd'hui, la relation entre l'Éducation nationale et les collectivités territoriales ne se limite plus aux questions matérielles mais prend en compte plus largement les besoins éducatifs de l'enfant. **Cette approche globale de l'enfant nécessite une coordination entre tous les intervenants** dans et hors temps scolaire. Il s'agit de mettre en place **une co-éducation** (cf. le pacte pour la réussite éducative qui associe plusieurs ministères et trouve sa déclinaison dans le PEDT).

➤ **Pacte pour la réussite éducative**
www.education.gouv.fr/cid74464/pacte-pour-la-reussite-educative.html

Certaines villes ont ainsi développé **une approche transversale des questions éducatives avec le projet éducatif territorial (PEDT)**. C'est un outil local visant à articuler tous les temps de l'enfant. Il regroupe les actions éducatives menées par la ville en direction des enfants et peut couvrir l'éducation, les loisirs, le sport, la culture, l'art et la formation des citoyens avec des objectifs scolaires, éducatifs et sociaux. Ces actions sont menées avec tous les acteurs du domaine de l'éducation : État, enseignants, collectivités, CAF, associations locales ou nationales, familles…

Quels sont les enjeux ?

- **Réduire les échecs et développer l'égalité des chances** par la mise en place de la pré-scolarisation des 2-3 ans, par des projets de réussite éducative…
- **Favoriser l'épanouissement physique, sensible et intellectuel des enfants sur tous leurs temps de vie** par le biais d'ateliers sportifs, théâtraux, culturels…
- **Développer l'accès à l'autonomie et l'engagement citoyen**, par exemple par des actions autour du développement durable.

Quels sont les risques ?

- **Accroitre les inégalités territoriales** : certains transferts de charge peuvent être lourds à supporter pour les collectivités territoriales (on peut noter les débats provoqués par la réforme des rythmes scolaires) ; on voit alors se développer des inégalités entre communes riches et communes pauvres, communes urbaines et rurales...

- **Empiler des dispositifs et multiplier les partenaires au détriment de la cohérence et de la lisibilité du parcours de l'enfant.** Ainsi, sur un même territoire, peuvent cohabiter les projets pour la réussite éducative (PRE), le contrat éducatif local (CEL), le dispositif École ouverte, le contrat local d'accompagnement à la scolarité (CLAS), les contrats d'éducation artistique, les actions de lutte contre l'illettrisme, les ateliers santé ville (ASV), le dispositif « Ville-Vie-Vacances », le volet éducatif du contrat local de sécurité (CLS)...
- **Rendre difficile l'évaluation des dispositifs** et donc l'évaluation de leur bénéfice réel pour les enfants.

COMMENT LIMITER LES INÉGALITÉS DE MISES EN ŒUVRE SUR LE TERRITOIRE ?

- **Clarifier le périmètre des dépenses communales obligatoires de l'école** en éditant par exemple la liste des fournitures et matériels indispensables à la mise en œuvre des programmes et leurs conditions de prise en charge.
- **Redéfinir la fonction de directeur d'école** pour que celle-ci soit en adéquation avec les responsabilités administratives qui résultent de la mise en œuvre d'une politique publique partagée.
- **Simplifier les dispositifs et évaluer réellement les bénéfices de ces actions partenariales.**

5 Les projets de classe et sorties scolaires

Faire vivre sa classe est un des objectifs majeurs de tout enseignant. **Les projets sont à ce titre un des moyens les plus stimulants pour fédérer le groupe classe,** motiver les élèves et créer un but. Chaque année, les enseignants sont sollicités par de nombreux projets qu'ils choisissent de suivre ou non. Cet investissement reste de la responsabilité de chaque enseignant et de son libre arbitre.

5.1 Projet institutionnel

Il existe différents niveaux de projets institutionnels (projets conçus, proposés et portés par l'Éducation nationale).

AU NIVEAU DE LA CIRCONSCRIPTION

Des propositions spécifiques à chaque territoire peuvent être portées par l'inspecteur de la circonscription.

Exemple : L'équipe de circonscription peut organiser une rencontre scientifique pour l'ensemble des classes de sa circonscription.

AU NIVEAU DÉPARTEMENTAL

La direction académique, par le biais des conseillers pédagogiques départementaux, propose tous les ans des rencontres EPS.

AU NIVEAU ACADÉMIQUE

Le rectorat est, dans le cadre du projet académique, porteur « d'actions phares », visant à développer les compétences des élèves.

Exemples :

L'académie de Créteil organise, entre autres, une exposition intitulée *La Galerie des polyèdres* afin de permettre aux enseignants de rendre leur travail plus concret dans ce domaine. **L'académie de Toulouse** propose *Le Journal du lecteur* qui permet de travailler les compétences du Dire, lire et écrire.

Au niveau national

La DGESCO est également à l'origine de propositions pédagogiques, comme « le dictionnaire des écoliers » en 2010.

5.2 Projet porté par des partenaires institutionnels

Au niveau local ou régional

Il n'est pas rare que **les municipalités proposent des projets** pour permettre aux classes de partir en classe transplantée (classes de mer ou de neige par exemple) ou pour bénéficier de l'expertise de certains services locaux (service jardinage qui propose des interventions auprès des jardins d'école), ou encore pour offrir aux élèves des partenariats riches et originaux (partenariat payé par la municipalité avec un musée ou un artiste local).

Il peut arriver, plus rarement, que **le conseil général ou le conseil régional fasse des propositions** mais cela s'inscrit en général dans un projet plus large qui est d'abord destiné aux lycéens ou aux collégiens. Par exemple, l'accueil d'un artiste en résidence dans un collège qui permettrait de développer un réseau d'actions en direction d'élèves des différents niveaux.

Au niveau international

Il existe un partenaire institutionnel incontournable : **l'Agence Europe Éducation Formation** (AEEF) qui promeut des partenariats internationaux entre des établissements de différents pays. Il s'agit de projets visant à rapprocher les élèves les uns des autres pour développer un sentiment d'appartenance à l'Europe. Il existe des projets d'échange entre élèves du premier degré.

- **Le programme Erasmus +** permet les échanges et la coopération entre les établissements scolaires en Europe, de la maternelle au lycée. L'objectif est de favoriser le développement personnel et les compétences, notamment linguistiques, tout en développant les notions de citoyenneté européenne et de multiculturalisme. Chaque année, en Europe, Erasmus + relie 11 000 établissements, 100 000 enseignants et 750 000 élèves.
- **L'action eTwinning** encourage la coopération pédagogique en Europe par le biais des technologies de l'information et de la communication (TIC) en apportant du soutien, des outils et des services pour faciliter la création de partenariats scolaires à court ou long terme dans n'importe quelle discipline.

➤ **Le programme Erasmus +**
www.europe-education-formation.fr/page/comenius

➤ **eTwinning**
www.etwinning.net

5.3 Projet avec des partenaires privés

Les classes à projet artistique et culturel (PAC) permettent aux enseignants de proposer, dans le cadre des programmes et des horaires de classe, une expérience artistique et culturelle. Elle se déroule avec le concours d'artistes et de professionnels de la culture qui interviennent entre 8 et 15 heures par an dans la classe. Ce dispositif favorise les initiatives locales et est en partie financé par l'État.

Exemples :

– **En matière de littérature et autour des livres**, quatre grandes approches sont envisageables, chacune constituant une dominante possible d'un projet artistique et culturel : l'écriture créative, la mise en voix du ou des texte(s), les arts du livre (calligraphie, illustration, reliure, etc.), la réalité économique autant que culturelle du livre (avec visites et enquêtes dans une librairie, une maison d'édition...).

– **Le domaine du patrimoine** peut conduire à s'intéresser à un monument local, à l'école ou à l'établissement lui-même dans son architecture et avec ses « archives », à une bibliothèque possédant un fonds ancien, à un musée proche, etc.

– **Pour un projet artistique et culturel en matière de musique**, on peut faire vivre une chorale, affiner certaines pratiques créatives ou approfondir la dimension culturelle de cet art, en travaillant avec des orchestres divers ou des institutions musicales variées (ensemble baroque, jazz band, théâtre lyrique...).

➤➤ Circulaire n° 2001-104 du 14 juin 2001
www.education.[...]fr/botexte/bo01[...]MENE0101242[...]htm

5.4 Cas particulier de la pratique sportive

Dans le cadre de **partenariat à dominante APS** (Activité physique et sportive), que ce soit avec une municipalité, pour l'enseignement de la natation, ou avec un artiste, danseur par exemple, un dossier avec demande d'agrément doit être constitué. Cette demande d'agrément est faite par l'institution intervenante ou l'intervenant lui-même, avec l'aide d'un conseiller pédagogique. Ce dossier regroupe le CV de l'intervenant, ses diplômes et l'organisation au sein de la classe. Une équipe de suivi départemental viendra valider la pratique sportive et vérifier que la sécurité des élèves est garantie. Sans ce dossier, aucune pratique sportive ne peut être mise en place.

5.5 Les sorties scolaires

➤ Circulaire 99-136 du 21 septembre 19[...]
www.education.gouv.fr/bo/1999/[...]sorties.htm

Depuis 1999, les sorties scolaires sont regroupées en trois catégories.

- **1re catégorie : les sorties scolaires régulières**

Il s'agit de la mise en œuvre d'enseignement régulier inscrit dans l'emploi du temps nécessitant un déplacement hors de l'école. Par exemple : utilisation d'un gymnase, enseignement de la natation. Ces sorties sont autorisées par le directeur d'école.

- **2e catégorie : les sorties scolaires occasionnelles sans nuitée**

Elles correspondent à des activités d'enseignement différentes et dans des lieux offrant des ressources naturelles et culturelles. Elles sont autorisées par le directeur d'école.

- **3e catégorie : les sorties scolaires avec nuitée(s)**

Elles permettent de dispenser les enseignements, conformément aux programmes de l'école, et de mettre en œuvre des activités dans d'autres lieux et selon d'autres conditions de vie. Ces sorties sont autorisées par le directeur académique des services de l'Éducation nationale.

Les sorties organisées pendant les horaires habituels de la classe et ne comprenant pas la pause du déjeuner sont obligatoires pour les élèves. Les autres sorties sont facultatives.

Chaque sortie doit faire l'objet d'une demande écrite faite à partir d'un dossier composé de différentes annexes (annexe 1 : demande de sortie occasionnelle ou régulière sans nuitée ; annexe 2 : demande de sortie avec nuitée ; annexe 3 : information sur le transport ; annexe 7 : liste des passagers).

La liaison école-collège

DOCUMENT 1 Le conseil école-collège et la continuité pédagogique. Ministère de l'Éducation nationale (DGESCO-IGEN), juin 2014 - Fiches repères pour la mise en œuvre du conseil école-collège.

DOCUMENT 2 « Challenge your english ! » ou Défi-langue.

DOCUMENT 3 Élaborer une progression cohérente – Eduscol

SITUATION PROFESSIONNELLE

Vous êtes nommé dans une école élémentaire et afin de fluidifier les parcours scolaires des élèves, le conseil école-collège propose de construire des projets de rencontres autour de thématiques travaillées en classe. Proposez un domaine d'enseignement et expliquez comment vous allez répondre à cette commande institutionnelle.

DOCUMENT 1 Le conseil école-collège et la continuité pédagogique

Le conseil école-collège a pour objectif d'assurer davantage de progressivité dans les apprentissages entre les deux degrés.

Dans cette optique, il élabore un programme d'actions pédagogiques concrètes qui peut porter sur des domaines divers : définition de priorités communes, mise en place de l'accompagnement pédagogique, coordination des projets pédagogiques ou éducatifs, ou encore élaboration de repères explicites et concertés, comme un vocabulaire disciplinaire, par exemple. Il en assure le lien avec le projet éducatif territorial, lorsqu'il existe.

• Un diagnostic partagé

Les équipes professionnelles partagent une réflexion pédagogique en interdegrés dans le but de favoriser l'acquisition de méthodes de travail, d'identifier les obstacles aux apprentissages et les besoins des élèves, et de les aider à devenir plus autonomes.

• Définition de priorités communes

Le diagnostic partagé permet de faire émerger les domaines où il est prioritaire de prévoir des modalités d'accompagnement, quelles qu'elles soient. Rappelons toutefois que la maitrise de la langue, élément essentiel de la formation des élèves, est travaillée dans toutes les disciplines afin de favoriser la réussite de tous les élèves, qu'ils soient en situation de réussite ou en difficulté dans leurs apprentissages. Le travail personnel de l'élève, la question de la « posture d'élève » par rapport aux apprentissages et au professeur et les ruptures possibles qui peuvent se produire suite au passage de l'école au collège sont aussi des questions majeures qui peuvent être examinées dans le cadre du conseil école-collège.

• Une politique d'accompagnement pédagogique cohérente

S'appuyant sur un diagnostic partagé, les équipes professionnelles se concertent sur la question de l'accompagnement pédagogique afin de personnaliser les parcours, c'est-à-dire apporter à chaque élève une réponse pédagogique adaptée à ses besoins, qu'il s'agisse d'aides ou d'approfondissements. Le conseil école-collège veille à l'articulation et à la complémentarité des dispositifs accompagnant les élèves les plus fragiles : les activités pédagogiques complémentaires, les stages de remise à niveau pendant les vacances scolaires avant l'entrée au collège, les programmes personnalisés de réussite éducative (PPRE), notamment les PPRE

« passerelle », l'accompagnement éducatif et les deux heures d'accompagnement personnalisé en sixième pour tous les élèves.

• Des projets communs

En fonction des spécificités locales de chaque secteur et des priorités dégagées, les professeurs peuvent mettre en place des projets communs portant sur des thématiques pédagogiques partagées, disciplinaires ou interdisciplinaires, ponctuels ou inscrits dans la durée. Les IA-IPR ainsi que les formateurs des équipes de circonscription pourront apporter aux équipes leur expertise aussi bien dans l'élaboration de ces projets que dans leur mise en œuvre. Ces projets peuvent concerner le travail sur les pratiques ou la mise en place d'actions impliquant plus directement les élèves : des projets scientifiques, des projets d'écriture longue, de lecture, des défis en langues vivantes, etc. Ils définissent précisément les modalités de mise en œuvre : quels objectifs ? Quel déroulement ? Quels intervenants ? Quels partenaires ? Quelles connaissances attendues ? Quelles compétences visées ? Élaborer un projet interdisciplinaire favorise un échange en équipe interdegrés sur les compétences à acquérir par tous les élèves.

• Des repères explicites et concertés

Des repères explicites et conçus par les enseignants d'un même cycle ou d'un cycle à l'autre, et la mise au point d'un vocabulaire concerté des disciplines sont des leviers importants pour assurer la meilleure continuité pédagogique et se donner un premier cadre d'échanges. Se poser la question d'un vocabulaire grammatical, mathématique et scientifique concerté, de progressions élaborées collégialement, s'interroger sur les pratiques d'écrit en français sont autant de façons d'impulser une réflexion en équipe interdegrés.

Cette réflexion, qui a pour cadre les progressions pour l'acquisition des compétences et connaissances du socle commun, prendra également en compte les modalités d'évaluation, celles qui sont à privilégier, à faire évoluer afin de favoriser la fluidité du parcours de l'élève et sa réussite scolaire.

À titre d'exemple, comment travailler une même compétence aux cycles 2, 3 et 4 ? Comment étudier un même point d'histoire à l'école et au collège ? Par ailleurs, il est nécessaire de clarifier la polysémie de mots simples, comme les mots « droite », « sommet », « hauteur », « sens », « direction », utilisés au quotidien dans l'enseignement, qui crée des malentendus et des contresens dans une même discipline ou d'une discipline à l'autre.

• Le principe d'une école inclusive

Le conseil école-collège s'inscrit pleinement dans le principe de l'école inclusive. À ce titre, une attention particulière doit être portée aux élèves en situation de handicap ou à besoins éducatifs particuliers, qu'ils relèvent ou non d'un projet personnalisé de scolarisation. Points de vigilance et recommandations Le travail du conseil école-collège concerne tous les élèves ; il n'est pas seulement le lieu du traitement de la difficulté scolaire.

DOCUMENT 2 « Challenge your english ! » ou Défi-langue.

1. Descriptif : Il s'agit d'une compétition entre des équipes formées d'élèves d'une ou deux classes de CM2, voire CM1/CM2 et les 6e du collège de secteur. Chacune des équipes, constituées de 5 à 12 élèves, passe dans divers ateliers. Les points obtenus par les groupes proviennent soit d'une réponse individuelle soit d'une réponse collective. À l'issue des épreuves, le total des points permet le classement des différentes équipes.

2. Ateliers : Au nombre de 4, ils durent entre 15 et 20 minutes suivant le nombre d'élèves par équipe.

• **Atelier de compréhension orale**

Les enfants, interrogés à tour de rôle, manifestent leur compréhension de la consigne donnée dans la langue étrangère en modifiant (ajout/coloriage d'éléments spécifiques) le dessin proposé qui passe de main en main à chaque nouvelle consigne.

• **Atelier de production orale & communication**

Chaque élève tire une carte au sort (en français) et doit interroger l'adulte devant lui ; puis il se voit, à son tour, poser une question à laquelle il doit répondre le plus complètement possible.

• **Atelier culturel**

Collectivement, les enfants répondent à un questionnaire relatif aux connaissances de la vie quotidienne, des fêtes et des coutumes du pays dont ils étudient la langue. Ils disposent de 15 min pour débattre des réponses avant de rendre leur feuille.

• **Atelier de compréhension de l'écrit et du fonctionnement de la langue**

Collectivement, les enfants complètent des exercices à trous qui concernent des structures grammaticales fréquemment utilisées. Ils disposent de 15 min pour débattre des réponses avant de rendre leur feuille.

3. Conditions matérielles :

- Une salle et un adulte par atelier sont nécessaires.

- Cette activité a lieu vers la fin de l'année scolaire (mai-juin) car elle correspond à l'aboutissement du travail en langue.

- Elle a lieu sur une demi-journée, durée minimum 2 heures (mise en place des équipes, ateliers et remise des diplômes).

Un petit travail de préparation par l'équipe des enseignants participant à la rencontre est indispensable :

• **Constitution d'équipes homogènes en nombre et en « valeur ».**

Ces équipes devront être rentrées dans les tableaux prévus à cet effet et envoyés par courriel quelques semaines à l'avance. Aucune liste d'élèves sous un autre format ou document ne sera acceptée.

• L'utilisation des adresses professionnelles en ac-dijon.fr ou des adresses de l'école sera privilégiée dans les échanges.

• Explications à donner aux élèves, quelques jours avant, concernant le déroulement et l'esprit de la compétition.

• Tout le reste (contenus des ateliers, diplômes, récompenses) est pris en charge.

DOCUMENT 3 Élaborer une progression cohérente

Mutualiser et enrichir les démarches pédagogiques

Créer une culture enseignante commune à tous les professeurs qui enseignent les langues vivantes dans un même établissement et sur un même secteur scolaire est une nécessité pour favoriser la continuité des apprentissages des élèves et construire les progressions intranet inter-cycles. Diverses démarches contribuent à instaurer ce cadre réflexif commun et à fédérer les pratiques pédagogiques : observer diverses situations d'apprentissage pour mieux connaitre et accompagner les élèves.

• aller voir d'autres enseignements de langues dans les écoles de secteur ou dans le même établissement ;

• aller voir des enseignants d'autres disciplines dans leurs classes pour découvrir d'autres pratiques professionnelles (évaluation, usages du numérique, stratégies de compréhension).

Exemples concrets de pratiques d'enseignement

Travail en équipe et en ateliers : « Monsters » (utilisation du numérique) pratique de classe (à partir de 4'25), école primaire, classe de CP.

1re étape : compréhension de l'oral en autonomie, construction de monstres,

2e étape : en interaction, différence entre le monstre créé et le modèle original Étude d'un extrait du film : « Bowling for Colombine » (utilisation du numérique) pratique de classe (à partir de 6'44) Collège, classe de 3e.

Retour aux acquis : vérification de la connaissance du contexte culturel

• Compréhension de l'oral : extrait du film

• Compréhension globale

• Activités ciblées mises en place pour faciliter la compréhension

Échanger et réfléchir sur ses pratiques en équipe

Travailler en équipes (inter-cycle, inter-degré, disciplinaire, inter-langues ou interdisciplinaires…) pour diversifier ses pratiques ; s'appuyer pour ce faire sur la pédagogie de projet ;

utiliser les espaces numériques collaboratifs pour multiplier les échanges de pratiques à distance ;

tirer profit des partenariats de l'école ou de l'établissement pour partager des pratiques et une réflexion sur l'enseignement/l'apprentissage.

Ressources utiles

Note de synthèse de l'inspection générale sur la pédagogie de projet Rapport de l'inspection générale : Modalités et espaces nouveaux pour l'enseignement des langues, 2009.

Un projet original a été mené dans ce cadre en espagnol dans l'Académie de Versailles. Il a permis à des élèves de 4e de découvrir des inventions scientifiques majeures de l'Espagne araboandalouse (Al-Andalus) et de concevoir eux-mêmes un magazine scientifique. Partenariat avec le British Council : « Science in Schools ». Les objectifs du programme :

- sciences : présenter aux jeunes une image positive de la science ainsi que des métiers de la recherche ;
- langues : permettre aux jeunes d'entendre et d'employer la langue anglaise dans un contexte «réel» et international ;
- manipulations scientifiques : les ateliers pratiques ajoutent un élément ludique et concret à l'apprentissage de la science et de l'anglais.

L'action européenne eTwinning est un dispositif permettant aux enseignants et leurs élèves de communiquer et de collaborer avec leurs homologues européens.

Un projet eTwinning concerne en premier lieu deux pays européens différents, avec la possibilité d'inviter d'autres partenaires d'Europe ou de pays tiers. Les projets peuvent être initiés à tout moment de l'année scolaire. Leur durée comme les contenus sont laissés au choix des participants. L'action eTwinning met gratuitement à disposition des enseignants un dispositif de recherche de partenaires en ligne, une plateforme collaborative sécurisée pour mener des projets dans le cadre des programmes nationaux (socle commun), un ensemble de ressources (scénarios pédagogiques) et de services en ligne (messagerie, calendrier, blog, forum, wiki, salle de discussion, visioconférence, bibliothèque de documents, etc.), des offres de formation en présence et en ligne et l'opportunité de mutualiser des pratiques innovantes. Elle permet également aux élèves de développer des compétences liées au numérique, aux langues et de favoriser l'ouverture interculturelle. 35 pays (+ 6 pays d'eTwinning) y participent dans 28 langues différentes. En France, l'action eTwinning Plus est déployée par le réseau Canopé. Projet eTwinning 2015 « Dalí te enseña el español ».

Exemples concrets de pratiques d'enseignement

Tutorat entre CP et CE2 – pratique de classe. La rencontre entre des élèves issus de deux classes différentes et de niveaux différents autour d'un projet pédagogique commun, en l'occurrence le tutorat des élèves de CP par les élèves de CE2, contribue à la fluidité des apprentissages en langues vivantes.

Utiliser toutes les occasions d'enrichir ses compétences professionnelles :

Utiliser les ressources mises à disposition sur les sites institutionnels (Eduscol, son portail langues vivantes ainsi que les sites académiques) pour continuer à enrichir ses pratiques pédagogiques.

S'emparer des offres de formation proposées par l'institution : les parcours de formation à distance (M@gistere) et plan académique de formation.

Entretenir sa pratique de la langue et continuer à mobiliser ses connaissances concernant les pays où elle est parlée (stages de perfectionnement linguistiques à l'étranger, programme de mobilité Erasmus+, site la Clé des Langues, portails d'auto-formation – Audiolingua, English by yourself, MOOCs massive open online course, etc., – et sites institutionnels des pays étrangers (ministères, ambassades, centres culturels…).

Établir des liens entre les cycles et assurer la liaison école-collège

Favoriser la concertation pédagogique notamment au sein des conseils de cycle, des conseils école-collège et des conseils d'enseignement.

Établir des liens entre les différents niveaux permettant notamment de poursuivre des travaux autour de personnages et de récits que les élèves connaissent (Pinocchio).

Faciliter le passage d'un niveau à l'autre par la mise en commun, par exemple, en matière de consignes de travail, de formulation des tâches, de stratégies d'apprentissage, etc. Un cahier d'élève de CM2 par école alimentant le collège de secteur, remis au moment du passage en classe de 6e comme document témoin du travail effectué et des compétences travaillées à l'école élémentaire, pourrait se révéler très utile et d'une consultation facile pour les enseignants du collège.

Mener une réflexion collective afin d'établir des critères d'évaluation communs et partagés au sein des équipes pédagogiques inter-langues et interdegrés.

Organiser des rencontres entre des élèves de l'école et des collégiens autour d'un projet pédagogique commun préparé en amont qui permet une véritable coopération entre les élèves en prenant en compte leur niveau de maitrise différent de la langue.

1 Pour comprendre le sujet

Ce sujet de concours s'inscrit dans la refondation de l'école et dans les réformes qui traversent le système éducatif. Favoriser la continuité pédagogique et fluidifier les parcours des élèves s'avèrent être un enjeu politique de réussite éducative. C'est pourquoi, le législateur a souhaité harmoniser l'organisation de la scolarisation obligatoire. Chaque cycle dure 3 ans :

- **cycle 1, cycle des apprentissages premiers** : les 3 sections de l'école maternelle ;
- **cycle 2, cycle des apprentissages fondamentaux** : cours préparatoire, cours élémentaire première année, cours élémentaire deuxième année ;
- **cycle 3, cycle de consolidation** : cours moyen première année, cours moyen deuxième année, sixième ;
- **cycle 4, cycle des approfondissements** : cinquième, quatrième, troisième.

Le cycle 3 est ainsi à cheval sur le premier et le second degré. Cette organisation n'est pas anodine puisqu'elle va obliger les enseignants de chaque degré à travailler de concert et à communiquer beaucoup plus qu'ils n'en avaient l'habitude.

C'est dans ce cadre qu'en 2016 doivent se mettre en place les conseils école-collège. Ces réunions institutionnelles font partie des éléments qui devraient aider à favoriser la réussite scolaire.

Penser à la continuité pédagogique, en tant qu'objet de travail, permet aux élèves de ne pas être complètement déstabilisés en entrant au collège. En effet, le changement de structure (beaucoup plus grande), d'organisation (emploi du temps fluctuant) et la multiplicité des adultes (un enseignant par matière, personnel de direction, personnel de vie scolaire...) fragilisent les élèves. Le législateur a d'ailleurs anticipé cette difficulté en rapprochant les programmes du CM2 et ceux de 6e. Les élèves peuvent alors se concentrer sur la méthodologie. Pour les enseignants, il s'agit d'organiser ce passage pour qu'il soit le plus naturel possible.

Rechercher la fluidité des parcours, c'est permettre à tous les enseignants d'avoir le même accès à l'ensemble des informations pédagogiques concernant un élève. C'est d'ailleurs dans ce sens que **les PPRE-passerelles*** permettent aux élèves, repérés comme étant en difficulté à la fin de leur scolarité dans le premier degré, de recevoir dès le début de leur scolarisation en sixième l'aide dont ils ont besoin pour poursuivre leur scolarité. Les stages de remise à niveau organisés pour les élèves de CM1 et CM2 pendant les vacances de printemps ainsi que la première et dernière semaine des vacances d'été, peuvent s'organiser avec le concours de l'établissement du second degré du secteur.

* Les PPRE-passerelles sont définis par la circulaire 2011-126 du 2 août 2011.
www.education.gouv.fr/pid25535/bulletin_officiel.html?cid_bo=57155

S'ENTRAINER 1 **Avant de poursuivre votre lecture, construisez la problématique du sujet qui vous est proposé.**

Le candidat, capable de problématiser un enjeu d'enseignement à partir des textes et des questions, montrera au jury sa capacité à construire sa pensée.

S'ENTRAINER 2 **Au regard des programmes CM2-6e et de la spécificité des élèves de cet âge, listez des objets de travail qui pourraient être développés dans un conseil école-collège. Vous pourrez proposer des objectifs méthodologiques, disciplinaires et éducatifs.**

Le candidat doit toujours garder en mémoire qu'il sera recruté pour enseigner, il doit donc montrer que ses réponses sont construites en relation avec des activités pédagogiques.

2 Problématique du sujet

Le premier degré et le second degré sont construits sur deux modèles historiquement très différents. Le premier degré avait pour objectif la scolarisation de l'ensemble de la population afin d'éduquer les masses et de les détourner de l'emprise de la religion, alors que le second degré a été construit sur le modèle des lycées conçus pour une élite bourgeoise. Les enseignants sont soit polyvalents pour le premier degré, soit disciplinaires pour le second degré. Les pratiques sont donc très différentes.

L'enjeu nouveau du conseil école-collège est de définir une modalité de rapprochement des pratiques et de transmission d'informations. Comment réussir ce rapprochement ?

3 Plan possible

1. Organisation des conseils école-collège

– **Quels sont les personnels concernés** : Principal et Inspecteur qui président (enseignants de CM2, de cycles 1 et 2), enseignants du collège désignés par le conseil pédagogique et toute personne dont les compétences seraient jugées utiles.

– **Régularité** : au moins deux fois par an, inclus dans le temps de service des enseignants (temps de concertation).

– **Objet du conseil** : élaboration d'un programme d'action et bilan visant à construire une identité de réseau.

2. Prise en compte des élèves

– **Les outils de liaison** : le nouveau livret scolaire (réflexion à mener sur les modalités de renseignement) et le programme personnel de réussite éducative (PPRE) dit « passerelle ».

– **Les dispositifs de continuité pédagogique pour les élèves fragiles** : les stages de remise à niveau (SRAN), les aides personnalisées (dans le second dégré), l'aide pédagogique complémentaire APC (dans le premier degré).

– **Une réflexion commune** sur l'évaluation et la transmission des résultats des élèves aux parents.

POUR COMPLÉTER VOTRE FORMATION **COLLECTION**

ENSEIGNER À L'ÉCOLE PRIMAIRE

Toutes les notions indispensables pour enseigner la grammaire, l'orthographe et le vocabulaire.

Les auteurs

Sous la direction de **JEAN-CHRISTOPHE PELLAT**, professeur de Linguistique française, une équipe d'enseignants de l'université de Strasbourg

- Comment aborder plus efficacement l'enseignement de l'orthographe ?
- Comment éviter que les mêmes erreurs persistent de l'école au lycée ?

Les auteurs

CATHERINE BRISSAUD, professeure à l'université Joseph Fourier (laboratoire Lidilem) et **DANIÈLE COGIS**, maitre de conférences à l'université Paris-Sorbonne (laboratoire MoDyCo)

Avec la contribution de : **MICHEL FAYOL**, psychologue spécialiste des apprentissages, professeur à l'université de Clermont-Ferrand, **JEAN-PIERRE JAFFRÉ**, linguiste spécialiste des systèmes d'écriture, et **JEAN-CHRISTOPHE PELLAT**, linguiste et historien de l'orthographe, professeur à l'université de Strasbourg.

- Quelles difficultés les élèves rencontrent-ils dans leur apprentissage de notre système de numération décimale et dans le passage du système verbal au système chiffré, tout au long de l'école primaire ?
- Quels outils et quelles démarches didactiques sont le plus susceptibles de conduire les élèves vers une bonne maitrise de ces systèmes de désignation des nombres ? Quel matériel utiliser ?

L'auteur

ROLAND CHARNAY,
formateur à l'IUFM de l'académie de Lyon

Achevé d'imprimer en France par Loire Offset Titoulet à Saint-Étienne
Dépôt légal n° 98346-7/01 - Août 2016